岩 波 文 庫

33-578-1

映 画 と は 何 か

（上）

アンドレ・バザン著

野 崎 歓
大 原 宣 久 訳
谷 本 道 昭

岩 波 書 店

First published 1975
by Les Éditions du Cerf, Paris.

This Japanese edition published 2015
by Iwanami Shoten, Publishers, Tokyo
by arrangement with Les Éditions du Cerf, Paris.

目次

【下巻目次】

凡例

一、本書は André Bazin, *Qu'est-ce que le cinéma?*, Les Éditions du Cerf, 1975 の全訳である。同書は初め、四巻本として出版された『映画とは何か』に収められていた文章のうち、主要なものを集めて編まれた選集であり、現在も版を重ねている(二〇一三年の時点で第二十三版)。なお最初に出た四巻本の表題は以下のとおりである。

André Bazin, *Qu'est-ce que le cinéma?*, Les Éditions du Cerf, t. I, «Ontologie et langage», 1958; t. II, «Le cinéma et les autres arts», 1959; t. III, «Cinéma et sociologie», 1960; t. IV, «Une esthétique de la réalité, le néo-réalisme», 1962.

二、原本に付された図版のうち、論述と緊密に関連するものを選び、図版のより鮮明な四巻本に依拠して転載した。

三、本文中の( )は原注、〔 〕は訳注である。長めの原注、訳注は章末に番号注の形で示した。人名には生没年と最低限の情報を付した。

四、巻末には上下巻に登場する人名、映画作品名、書籍名の索引を付した。

ロジェ・レーナルト

そして

フランソワ・トリュフォーに

1　写真映像の存在論(1)

もし造形芸術に精神分析を適用したならば、死体に防腐処理を施す慣習が、造形芸術の誕生の重要な契機とみなされるかもしれない。そして絵画や彫刻の起源に「ミイラ・コンプレックス」が見出されることだろう。徹底して死に抵抗した古代エジプトの宗教では、身体の物理的永続が死後の生を保証すると考えられていた。その点で古代エジプトの宗教は、人間心理の基本的な欲求、すなわち時の流れから身を守ろうとする欲求を満たしていた。死とは時間の勝利にほかならない。人間の身体的外見を人工的に固定してしまうこと、それは存在を時間の流れから引き離すことであり、存在を生につなぎとめておくことである。したがって、死すべき現実そのものである生身の肉体を、その外見において救おうとするのもまた、自然なことだった。古代エジプトの最初の彫像、それは天然ソーダに漬けて石化させた人間のミイラだった。しかしピラミッドや迷路のような通路だけでは、墓荒らしに備えるうえで十分ではなかった。危険に対処し、防御策を強化するには、さらに他の手段を講じなければならなかった。そこで木棺のそばに素焼きの小像を、死者の食糧となるべき小麦とともに安置したのである。これはいわば予備用のミイラであり、万一遺体が破壊された場合に、遺体の代わりを務めるはずのものだった。こうして宗教的な起源における、彫像制作の最初の役割が明らかになる。すなわち、外見を保つことで存在を救うという役割である。先史時代の洞窟内で発見される、矢の刺さった粘土のクマも、同じ企図を活動的な側面において表したものと考えられるだろう。それは生きたクマと同一視される魔術的な代用物であり、狩りの上首尾を祈念するためのものだった。

芸術と文明が歩を合わせて進化した結果、造形芸術はそうした魔術的機能を失ったと考えられている(ルイ十四世は自分の死体に防腐処置を施させることなく、ルブラン〔シャルル・ルブラン、一六一九—一六九〇年。フランスの画家。ルイ十四世に重用された〕による肖像画で満足した)。だがそうした進歩によって、時間を悪魔払いしようとする人間の抑えがたい欲求は、論理的思考の対象にまで高められたにせよ、その欲求自体は満たされないままだった。人々はもはや、絵のモデルと肖像画の存在論的な同一性を信じてはいないが、肖像画がモデルとなった人物を思い出すよすがとなること、つまりその人物を第二の、精神的な死から救い出す助けとなることは認めている。とはいえ、絵画の制作は人間中心主義的なあらゆる功利性から解放されるに至った。めざされているのはもはや人間の不死ではなく、より一般的に、現実に似ていながら自立した時間性を備えた、理想的宇宙の創造なのである。「絵画とは何とむなしいものだろう」(『パンセ』におけるパスカルの絵画批判)、確かにそうかもしれない。もし私たちが、絵画に対して抱いている不合理なまでの感嘆の念の下に、永続する形象によって時間に打ち克とうとする原始的欲求を見出すのでないならば! 造形芸術の歴史が、単に芸術美学の歴史であるだけでなく、まず第一に心理学の歴史であるとすれば、それは本質的に類似性の歴史であり、いうなればリアリズムの歴史なのである。

＊

こうした社会学的なパースペクティヴのうちに写真と映画を並べてみるなら、十九世紀半ばに大きな精神的、技術的危機が絵画を襲ったのはなぜか、ごく自然に説明がつくだろう。

アンドレ・マルロー(一九〇一―一九七六年。フランスの作家、映画監督、政治家)は、「言葉《ヴェルブ》」誌に発表された論文(「映画心理学の素描」一九四〇年、「言葉《ヴェルブ》」誌第八号に掲載)の中で、「映画とは、ルネッサンスとともにその原理が登場し、バロック美術においてその表現が極限に達した造形上のリアリズムの、もっとも進歩した姿にほかならない」と書いている。

確かに、世界の絵画は、形態の象徴主義とリアリズムという両極のあいだでさまざまな均衡を示してきたのだが、十五世紀に入ると、西欧の画家は自律した手段によって精神的現実を表現するという唯一の根源的志向を脱し、その表現を外的世界のできるだけ完全な模倣と結びつけるようになった。決定的な出来事はおそらく、最初の科学的な、そしてすでにいくらか機械的な体系である、遠近法の創出だった(ダ・ヴィンチの暗箱装置《カメラ・オブスクラ》は、ニエプス〔ジョゼフ・ニセフォール・ニエプス、一七六五―一八三三年。フランスの発明家。一八二五年、初の写真撮影に成功〕の写真装置を予告していた)。遠近法によって、画家は三次元空間の錯覚を与えることができるようになった。そこでは、事物は私たちの直接的知覚におけるのと同様に配置されるのである。

以後、絵画は二つの願望のあいだで引き裂かれるようになった。その一方は、本来の美学的な願望――象徴主義によってモデルを超越する、精神的現実の表現――であり、もう一方は、外的世界を複製によって置き換えようとする純然たる心理的願望にほかならない。こうした錯覚への欲求は、錯覚がもたらす満足感を糧としてたちまち膨れ上がり、造形芸術全体を徐々に呑み込んでいった。とはいえ、遠近法によって解決したのは形態の問題にすぎず、運動の問題が解決したわけではなかったので、リアリズムはおのずから、瞬間における劇的表現の探求へと向かった。それは一種の心理的四次元というべきもので、バロック芸術の場合、苦悶もあらわにねじまがった不動の姿をとおして生命が表現されたのである。(2)

なるほど、偉大な芸術家たちはつねに、この二つの傾向の統合をなしとげてきた。つまり両者のあいだに序列をつけ、まず現実を支配してから、次いでそれを芸術のうちに吸収することによってである。とはいうものの、両者はやはり本質的に異なる二つの現象であり、絵画の進歩を理解するには、客観的批評はそれらを分けて考える必要がある。錯覚への欲求は十六世紀以来、絵画を内側からさいなみ続けた。これはまったく精神的な、本来、美学とは無関係の欲求であり、魔術的精神のうちにしかその起源は見出しえないだろう。だが、その影響は重大であり、錯覚への欲求に誘われた結果、造形美術のバランスは根本から崩されてしまったのである。

芸術上のリアリズムをめぐる論争は、美学と心理学の混同という誤解から生じる。真のリアリズムとは、世界の具体的な意味、真の意味を表現したいという欲求のことなのに、それを形態上の錯覚でよしとする、騙し絵(目を、あるいは精神を欺くもの)の疑似リアリズムと混同してしまうのだ。(3) たとえば中世の芸術が、そうした相克に悩んでいないように見えるのは、美学と心理学の混同が生じていなかったためである。荒々しいまでにリアルであると同時に、高度な精神性をも備えた中世の芸術は、やがて技術的な進歩とともに明るみに出ることとなったそのような葛藤を知らなかった。遠近法が西欧絵画の原罪だったのである。

＊

ニエプスとリュミエール(1)はその原罪をあがなった。写真は、バロック絵画にとどめを刺し、造形芸術を類似性という固定観念から解放した。なぜなら結局のところ、絵画は私たちに錯覚を与えようとしてむなしく努力してきたのであり、また芸術にとっては錯覚のみで十分だったのである。ところが写真および映画は、リアリズムへの執着を決定的に、まさしくその本質において満足させる発明だった。画家の手腕がいかに巧みでも、その作品はどうしたって画家の主観性というハンディキャップを免れなかった。画家という人間の存在ゆえに、絵画には疑いがつきまとった。そしてバロック絵画から写真への移行における本質的現象とは、単なる物理的完全さではなく(そもそも写真は長いあいだ、色彩の表現において絵画に劣ったままであるだろう）、心理的事実のうちにある。それは錯覚を求める私たちの欲求が、人間を除外した機械的再現によって完全に満たされたということである。解決は得られた結果ではなく、結果の生じる過程のうちにあった(4)。

それゆえ、様式と類似性の相克は比較的新しい事柄なのであり、写真乾板の発明以前にそれが問題になった形跡はほとんどない。シャルダン(2)の魅力的な客観性が写真の客観性とはまったくの別物であることは明らかだろう。十九世紀になって初めて、今日ピカソがその神話的存在となっているようなリアリズムの危機が現実に起こり、造形芸術が成立する形式的条件、およびその社会学的基盤に問い直しを迫った。類似性へのコンプレックスから自由になった現代の画家は、そのコンプレックスを一般大衆に譲り渡した(5)。大衆は以後、類似性へのこだわりを、一方では写真、他方では絵画のうち、もっぱらリアリズムに専念するたぐいのものと結びつけるようになったのである。

＊

したがって、絵画と比べた場合の写真の独創性は、その本質的な客観性にある。人間の眼に取って代わったカメラのレンズは、まさしく「対物レンズ《オブジェクティフ》」〔オブジェクティフには「客観的〔なもの〕」の意味もある〕と呼ばれている。対象となる事物とその表象のあいだに、もうひとつの物以外には何も介在しないという事態が初めて生じたのだ。外部世界のイメージは初めて、人間の創造的介入なしに、動かしがたいプロセスに従って自動的に得られるようになった。写真家の個性が関係してくるのはもっぱら、対象の選択や方向づけ、そこに込められた教育的な意図においてである。それが最終的な作品にどれほど明白に見て取れようが、写真家の個性は画家の個性と同じ資格で表れているわけではない。あらゆる芸術は人間の存在の上に築かれている。写真においてだけ、私たちは人間の不在を享受する。写真は花や雪の結晶のような「自然」現象として私たちに働きかける。それらの美は、それがもともと植物、あるいは大気中の現象として生まれたという事実から切り離すことができない。

　こうした自動的生成は、イメージの心理学を根本からくつがえした。写真の客観性は、いかなる絵画作品にも欠けていた強力な信憑性を写真映像に与えたのである。内なる批判精神がどう反論しようが、私たちは表象《ルプレザンテ》された対象物の存在を信じないわけにはいかない。それはまさにふたたび《ル》＝提示《プレザンテ》されたのであり、つまりは時間、空間の中に存在《プレザン》するものとなったのである。写真は事物からその写しへと、実在性が譲り渡されることの恩恵に浴している。[6] この上なく忠実に描かれた絵であれば、モデルについてより多くの情報を私たちに与えることができるだろう。しかしながら絵は、私たちの批評精神を撥ね返して私たちの信頼を勝ち取る写真の、あの不合理な力をついぞ持ちえない。

それゆえ、絵画はもはや、類似に関してはより劣るテクニック、複製プロセスの代用品でしかなくなる。いまやレンズだけが、事物をその大雑把な類似物以上のものによって置き換えたいという欲求を、私たちの無意識の奥底から「解放《デフレ》」(精神分析用語、抑圧さ

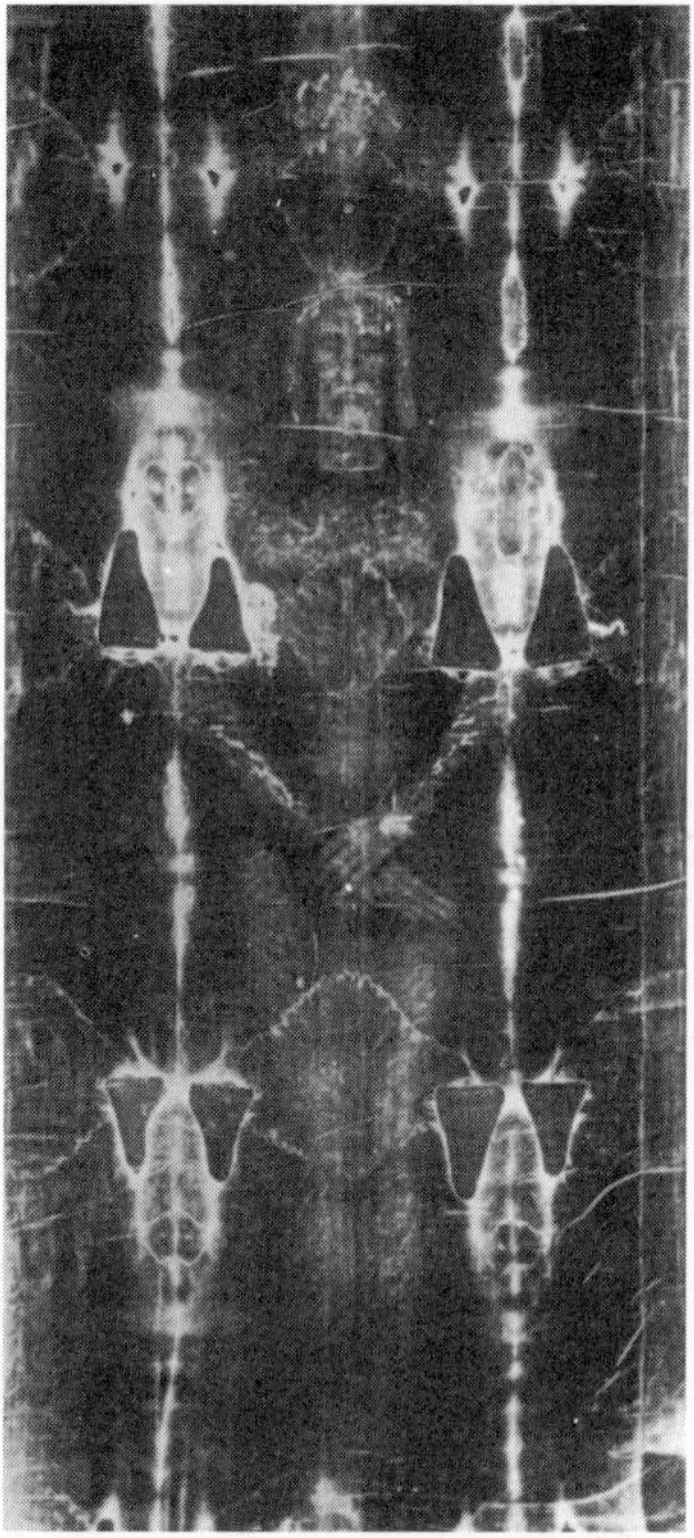

トリノの聖骸布

れた欲望を解き放つこと」できる。それは事物そのもの、しかも時間の偶然性を免れた事物そのものを与えてくれる。ボケていたり、変形や変色が生じていたり、資料的価値がなかったりするかもしれないが、しかし写真はその生成過程からして、モデルの存在自体に根ざしている。写真とはモデルそのものなのだ。そこから写真アルバムの魅力が生まれる。灰色やセピア色のそれらの影は、幽霊のようで、ほとんど見分けもつかないとしても、もはや伝統的な家族の肖像画ではない。それらは持続のさなかで止められ、死の運命から解き放たれた生命の、心をかき乱す存在なのである。それをなしとげたのは芸術の幻惑力ではなく、無感動な機械の力である。というのも、写真は芸術のように永遠を創造するのではなく、時間に防腐処置を施すのであり、そうやって、時の流れ自体による腐敗作用から時間を守るだけなのである。

＊

こうした観点に立つとき、映画とは、写真的客観性を時間において完成させたものであるように思われる。映画はもはや、過ぎし時代の昆虫を琥珀が無傷のまま保つようにして、事物を瞬間のうちに包み込んで保存するだけでは満足しない。映画はバロック芸術を、痙攣的な強硬症《カタレプシー》から解放する。その結果、事物のイメージは初めて、同時にその持続のイメージとなり、変化それ自体のミイラとなった。

写真映像の特質を規定する「類似」のカテゴリー(7)は、それゆえにまた、絵画との関係において写真の美学を特徴づける。写真の美学的な潜在能力は、現実的なものを啓示することに発揮される。濡れた歩道の上の影や、子どものしぐさ。外部世界の織りなす連続性の中でそこに目をつけたのは、私ではない。無感動なレンズだけが、事物から慣習や先入観を取り払い、私が事物を知覚する際につきまとう精神的なもやを追い払って、私の注意深いまなざしに向けて、つまりは私の愛情に向けて、事物を手つかずの姿で差し出すことができるのだ。写真という、私たちの知らなかった、あるいは見ることのできなかった世界の自然なままの映像とともに、自然はついに芸術を模倣する以上のことをする。自然は芸術家を模倣するのである。

その創造的な能力において、自然は芸術家を凌駕さえする。画家の美的宇宙は画家を取り巻く世界とは異質なものである。額縁が縁取るのは、実体も本質も周囲と異なる小宇宙だ。反対に、写真に撮影された事物の存在は、指紋と同じように、事物の存在そのものから出たものである。それゆえ、写真は自然の創造物を別の創造物で置き換えるのではなく、自然の創造物に実際に加わることになる。

シュルレアリスムはそのことを漠然と理解していたからこそ、感光板のゼラチンに頼って、あの奇形的造形作品を生み出した。というのも、シュルレアリスムの美学的目的は、私たちの精神にイメージが及ぼす機械的な効果と不可分だからである。想像的なものと現実的なもののあいだの論理的な区別は問題にならなくなる。あらゆるイメージは事物として、あらゆる事物はイメージとして感じ取られなければならない。それゆえに写真は、シュルレアリスム的創造の特権的な技法たりえた。なぜなら写真は、自然と同じ性質をもつイメージ、すなわち本物の幻覚を実現するからだ。シュルレアリスムの絵画が、騙し絵や、細部にまで及ぶ精密描写といった技法を用いていることは、そのことを裏側から証明している。

こうして、私たちは写真を造形芸術の歴史におけるもっとも重大な出来事とみなすことができる。それは解放であると同時に成就であり、写真のおかげで西欧絵画はリアリズムへの執着をきっぱりと捨て去って、美学的自律性を取り戻すことができた。印象派の「リアリズム」は、科学的口実のもと、騙し絵と真っ向から対立する。そもそも印象派において色彩が形態を圧倒することができたのは、形態がもはや模倣としての重要性をもちえない限りにおいてだった。そしてセザンヌとともに、形態がふたたびカンバスを掌握するとしても、それはもはや、遠近法の幾何学的錯覚にもとづいてではない。機械的な映像は絵画に競争を挑み、バロック的類似性を超えてモデルとの同一性にまで到達した。逆に絵画としては、今度は自らが事物《オブジェ》の位置に身を置かざるをえなくなったのである。

以後、パスカルの断罪こそはむなしいものとなった。なぜなら、写真のおかげで私たちは、一方では、これまで愛するすべを知らなかった事物に、その再現映像をとおして感嘆することができるのだし、他方、絵画においては、もはや自然への依拠を存在価値とするのではない、一個の純粋なオブジェを鑑賞できるからである。

＊

他方、映画はひとつの言語でもある。〔3〕

（1）初出『絵画の諸問題』（ガストン・ディール編、コンフリュアン社）、一九四五年。

（2）この観点から、一八九〇年から一九一〇年にかけての挿絵入り新聞で、まだ始まったばかりの写真による報道記事と挿絵がどのように競合していたかをたどってみるのは興味深いだろう。挿絵はとりわけ、劇的なものに対するバロック的欲求をかなえていた。

（「プチ・ジュルナル・イリュストレ」〔一八六三年創刊の日刊大衆紙「プチ・ジュルナル」の週刊別冊、色刷り挿画で人気を博す〕を参照のこと）。写真による報道の意義は、徐々に認められていったにすぎない。そしてまた、一定の飽和状態を過ぎると、「ラダール」〔一九四六年にフランスで創刊された若い労働者向けの挿絵入り新聞〕流の、ドラマチックな挿絵への回帰が起こったのである。

（3）おそらく、共産主義的立場にたつ批評は特に、絵画におけるリアリズム的表現主義を過度に重要視する前に、十八世紀、写真や映画の出現する以前なら許されたような語り方で絵画について語るのをやめるべきだろう。ソヴィエトがつまらない絵画しか生んでいないとしても、立派な映画を作っているのであれば大して問題はあるまい。エイゼンシュテイン〔一八九八―一九四八年。ソヴィエトの映画監督〕こそはソヴィエトのティントレットなのだ。逆に、アラゴンがソヴィエトのティントレットはレーピン〔一八四四―一九三〇年。ロシアの画家。一九二〇年代以降、社会主義リアリズムの模範としてソヴィエトで神格化された〕であると私たちに思い込ませたがっているのは問題である。

（4）ただし、たとえばデスマスク制作のための型取りといったマイナーな造形ジャンルの心理学を研究する余地が残されているだろう。デスマスクもまた、一種の自動的な再現技術ではあるからだ。その意味で写真を、光による刻印の技術とみなすこともできただろう。

（5）だが、今日私たちが実際に目にしている様式と類似性の乖離は、本当に「大衆」なるものに由来するのだろうか？　それはむしろ、工業とともに生まれたものであり、そしてまさに十九世紀の芸術家にとっての敵役となった「ブルジョワ精神」の登場と一致しているのではないか。それを定義するならば、芸術を心理学的カテゴリーに押し込める精神ということになろう。いずれにせよ、写真は歴史的に見て、バロック的リアリズムを直接引き継いだのではないか。写真には最初、絵画の様式を素朴にまねることで「芸術を模倣する」以外の関心はなかったとマルローは的確に指摘している。そもそも、ニエプスを始めとして写真術のパイオニアたちの大部分は、写真によって版画をまねようと試みていたのである。彼らが夢見たのは、芸術家ならずとも、転写によって芸術作品を作り出せるようになることだった。典型的かつ本質的にブルジョワならではの企図ではあるが、それは私たちの主張をいわば二乗し、強化してくれる。最初、写真家にとって、芸術作品こそまねるべき手本だと思えたのは、写真家の目に芸術作品がすでにして自然の模倣、それも自然を「より良く」模倣したものと映っていた以上、自然なことだった。写真家が自らも芸術家となって、自分は自然のみを写すべきなのだと理解するまでには、いくらかの時間が必要だった。

（6）ここで聖遺物や「記念品」の心理学について論じるべきかもしれない。それらもまた、ミイラ・コンプレックスに由来する、実在性の譲り渡しの恩恵に浴している。トリノの聖骸布〔トリノの聖ヨハネ大聖堂で保管されている、キリストの埋葬時に用いられた屍衣のこと。キリストの顔および全身像が奇蹟により浮かび上がっているとされる。一七ページ写真参照〕が、聖遺物と写真の統合をなしとげていることだけ、指摘しておこう。

（7）ここで私は「カテゴリー」の語を、グイエ〔アンリ・グイエ『演劇の本質』、一九四三年〕

がその演劇論で使っているのと同じ意味で用いる。グイエは劇的カテゴリーと美学的カテゴリーを区別している。劇的緊張が芸術的価値といささかも関係がないのと同じく、類似の完全さは美と一致するわけではない。それは単に、芸術的な事象がそこに刻まれる材料をなすにすぎない。

〔1〕兄オーギュスト(一八六二―一九五四年)と弟ルイ(一八六四―一九四八年)のリュミエール兄弟はフランスのリヨンで写真機材の開発、製造に従事していたが、動画装置の発明を志し、撮影機と映写機を兼ねたシネマトグラフを発明。一八九五年、パリで世界初の映画興行を開催した。

〔2〕ジャン゠シメオン・シャルダン、一六九九―一七七九年。フランスの画家。日常生活の情景や静物画で知られる。

〔3〕アンドレ・マルローの「映画心理学の素描」が「他方、映画はひとつの産業でもある」と結ばれていたことへの暗示。

2　完全映画の神話(1)

映画の起源をめぐる、ジョルジュ・サドゥールの見事な書物(2)を読んで感じられるのは、逆説的ではあるが、著者のマルクス主義的視点にもかかわらず、経済的・技術的進歩と発明家の想像力の関係は実はさかさまなのではないかということである。つまりこの場合はどう考えても、経済的な下部構造からイデオロギー的上部構造へと達する歴史的因果関係を逆転させるべきだと思われるのだ。重大な技術的発見は幸運な、恵まれた出来事ではあるものの、発明家たちが最初に頭に抱いていた観念に比べれば、結局は二次的なものにすぎないと考えるべきだろう。映画とは観念上の現象である。その観念はプラトンの時代から、人々の頭の中に完全な形で存在していたのであり、私たちを驚かせるのは、技術の進歩が発明家の想像力に刺激を与えたというよりも、むしろ物質が観念に対し執拗に抵抗し続けたという事実のほうなのである。

いずれにせよ、映画は科学的精神の恩恵にまったくといっていいほど浴していない。

映画の父は科学者たちではない（マレー[1]は別だが、とはいえマレーがもっぱら運動の分析にだけ興味を寄せ、運動の再現を可能にする逆方向のプロセスに少しも興味を示さなかったのは示唆的である）。エジソンですら、結局のところは天才的な何でも屋にして、レピーヌ・コンクール（一九〇一年フランスで創設された発明コンクール）の巨人であるにすぎない。ニエプス、マイブリッジ[2]、ルロイ[3]、ジョリ[4]、ドゥメニ[5]、そしてルイ・リュミエールその人に至るまで、みな偏執狂であり、変わり種、何でも屋、あるいはせいぜい、創意に富んだ実業家でしかない。あの素晴らしい、崇高なエミール・レノー[6]はといえば、彼のアニメーション映画が、一つの固定観念を粘り強く追求した結果であることは明らかではないか。映画の発明について、技術的発見がそれを可能にしたというのでは説明として十分ではない。それどころかほとんどつねに、工業上の発明に先立って、観念は粗略な、錯綜した形ではあれ表現されている。工業上の発明は単に、その実用化の道を開くにすぎない。それゆえ、今日私たちには、映画がそのもっとも初期の形態においてすでに、〈透明〉かつ〈柔軟〉で〈耐久性〉のある支持体と、瞬間的に映像を固定できる〈乾性〉の感光乳剤を必要としていたことは明白だと思えるにしても（それ以外の点では、映画は十八世紀の大時計よりよほど単純な器械装置にすぎない）、映画発明の決定的段階は、それらの条件が満たされる以前にすべて乗り越えられていたことがわかる。マイブリッジは、ある馬好きの男が金のかかる気まぐれをおこしたおかげで、〔7〕一八七七年から一八八〇年にかけて大々的な撮影装置を作り上げ、疾走する馬を対象に最初の映画的連続撮影をなしとげた。しかしこの結果を得るために、彼はガラス乾板に湿性コロジオンを塗るというやり方(つまり映像の瞬間的な固定、乾性の感光乳剤、柔軟な支持体という三つの条件のうち、最初の一つだけ)で満足しなければならなかった。一八八〇年に臭化銀ゼラチンによる感光剤が発見されたあとになって、ただし最初のセルロイド・フィルムが市場に出るより以前に、マレーは「写真銃」〔運動の連写のために一八八二年、マレーが考案した銃の形の撮影機〕によって、ガラス乾板を用いた本物のカメラを作り出した。さらに、セルロイド・フィルムが市場に出回ったのちもなお、リュミエールですら、まず紙のフィルムを試していたのである。

しかもここで考慮の対象としているのは、写真を使用した、映画の決定的かつ完全な形態のみである。プラトー〔8〕によって最初に科学的に研究された、基本的動作の合成技術は、十九世紀の工業・商業的発展などいささかも必要としなかった。サドゥール〔9〕がまさに指摘しているとおり、古代以来、フェナキスティスコープやズートロープの実現を妨げるようなものは何一つなかったのである。動画装置の場合、真の学者であるプラトーの仕事が元となってさまざまな機械が生み出され、そのおかげで彼の発明が一般の手の届くものとなったことは確かである。写真を用いた映画の場合は、その実現にとって不可欠な技術的条件が整う以前に映画がいわば発見されていたという事実に驚くべきだが、単なる動画装置の場合は、動画合成のための条件は大昔から整っていたにもかかわらず（残像現象ははるか昔から知られていた）、発明が開花するまでにこれほど時間がかかったのはなぜなのかを説明しなければならないだろう。その際、指摘しておいても無駄ではないと思われるのは、科学的には必然的関連性はまったくないにせよ、プラトーの動画研究はニセフォール・ニエプスの写真研究とほぼ同時期になされたものだったという事実である。あたかも、研究者たちが運動の合成に興味を抱くまでには何世紀もの時が必要であり、そのときになってようやく——光学とは何の関係もなしに——化学者たちもまた、イメージの自動的固定に興味を抱くに至ったかのようである。(3) この歴史的な符合が、科学や経済、産業の発展によってはまったく説明がつかないものであることを強調しておきたい。写真による映画は、そもそも十六世紀から想像されてきたフェナキスティスコープに接ぎ木される形で、一八九〇年頃に発明されたとしても何ら不思議はなかったのである。フェナキスティスコープの発明が遅れたことは、映画の先駆者が多く存在したことと同じように私たちを困惑させる。

しかし、もしいま彼らの仕事をくわしく検討し、装置自体にうかがえる、あるいはそれらに付された文書や注解にさらに確かな形で表れている彼らの探求の意味を考えてみるならば、彼らが先駆者というよりもはるかに予言者たちであったことがわかる。実際には最初の段階さえ乗り越えることが不可能だったにもかかわらず、多くの場合、いくつもの段階を無視していきなり最高の地点がめざされたのである。想像の中で、彼らは来るべき映画の観念を、現実の完全かつ全体的な表象と結びつけ、音、色彩、立体感を備えた外部世界の完全な錯覚の再現を目論んだ。

この最後の点に関して、映画史家ジョルジュ・ポトニエは次のように主張することさえできた。「写真の発明ではなく、ステレオスコープ〔二枚の写真を同時に見ることで立体感を生じさせる装置〕の発明(一八五一年に動画写真が初めて試みられる少し前に商品化された)が、探求者たちの目を開かせたのである。人物の映像が空間内でじっと動かない様子を見て、それが生命の似姿、自然の忠実な複製であるためにはそこに動きが欠けていることに写真家たちは気づいたのだ」。いずれにせよ、動画に音と立体感を付け加えようと考えない発明家はほとんどいなかった。エジソンの場合であれば、彼の個人用キネトスコープ〔エジソンが一八九四年に発明した動画鑑賞装置〕はイヤホン付き蓄音器と組み合わされるはずだったし、ドゥメニは「語る肖像写真」[10](一八九二年、ドゥメニは二十四枚の分解写真をもとに発話時の表情を再現した)を考案した。ナダールさえもが、シュヴルール(一七八六―一八八九年。フランスの化学者）を相手に最初のフォト・インタビュー記事を実現する少し前にこう書いていた。「私の夢は、雄弁家の話す言葉を蓄音器で録音するのと同時に、写真によってその物腰や表情の変化を記録することである」（一八八七年二月）。そこで色彩のことに触れられていないのは、三原色法が最初に実験されるのがもう少しあとになってからだからである。[11] しかし、レノーはすでにずいぶん前から小さな人物像に彩色を施していたし、メリエスの初期の映画にはステンシルを用いて色が塗られていた。今日においてもなお実現からはほど遠い、生命の完全な錯覚を与える総合的映画について、かつての発明家たちが多かれ少なかれ熱に浮かされた調子で語っている文章は山ほどある。人も知るとおり、ヴィリエ・ド・リラダンは『未来のイヴ』（一八八六年）の中で、エジソンが動く写真の最初の実験を試みる二年前に、こんな幻想的な発明を、ほかならぬエジソンになしとげさせていた。「……その幻、奇跡のように天然色写真で写し取られた透明な肉体は、スパンコールをちりばめた衣装をまとって、メキシコの民族舞踊のようなダンスを踊っていた。その動きは生命そのものが溶け込んだかのようにいきいきとしていたが、それはごく小さなスライド上に十分間にわたって運動を記録することができ、さらにそれを強力な幻燈で映写するという連続写真装置のおかげだった……。突如、平板で堅苦しい声、間の抜けた耳障りな声が聞こえてきた。ファンダンゴ踊りに合わせて、踊る女が入れる〈アルサ〉や〈オーレ〉という合いの手だった」。

かくして、映画の発明を導いた神話とは、ある神話の完成された姿なのである。それは写真から蓄音器に至るまで、十九世紀に誕生したあらゆるメカニックな再現の技術を、漠然とではあれ支配していた神話のことだ。つまり総合的なリアリズム、現実そっくりの世界の再創造という神話である。しかもそこで作り出されるのは、芸術家の恣意的解釈という障害や、時間の不可逆性から解き放たれた似姿《イメージ》なのだ。揺籃期における映画が、未来の完全映画の属性をすべては備えていなかったとしても、それは意に反してのことであり、映画の妖精たちには、そうしたいと願っても、それらの属性を映画に授けることが技術的に不可能だったからにすぎない。

ある芸術の起源が、その本質の何物かを垣間見せているとすれば、サイレント映画とトーキー映画は、探求者たちの抱いていた始原的神話を少しずつ実現していく技術上の進展の各段階とみなすことができる。そうした観点からすると、サイレント映画こそが一種の始原的完成状態であって、音と色彩という新たなリアリズム的要素が加わることで、映画はそこから徐々に離反していくなどという考え方は馬鹿げていることがわかるだろう。映像が優先権を得たのは歴史的にも技術的にも偶然にすぎず、サイレントの画面にいまだノスタルジアを感じている人々がいるとしても、それは第七芸術〔映画を建築、絵画、彫刻、音楽、舞踏、文学に続く第七番目の芸術とする呼称」の起源にまで十分にさかのぼる姿勢とはいえない。映画の真の初期形態、十九世紀における数十人の面々の想像のうちにしかいまだ存在したことのない形態とは、自然の総合的な模倣へと向かうものである。したがって、映画に加えられるあらゆる技術的改善は、逆説的にも映画をその起源へと近づけることしかできない。映画はまだ、発明されていないのだ!

したがって、映画の発達において科学的発明や産業的技術が、かくも大きな位置を占めるとしても、それらを映画の「発明」の原因とみなすならば、少なくとも心理学的視点からは、具体的な因果関係を逆転させてしまうことになる。映画の芸術として、さらには産業としての未来をもっとも信頼していなかったのは、まさにエジソン、リュミエールという実業家たちだった。エジソンは個人用キネトスコープで満足し、リュミエールは賢明にもメリエスに特許を売り渡さなかったが、そこには自分で商品化したほうが儲かるとの思いもあったかもしれないものの、実際のところシネマトグラフは玩具にすぎず、大衆は早晩そんなものに飽きるはずだと考えていたのである。マレーのような真の学者はどうかというと、彼らが映画のために貢献したのは偶然にすぎなかった。彼らの目的は別のところにあり、それが達成されてしまえば満足だったのである。[12]何秒間かの震える映像を得るためならば、ベルナール・パリシーのように、家財を火に投じることも辞さない、熱狂的、偏執的な、無欲なパイオニアたちは、実業家でもなければ学者でもない、単に自分たちの空想に取りつかれた者たちだった。映画が誕生したのは、彼らの妄執が一点に収斂した結果である。すなわち〈完全映画〉という一個の神話への収斂である。プラトーの残像現象の光学的応用が遅れたことも、運動の合成が写真術の進歩に常に先んじていたことも、それで説明がつく。それはいずれもが、その世紀の想像力に支配されていたためなのである。諸探求の収斂という現象は、技術や発明の歴史において他にも例を見出せるだろうが、ただし科学の進歩や産業上（あるいは軍事上）の必要性から生じる探求と、明らかにそれらに先立つ探求は区別して考えなければならない。かくして、いにしえのイカロスの神話は、観念的な天空から降りてくるためにはエンジンの発明を待たなければならなかった。だがその神話は、人類が飛ぶ鳥を眺めたそのときから、あらゆる人間のうちにすでに存在していたのである。ある意味で、映画の神話についても同じことがいえる。しかしながら十九世紀に至るまでの、その神話のさまざまな化身は、私たちが今日わかちあっている神話、現代社会を特徴づける機械的な諸芸術の登場を促した完全なリアリズムの神話とは、遠い関係しかもっていなかったのである。

（1）初出「クリティック」誌、一九四六年。

（2）『映画の発明　一八三二―一八九七年』、ドノエル社、一九四六年〔フランスの映画史家ジョルジュ・サドゥール（一九〇四―一九六七年）が『世界映画全史』の第一巻として刊行した『映画の発明　諸器械の発明』（村山匡一郎、出口丈人訳、国書刊行会）のこと〕。

（3）エジプトのフレスコ画や浅浮き彫りは、運動の合成よりも運動の分析への意志を示している。十八世紀の自動人形はどうかといえば、その映画に対する関係は、絵画の写真に対する関係に比べられる。いずれにせよ、そしてたとえ自動人形がデカルトやパスカル以来、十九世紀の機械を予告していたとしても、それは絵画における「騙し絵」が類似性を躍起になって追い求めたようなものだ。しかしながら「騙し絵」の技法は工学や写真的化学の進歩にいささかも貢献せず、いうなればそれらを先取り的に猿まねしたにすぎない。

　しかも、その名が示すとおり、十八世紀における「騙し絵」の美学はリアリズムよりも錯覚に存する。壁に描かれてはいても、彫像は立体的に台座の上に置かれているように見えなければならないというわけだ。ある程度まで、それは初期の映画がめざしたことでもあったが、そうした騙しの機能は早々に、存在論に起源をもつリアリズムに座を譲ったのである（第1章「写真映像の存在論」参照）。

〔1〕エチエンヌ＝ジュール・マレー、フランスの生理学者（一八三〇―一九〇四年）。動物の運動を研究する過程で、一八八二年に連続写真の技法「クロノフォトグラフィ」を発明。

〔2〕エドワード・マイブリッジ、イギリスの写真家（一八三〇―一九〇四年）。サンフランシ

スコでカメラ十二台を用い、疾走する馬の連続写真を撮影。
(3) ジャン・アクメ・ルロイ、アメリカの映写技師(一八五四―一九三二年)。一八九三年、セルロイド・フィルムを用いた映写を行う。
(4) アンリ・ジョリ(一八六六―一九四五年)。フランスにおける映画撮影機の発明家の一人。
(5) ジョルジュ・ドゥメニ(一八五〇―一九一七年)。ハンガリー出身のフランスの発明家。マレーの助手を務め、一八九一年「フォノスコープ」を発明。
(6) エミール・レノー(一八四四―一九一八年)、フランスの映画発明家、アニメーション映画の創始者。
(7) カリフォルニアの資産家リーランド・スタンフォードは、疾走する馬の脚が完全に地面を離れる瞬間はあるか否かで賭けをし、マイブリッジに真相究明を依頼した。
(8) ジョゼフ・プラトー(一八〇一―一八八三年)、ベルギーの物理学者。一八三二年、アニメーション効果をもつ「フェナキスティスコープ」を発明し運動の再現に成功。
(9) 一八三四年、イギリスの数学者ホーナーがフェナキスティスコープに触発されて作った回転式動画装置。
(10) フランスの風刺画家、肖像写真家、一八二〇―一九一〇年。
(11) ジョルジュ・メリエス(一八六一―一九三八年)、フランスの映画制作者。さまざまな撮影技術を開発し、物語映画、とりわけSFファンタジー映画の父とみなされる。
(12) フランスにおける製陶術の先駆者(一五一〇頃―一五八九ないし九〇年)。実験のために家の床に至るまで火にくべたといわれ、不遇の天才として後代、神話化された。

3　映画と探検(1)

『探検映画――遠征する映画』(一九五〇年)と題された短い書物のなかで、ジャン・テヴノ(ジャーナリスト、テレビ・ラジオのプロデューサー)は、長篇ルポルタージュ映画がたどってきた軌跡を見事に浮き彫りにしてみせた。このジャンルが一九二〇年頃に最初の成功を収めたのち、一九三〇年から四〇年にかけて衰退しながらも、第二次大戦後にふたたび息を吹き返したことを示したのである。こうした進展の意味の解明は、試みるに値することだろう。

第一次大戦が終わった一九二〇年ごろ、すなわちスコット大佐の英雄的な探検隊に同行したハーバート・G・ポンティングが、その道程を撮影してから約十年後に公開された、『永遠の沈黙』(一九二四年。『永遠の沈黙』は仏訳題、原題は『グレート・ホワイト・サイレンス』)の映像は極地の光景を大衆に知らしめた。それが引き金となって、一連の探検映画はどれも当たりを取ることとなった。とりわけロバート・フラハティ(一八八四―一九五一年。アメリカのドキュメンタリー映画監督〕の『極北の怪異〈極北のナヌーク〉』〈一九二二年〉は、いまなおこのジャンルの傑作である。その後しばらくすると、「白い」世界を描いた映画がヒットしたことの反動か、今度はいわゆる「熱帯もの」、「赤道もの」が数を増やしていった。そういった作品のなかでも、アフリカに取材した諸作がもっともよく知られている。レオン・ポワリエの『黒い巡洋艦隊』〈一九二六年〉、『シンバ』や『コンゴリラ』〈公開は一九二八年〔正しくは一九三二年〕だが、一九二三年から二七年にかけて撮影〉といった作品である。

これらの大旅行映画の初期の傑作にはすでに、このジャンルの重要な特徴といえる、決して古びることのない詩的な真実味がある(『極北の怪異』はいまなお、見事なまでに歳月による風化に耐えている)。しかし、その詩情は、とりわけ太平洋で撮影された作品にあっては、いわゆる「エキゾチシズム」という特殊な形態をとっている。いまだほぼ純然たる民族誌学的ルポルタージュに留まっていた『モアナ』〈一九二六年〉から、『南海の白影』〈一九二八年〉を経て『タブウ』〈一九三一年〉に至るまでの作品を追っていくと、ひとつの神話が形成されていく過程や、西洋の精神がはるか彼方の文明に接近し、解釈しようとする様子がはっきり見て取れるのである。

当時は文学においても、ポール・モラン〔フランスの作家〕、ピエール・マッコルラン

〔フランスの詩人、作家〕、ブレーズ・サンドラール〔スイス生まれの詩人〕らの活躍した時代であった〔いずれも世界各地を放浪し、その体験を作品に描いた〕。エキゾチシズムという現代的な神秘主義は、新たな交通手段が確立されたことで刷新され、いわばスナップショット的エキゾチシズムというべきものとなった。そのもっとも典型的な表現を、世界の全地域を映像と音のパズルとしてスクリーン上に投影した、トーキー創成期の作品に見ることができるだろう。モンタージュによって生み出されたこの映画は、新しい芸術の最初の傑作のひとつとなった。ヴァルター・ルットマンの『世界のメロディー』〔一九二九年〕である。

しかしその後、例外的に重要な作品が生まれてはいるものの、エキゾチックな映画は衰退しはじめる。派手さやセンセーショナルなものを臆面もなく求める傾向が強まり、人々はポーターが喰われでもしなければ、もはやライオン狩りに満足しなくなったのである。『アフリカは語る』〔一九三〇年〕には黒人がワニに喰われる場面があるし、『トレイダ・ホーン』〔一九三一年〕にも黒人がサイに襲われる場面がある（その場面はトリックによるものだと思われるが、派手さやセンセーショナルなものを求める意図に変わりはない）。こうして、未開人と猛獣でいっぱいのアフリカという神話が作り上げられ、『ターザン』[1]や『キング・ソロモン』〔一九三七年〕といった作品に行き着いたのである。

＊

第二次大戦以降、探検映画は明らかに、ドキュメンタリー的な真実味へと回帰しつつある。エキゾチシズムに訴えた作品群が馬鹿げたものに成り下がってしまったために、今日では、観客は自分が目にしているものを信じたいと思うようになった。その際、映像の信頼性は、ラジオや書籍、新聞など、映画以外の情報をもとに検証されるようになったのである。「遠征する映画」の再生は、本質的には、探検そのものが再開したことに起因しており、探検の神秘性は、戦後世代にとって新たなエキゾチシズムを提供しうるのかもしれない(『七月のランデヴー』〔一九四九年〕のように)。こうした新たな出発点において、今日の探検映画のスタイルや方向性が決定づけられたのだ。まず、最近の探検映画には、ほぼ例外なく科学的かつ民族誌学的であろうとする、現代の探検調査の特徴そのものが見受けられる。センセーショナルな要素が方針として排除されているわけではないにしろ、客観的に資料を積み重ねていこうとする探検の意図があくまで尊重されており、結果として、センセーショナルな要素はほとんどないに等しいまでに減っている。考えてみればわかることだが、カメラが探検のなかのもっとも危険な瞬間に居合わせるのは、きわめて稀なことでしかない。それに対して最近の探検映画では、探検における心理的、人間的な要素が前面に出ている。映画の作り手自身についていえば、彼らが果たすべき任務に向かう態度や反応は、そのまま、探検家の民族誌学、もしくは探検の実験心理学となっているのだし、調査、研究される側の人々についていえば、探検家は彼らをエキゾチックな生き物として扱うことをやめ、彼らを理解するためによりきめ細かな描写を心がけるようになったのだ。

さらにいえば、今日の大衆にとって、もはや映画は探検の現実を示す唯一の資料ではないし、おそらく主要な資料ですらない。今日では探検のドキュメントは必ずといっていいほど書籍化されるし、参考上映つきの講演会が、サル・プレイエル〔パリにある有名なコンサートホールだが、講演会や映画の上映にも用いられた〕を皮切りとしてフランスの各地で行われる。さらにラジオやテレビの番組として放送されることもある。それはもはや映画によっては——経済的な制約は別としても——探検の意義はおろか、探検の具体的なあり方さえ満足に伝えることができなくなってしまったというもっともな理由による。そもそも探検映画は、今日ではむしろ、講演を図解説明するためのものとみなされているのであり、目撃者としての講演者がその場で話をすることで、映像を補いつつ、映像の真実性を保証するのである。

＊

こうした探検映画の進展について、まずそれに逆行する例を紹介することにしよう。つまり、再構成によるドキュメンタリーがもはや過去のものとなったことを示す例である。それは一九一一年から一二年にかけてのスコット大佐による探検を描いたテクニカラーのイギリス映画で、フランス語題は『帰らざる冒険』という〔チャールズ・フレンド監督『南極のスコット』、一九四八年〕。まさにかつての『永遠の沈黙』と同じ題材である。スコット大佐の探検がどういう点で英雄的な、そして感動を誘うものであったかを思い返してみよう。当時としては革新的な、とはいえまだ実験段階の装備――キャタピラー車数台と、ポニーと犬のみ――で、スコット大佐は南極点到達をめざし旅立った。だが、まず機械が彼を裏切った。そして、一頭ずつポニーを犠牲にせねばならなくなった。犬たちも探検に必要な数がいなくなり、最後のベースキャンプから南極点までの道のりは、大佐を含め五人の男たちが、荷物を積んだ橇を自分たちの手で引っ張っていかなければならなかった。それも往復二千キロに及ぶ距離をである。それでも何とか目的地に到達したが、そこで彼らが目にしたのは、わずか数時間前にアムンゼンによって立てられたノルウェーの旗だった……。帰り道は長い断末魔のようであり、最後まで生き残った三人も、ランプを灯すための燃料にすら事欠き、テントのなかで凍死したのだった。数ヶ月後、海岸のベースキャンプに残った仲間たちが彼らを発見し、大佐の遺した旅日記と撮影済みの写真乾板によって、彼らの冒険の全貌を再構成することが可能になったというわけである。

スコット大佐のこの探検旅行は、現代の科学的冒険のおそらく最初の——失敗に終わった——試みであろう。極地旅行における伝統的、経験的な技術から抜け出そうとしたがために、アムンゼンが成功したことにスコットは失敗したのだ。〔2〕しかし、不幸を招いたキャタピラー車は、ポール＝エミール・ヴィクトール〔フランスの極地探検家〕やルイ・ヴィクトール・リオタール〔フランスの探検家。アンドレ・ギボーとともに、二度にわたりチベットを探検〕によって利用される「ウィーズル」〔雪上・砂上・沼地などで走行可能な自動車〕の先駆となった。そしてまた、スコットの探検旅行は、今日では普通に行われているやり方の最初の例を示してもいた。それは、探検隊の一部としてルポルタージュ制作のための映画撮影班を組み込むというやり方であり、カメラマンのポンティングは最初の極地探検の映画を持ち帰ってきたのである（もっとも、マイナス三十度の寒さで手袋もせずにフィルムの交換をしたせいで、ポンティングは凍傷になってしまったのだが）。確かに、ポンティングはスコット大佐の南極点までの長い道のりに最後までついて行ったわけではなかった。だが、航海や準備の作業、ベースキャンプでの生活、そして探検の悲劇的な最期に関して、ポンティングは『永遠の沈黙』によって心を揺さぶる証言を伝え、この作品こそが探検映画というジャンルの規範であり続けているのである。

イギリスがスコット大佐を誇りに思い、敬意を表したいと考えるのは当然のことではある。だが、『南極のスコット』ほど退屈で馬鹿げた試みにはなかなかお目にかかれないと思う。これはおそらく実際の極地探検と変わらぬほどの費用がかかった作品だろう。何しろ贅沢な、丹念に仕上げられた映画である。撮影時期(一九四七—四八年)を考えれば、確かにテクニカラーの傑作ではあるだろう。スタジオに作られたミニチュアセットはいずれも、トリックと模造技術の見事な成果といえるものだ。だが、それはなんのためだったのだろうか。模倣しえないものを模倣するため、本質的に一度きりしか起こりえないもの——すなわち、危険なこと、冒険、そして死——を再構成するためである。確かに、「シナリオ」における脚色はその助けになるような性質のものではない。スコット大佐の人生と死は、まったくの紋切り型で語られている。物語の教訓的部分についてはもはや触れるまい。それはボーイスカウトの道徳を国民教育の高みにまで持ち上げた代物である。だが、この作品が失敗した真の原理は、そのような問題にではなく、技法上の時代錯誤にこそある。その時代錯誤には、二つの原因がある。

第一に、市井の人々が極地探検に関してもっている科学的な知識が向上したことである。それは新聞のルポルタージュ記事やラジオ、テレビ、映画、等々のおかげだ。平均的な観客でもそれだけの知識を得ているのに、『南極のスコット』はまるで大学を卒業した者に小学校卒業証書を授けようとするかのようである。それでいて、教育的な映画を自任しているのだから困ってしまう。確かに、スコットの探検はまだただの冒険に近く、そのとき科学はおずおずと初歩的な試みをした——しかもその試みは失敗に終わった——にすぎなかった。しかし、だからこそ製作者たちはなによりもまず、この冒険がもつ心理的なコンテクストを明らかにしようとしなければならなかったはずである。マルセル・イシャック〔フランスの映画監督、探検家〕とジャン＝ジャック・ラングパン〔フランスの映画監督〕による『グリーンランド』[3]を近所の映画館で見てきた観客の目に、スコットは頑固な愚か者と映ってしまうのだ。もちろん、『南極のスコット』の監督チャールズ・フレンドにしても、いくつかの場面では——重苦しいまでに教育的な場面ではあるが——スコットの探検が行われるに至るまでの社会的、道義的、技術的な諸条件を明らかにしようと努めてはいる。だが、それは一九一〇年当時のイギリスの状況に関して行っているだけで、本来ならば、シナリオ上の何らかの工夫によって現代との対比を行うべきだったのだ。なぜなら、観客は無意識のうちに現代を基準にして考えるのだから。そして二番目に、より重要な理由として、第二次大戦後、客観的なルポルタージュ映画が普及したことである。私たちがルポルタージュ映画に期待するものを、戦争がすっかり変えてしまったのだった。エキゾチシズムはその見せ物としての魅惑、ロマンチックな魅惑のすべてを含めて、事実だけを取り扱う虚飾を排した報告に座を譲ったのである。ポンティングが旅行中に撮影した映画『永遠の沈黙』は、『コンチキ』[4]と『グリーンランド』、いずれの先駆にもなっている。ルポルタージュ映画としての不完全さにおいては『コンチキ』の先駆であり、徹底的なルポルタージュたろうとする意志においては『グリーンランド』の先駆なのだ。スコットらの遺した荷物から見つかった、南極点でのスコットおよび四人の仲間の写真だけでも、チャールズ・フレンドのカラー映画よりもはるかに胸を打つのである。

さらに、フレンドの『南極のスコット』がノルウェーとスイスの氷河で撮影されたことを知れば、だれしもフレンドの企てのくだらなさがよくわかるはずだ。その風景は確かに南極と似てはいても、実際には南極大陸とはまったく違うものであり、この事実だけでも作品の映像がもつあらゆる劇的な可能性を奪い去るには十分だろう。私がチャールズ・フレンドの立場にあったら、何らかの口実のもと、せめてポンティングの映画の抜粋をインサートしたはずだ。これはシナリオの段階でどうにでもできたはずのことである。そうした生《なま》な、客観的な現実との関係においてこそ、フレンドの作品はいまの状態ではいささかも主張することのできない意義を見出すことができただろう。

＊

それに対して、マルセル・イシャックとラングパンが現地で撮影した『グリーンランド』は、ポンティングの『永遠の沈黙』を先駆とする、現代的な探検旅行のルポルタージュがとりうる二つの対極的な形式のうちの一つとみなすことができるだろう。『グリーンランド』が描き出すポール＝エミール・ヴィクトールの探検は入念に準備されたものであり、危険はあるにせよ、できる限りの対策が練られていた。このとき、映画撮影班は補佐的専門家として探検隊に加えられていたのだった。だから、極言すれば、探検隊の一日のスケジュールと同じように、作品のカット割り《デクパージュ》〔5〕を出発時にすでに決めておくことだってできたかもしれない。いずれにせよ、監督には表現面で最大限の自由が与えられ、いわば、気象学者や地質学者と同じような公式の目撃者として探検に同行したのだった。

映画が探検に組み込まれたこうした例とは対照的に、トール・ヘイエルダールの作品『コンチキ』はルポルタージュ映画のもう一つのタイプの例を示すものとなっている。すなわち、『コンチキ』はもっとも美しい映画でさえあるが、しかしそれは存在しない映画なのである！　瓦礫の中の磨耗した石塊からでも失われた建築物や彫刻を再構成することができるように、『コンチキ』が私たちに提供する映像は、何とか思い描くことのできる仮想の作品の残存物なのだ。

説明してみよう。ノルウェーとスウェーデンの若い学者たちが行ったこの驚くべき冒険については、広く知られているとおりである。彼らは一般的に認められてきた学説に反して、ポリネシア人は東から西へ、すなわちペルーの海岸からやってきたのかもしれないということを示そうとしたのだった。こうした考えを立証する最良の方法は、数千年も前に行われたかもしれないのと同じ条件で、もう一度実際に海を渡ることだった。われらが即席の船乗りたちは、インディオの技術に関して入手できるもっとも古い資料に則って、一種の筏を組み立てた。進む方向を選ぶことのできないこの筏は、漂流船が海流に流されるがごとく進み、約七千キロ離れたポリネシアの環礁まで貿易風で運ばれていった。三ヶ月以上にわたる孤独な航海の末、六回の嵐に遭いながら、この途方もない探検は見事な成功を収めたのだ。間違いなく、その成功は人々の心を勇気づける、現代の驚異のリストに記載されてしかるべき出来事である。メルヴィル〔ハーマン・メルヴィル、一八一九―一八九一年。アメリカの小説家〕やコンラッド〔ジョゼフ・コンラッド、一八五七―一九二四年。ポーランド生まれのイギリスの小説家〕の冒険を思い起こす向きもあるだろう。コンチキ号の冒険から、船乗りたちはじつに面白い一冊の本〔ヘイエルダールの著した『コンチキ号漂流記』〕と、ユーモアに富んだ数々のデッサンを持ち帰った。だが、一九五二年において、この企てに見合った唯一の証言方法が映画でしかありえなかったのは明らかだ。そのことが、批評家に考える糧を与えてくれる。

われらが若者たちはカメラをもっていた。だが、彼らはアマチュアでしかなかった。ほとんど私たちと同じぐらいしか、扱い方を知らなかったのだ。しかも、明らかに彼らは最初、この映画を興行に用いるつもりはなかった。そのことは、いくつかの大失敗が証明している。たとえば、彼らはサイレント映画の速度で、すなわち毎秒十六コマで撮影してしまったのだが、トーキーであれば二十四コマで撮影しなければならない。その結果、複製によってコマを補うことを余儀なくされ、一九一〇年ごろの田舎の映画館よりもさらにひどい、切れ切れの映像となってしまった。それに加えて露出の失敗があり、三十五ミリに拡大したとき、画質の悪さはどうにもならなかったのである。

だが、最大の問題はこうした点ではない。この探検の目的は映画を作ることではなかったから——付随的なものとしてさえも——、撮影時の状況は最悪といえるものだった。つまり事実上、カメラはそのときどきの俄かカメラマンと一体になって、筏の先にへばりついているほかなかった。当然、移動撮影もなければ俯瞰ショットもなく、波に揺られたゴムボートから「筏船」の全景を撮るのがやっとだった。さらには、何か重大な出来事(たとえば嵐)が起これば、乗組員たちは撮影どころではなくなってしまった。その結果、われらがアマチュアカメラマンたちは、ペットのオウムやアメリカ軍から供された食料品のためにフィルムを長々と浪費しているのに対し、たまたまクジラが筏をめざして突進してくるような場面ではあまりに短い映像しかとらえられず、見る者が理解できるように「トリュカ」(画面の引き延ばしなどを行うための編集機材の名称)を使ってその場面のコマを十倍に増やさなくてはならなかったほどだ。

それにもかかわらず……『コンチキ』は素晴らしく感動的なのだ。なぜだろうか？　それは、この映画がかくも不完全にしか物語ることのできていない筋立てが、映画の制作と完全に一体化しているからである。なぜなら、映画それ自体が冒険の一面にすぎないからだ。このぼやけた、揺れ動く映像は、ドラマの俳優たちの客観的な記憶のようなものである。反射する水の中に垣間見えるサメともクジラともつかない生き物は、その珍しさによって、あるいは見せ物としての価値によって、私たちを惹きつけるのだろうか(だが、それはほんのわずかにしか見えないのだ！)。むしろ、その怪物の気まぐれによって船が難破し、カメラや撮影者が海底七、八千メートルに沈められるかもしれないというその瞬間に、映像が撮られている事実に、私たちは惹きつけられるのではないか。理由は簡単で、それはサメの映像であるというより、危険そのものの映像だったということである。

だが、撮影されなかった作品の残存物を称賛するとしても、私たちはそれだけでは満足できないかもしれない。たとえば、フラハティ作品のような映像の壮麗さがあったならと夢見てしまうからだ(アイルランドの海上でまどろむ、『アラン』〔一九三四年〕のシュモクザメを思い出してもらいたい)。しかし、少し考えてみただけで、私たちは解決しがたいジレンマにとらわれてしまう。実際、『コンチキ』がスペクタクルとして確かに不完全であるのは、そこで描かれている体験の諸状況《デクパージュ》をありのままに示しているからこそなのだ。三十五ミリで、しっかりとした画面構成のために必要な距離を保って撮影するには、筏を別様に作る必要があっただろう。いっそ、ごく普通の船にしたらどうだったか。だが、太平洋の生き物たちは、それが漂流物のようだったからこそ筏のまわりに群れ集まってきたのだ。モーターやスクリューがついていたら、逃げ出してしまったことだろう。海の楽園は科学が入ってきたら、たちまち失われてしまったはずだ。

『コンチキ』

実際のところ、この種の映画は、映画的な筋立ての要請とルポルタージュの要請のあいだで、多少なりとも有効な妥協点を探ることでしか成り立たないものである。映画による証言とは、人が何らかの出来事に巻き込まれつつも、同時にそこからもぎ取ることのできたもののことである。だが、きちんと構成されたルポルタージュの破綻や不備のない物語よりも、嵐に遭いながらも助かったこの漂流船のほうがどれほど感動的であることか。それは、映画とは私たちが目にする映像だけで成り立つものではないからだ。そこに含まれる不完全さが真実の証しとなる。ドキュメントの欠落部分はいわば冒険のネガ焼きであり、沈み彫りによる刻印なのである。

同様に、マルセル・イシャックの『アンナプルナへの勝利』（一九五三年）にも多くのあるべき映像が欠けている。とりわけ、クライマックスとなるはずの、モーリス・エルゾーグ、ルイ・ラシュナル、リオネル・テレー[6]による最後の登攀の映像がないのである。映像がない理由は周知のとおりで、雪崩がエルゾーグの手からカメラを奪い去ってしまったのだ。彼はこのとき手袋をも失ってしまった。そのため、この作品は、三人の男たちが第二キャンプから霧の中へ進んでいく場面までで彼らを見失い、それから三十六時間後にようやく、ふたたび彼らを見出すのである。霧の中から蘇ってきた男たちは、登頂時および登頂後の二度にわたり視界を奪われ、手足は凍傷に侵されていたのだった。

現代のオルフェウスは、氷の冥府への旅においてカメラの視線すら救い出すことはできなかったのである。〔7〕だがそこから、ミイラのようにシェルパたちの背にくくりつけられて下山するエルゾーグとラシュナルの長い受難の道のりが始まる。そして今度こそ、映画はヴェロニカのヴェール〔8〕のごとく彼らに付き添い、人間的な苦悩の表情を写し取る。

エルゾーグが書いた物語〔9〕は、これよりもはるかに正確で完全なものであるかもしれない。記憶とはもっとも正確な映画であり、どんな標高にあっても、死の瞬間に至るまで映像を刻みつけることのできる唯一の映画だからである。だが、記憶と、それを具体物として永遠化する客観的映像との違いは、だれの目にも明らかだろう。

(1) 初出「フランス・オプセルヴァトゥール」誌、一九五三年四月号、および一九五四年一月号。

〔1〕一九一八年のサイレント映画を嚆矢とし、一九三〇年代から四〇年代にかけて、ジョニー・ワイズミュラー主演によるシリーズが人気を呼んだ。

〔2〕アムンゼン隊の成功は先住民から伝授された技法(犬橇や毛皮服の採用)によるものといわれている。

〔3〕一九五二年。前出のポール＝エミール・ヴィクトールの探検隊に同行して撮影されたル

ポルタージュ。

〔4〕トール・ヘイエルダール監督、一九五〇年。コンチキ号の航海を描いたドキュメンタリー映画。一九五一年のアカデミー賞長篇ドキュメンタリー賞を受賞。

〔5〕原語「デクパージュ」は本書に頻出する用語。元来、「切り分けること」を意味する語で、映画用語としては「カット割り」や「コンテ」の意味で使われるが、バザンは画面構成や広義の編集なども含めた、多義的な意味合いでこの語を使っている。本訳書では、文脈に応じた訳語をあてたうえでルビを振るか、場合によってはそのまま「デクパージュ」と記した。

〔6〕いずれも登山家、イシャックとともに初の八千メートル峰となるアンナプルナ登頂に成功した。エルゾーグはこの映画の脚本にも関わった。

〔7〕ギリシア神話のオルフェウスが妻を連れ戻しに冥府に降るも失敗に終わったことを踏まえる。

〔8〕十字架を背負いゴルゴタの丘に向かうキリストの血と汗にまみれた顔をふき取ったとされるヴェール。そこにはキリストの顔が転写された。

〔9〕エルゾーグは『処女峰アンナプルナ』白水社、一九五三年(山と渓谷社、二〇〇〇年)などの著作を残した。

4　沈黙の世界(1)

『沈黙の世界』〔ジャック＝イヴ・クストー、ルイ・マル監督、一九五六年〕を批評するのは、なるほど馬鹿馬鹿しさを免れないことだろう。この作品の美しさは、要するに自然のもつ美しさなのであって、この作品を批評することは神を批評するに等しいからだ。そう考えると、私たちに許されるのはせいぜい、この作品の美しさは確かに筆舌に尽くしがたいものであり、その美たるや、地球の探査がさかんに行われるようになってこのかた、この小さな惑星が人類に示してくれた最大の啓示ですらあると述べることくらいだろう。また同じ理由から、海中を撮ったこのような映画は、一九二〇年代から三〇年代にかけて偉大な冒険映画〔前章を参照〕が登場して以来、ドキュメンタリー映画の系譜のなかで真に根源的な新しさをもった唯一の映画だともいえるだろう。より厳密にいえば、それは二種類の新しさのうちのひとつである。もうひとつは、芸術を主題にした映画の示す現代的発想だが、その新しさは映画の形式にもとづくものである。それに対して、海中を撮った映画の新しさは、あえていえばその内容にある。その豊かさは当分、尽きる心配はなさそうだ。

しかしながら、これらのドキュメンタリーが人を惹きつけてやまないのは、かつて撮られたことのない対象を発見したとか、絢爛たる形や色を映し出しているといった理由だけによるのではないだろう。確かに、驚くような映像、華やかな映像は私たちを楽しませてくれるものだが、そうした映像を美しいと感じるのは、はるかに強力な、そこにあらゆる意識を集中させるような磁気の働きがあってこそである。つまりそれらの映像は、水の神話をまるごと成就するものなのであり、海中に潜る人間離れした者たちによってそれが視覚化されることで、私たちがだれしも胸の奥深くに太古から抱いてきた思いが明らかになるのだ。

私はここで、そうした神話について大雑把にであれ、解説したり分析したりするつもりはない。ただ指摘しておきたいのは、この映画では、浅い水、きらめき流れる水、清めの水と結びついた象徴体系ではなく、大海原、つまり世界のもう半分をなすものとしての水が問題なのだということである。それは三次元の世界、しかも空気に包まれた世界以上に落ち着いた、均質な世界であり、私たちを包み込んで重力から解放してくれる。私たちを地上に縛りつける鎖からの解放は、結局のところ鳥によってと同様、魚によっても象徴されうるものなのだ。とはいえ伝統的には、そしてまた当然のことながら、人間の夢はもっぱら青空を舞台として繰り広げられてきた。乾いた、陽光あふれる青空。光のきらめく海とは、地中海の詩人にとって、鳩の群れが歩く静かな屋根でしかなかった。アザラシ《フォック》ではなく、三角帆《フォック》の浮かぶ屋根である[1]。

それがついに、私たちの想像力を超えた科学の力のおかげで、人間は自らのうちに魚と同じ能力が秘められていたことを知り、空を飛ぶという古くからの神話を水中で現実のものとした。その神話は、騒々しい音をたてる金属の塊である飛行機よりも、アクアラングを着用したダイバーによってはるかに満足のいくかたちで実現された。なにしろ飛行機など、潜水艦と同じくらい間抜けで、シュノーケルと同じくらい危険なものでしかない。ブリューゲルの見事な絵画《イカロスの墜落》で描かれた、田舎の人々からまったく気づかれずに海の中に落ちていくイカロスの姿は、地中海の断崖の沖合で潜るクストーとその撮影班の姿を予告していた。農夫は彼らをただの海水浴客だとばかり思い込んで、平然と畑を耕すのである。

まずはアルキメデスの原理に従って重力から身をほどき、ついで水深に応じて圧力をレギュレーターで調節しさえすれば、ほんの束の間だけ危険を冒して潜るダイバーという立場から、海の住人にして支配者たるネプチューンの位に到達することが可能となっ

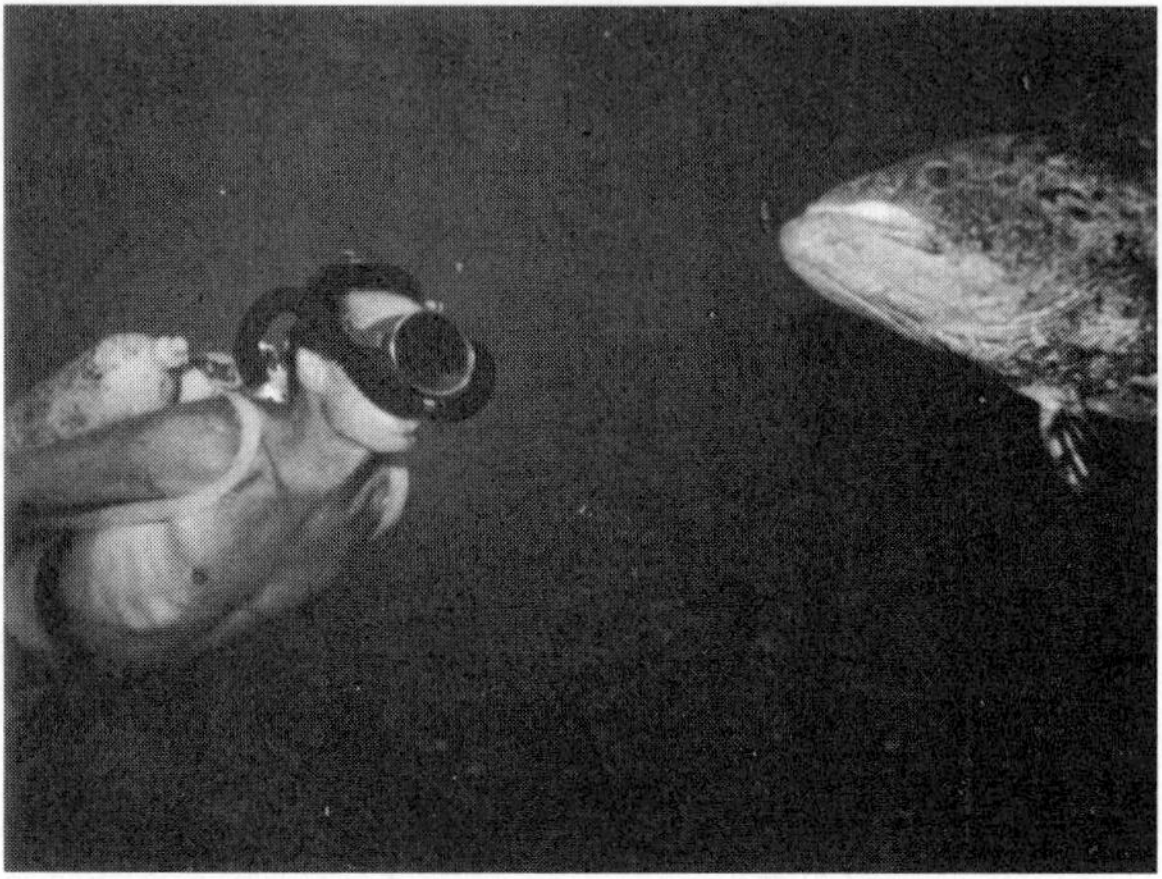

ジャック＝イヴ・クストー，ルイ・マル『沈黙の世界』

た。人間はついに自分の両腕で飛べるようになったのである。

ただし、彼方の青空とはからっぽで不毛な空間であり、星の瞬きや冷たい天体にのみ無限に開かれているのに対して、海中は生命の空間であり、レーダーには人間の目には見えない謎めいたプランクトンの星雲が映し出される。私たちはそうした生命が浜辺に打ち上げられた、その一粒にすぎない。生物学者にいわせれば、人間は自分の内部に海を抱えた海洋生物である。だから、海に潜るとき、おそらく人は原初の状態に還っていくかのような気持ちを抱くのだとしても、別に不思議なことではない。

何をご託宣を垂れているのだといわれるかもしれない。私の仮説に対して別の説明をいくらでも出していただきたいものだ。とはいえ、海中の世界の美しさが、きらびやかな外見やそれが私たちに与えてくれる驚きのみによるものでないことは間違いない。ジャック＝イヴ・クストー〔一九一〇―一九九七年。フランスの海洋学者〕と撮影班は賢明にも撮影当初から、海中探検の美学――あるいはその詩情――こそが、この画期的映画の重要な要素になるということ、そして科学によって生み出されたその詩情は、科学の枠を超えて必ずや人々を魅惑せずにはいないということを理解していた。バチスカーフ〔自航式深海潜水艇。第二次大戦後、スイスのオーギュスト・ピカール博士が開発〕はまだまだ多くの発見を約束しているが、いつの日か、私たちが未知のイメージに飽きるときがくるかもしれない。そうなるとしたら残念なことである。それまでは存分に楽しませてもらうとしよう。

＊

しかし、これまで述べてきた一般論から、『沈黙の世界』は最初から美しい映画になると決まっていたのだと考えたり、監督たちの功績は美しい映像を求めて海中に潜ったことだけだと決めつけたりするべきではない。この映画の見事さは、ルイ・マル〔一九三二―一九九五年。フランスの映画監督〕の周到な演出による部分が大きいのである。それはドキュメンタリー映画で許される演出上のテクニックのお手本というべきであり、『失われた大陸』〔一九五五年カンヌ国際映画祭審査員特別賞〕と比較してみると興味深い。『沈黙の世界』では、いくつかのシークエンスでひそかに演出がなされているではないかという不満の声を耳にした。とりわけ、ダイバーがたった一人で海中の沈没船の探索を行うというふれこみの場面。実際、そのシーンは複数のカメラを用いて撮影されているだけでなく、スタジオでの撮影と同じようにデクパージュも用いられているのである。

そうした種類の場面は、この映画の最高の部分ではないといわねばなるまい。詩的な効果を狙っていることがあからさまに感じられるからである。ただし、それは内容に関わる批判だ。形式としては、このような演出はまったく正当なものである。実際、この種のシーンの場合、再構成は以下の二つの条件を満たせば許される。第一に、観客を騙そうとしないこと。第二に、出来事の性格が再構成と相容れないものではないことである。『失われた大陸』では、つねに撮影班の存在を観客に忘れさせようとし、再構成がなされたならば自然で偽りのないものとはいえなくなるような場面を、そうしたものと

『失われた大陸』では，つねに撮影班の存在を観客に忘れさせようと[…]している．だが，白人がやってくるのを待ち受ける「野蛮な」首狩り族の男を前景に写し出すならば，その人物が野蛮ではないことがどうしたって明らかになってしまう．なぜならその男はカメラマンの首を斬らなかったのだから．

して提示しようとしている。だが、白人がやってくるのを待ち受ける「野蛮な」首狩り族の男を前景に写し出すならば、その人物が野蛮ではないことがどうしたって明らかになってしまう。なぜならその男はカメラマンの首を斬らなかったのだから。

それとは反対に、沈没船を発見したかのように場面を再構成することは完全に許される。というのも、それはすでに起こったことであり、またいつか起こることでもあるのだから。そうした場合には最小限の演出を加えるだけで、観客に探検者の感情を理解させたり、示唆したりすることができるのである。せいぜいのところ、監督に要求できるのは制作過程を隠そうとしないでほしいということぐらいだ。しかし、クストーとマルに対してはそんな非難も当てはまらない。彼らは映画のなかで何度も撮影機材を見せているし、撮影している自分たちの姿も映画に収めている。だから観客は、少し考えてみれば十分で、あとは喜んで画面を眺めていられるだけ騙されていればいいのだ。

しかしながら、先に述べたような意図のせいで、演出されたシークエンスに引っかかりを感じることがあるのは認めよう。実際、この映画でもっとも成功しているのは、思いがけない出来事を後から構成し直した部分だろう。そこでは出来事をわかりやすく論理的に描きながら、しかし実際に起こった出来事であるという性格を損なってはいないのだ。そういう点から見たとき、最高の瞬間はクジラが登場するすべての場面、とりわけ子クジラがスクリューで怪我をしたあげく、サメに食べられてしまう場面ということになるだろう。クストーとマルは出来事をつねにコントロールしているのだが、それにもかかわらず、出来事の壮大さが彼らを凌駕してしまう。映像のもつ詩情は、彼らの意図するよりもっと強力で豊かな表現力を必ずや帯びるのだ。

まさに壮大な場面というべきは、撮影班の船がマッコウクジラの群れに近づき、接触を試みたせいで酷いことに二つの事故――船と子クジラの接触、サメによる子クジラへの攻撃――を引き起こしてしまう場面である。すると撮影班の面々が徐々に、傷ついたクジラの苦しみに共感し始めるのが伝わってくる。クジラは哺乳類であるのに対し、サメはしょせん、魚類にすぎない。

　結局のところ、この種のドキュメンタリー映画は二重の問題をはらんでいる。技術的な問題と倫理的な問題である。よりよく理解させるためにトリックを用いはしても、観客を騙しはしないということだ。『コンチキ』〔前章参照〕は素晴らしい映画だが、ただしそれは存在しない映画なのであり、それも当然なのだった。一方、喫水線の下に丸窓を覗かせ、船首に船室をもつカリプソ号〔クストーが使用した海洋調査船〕は筏ではなく、むしろノーチラス号〔ジュール・ヴェルヌの小説『海底二万里』と『神秘の島』に登場する架空の潜水艦〕に似ている。カリプソ号は、観察される対象の様子やあり方を損なわずに徹底して観察する場所という理想に近づいているのである。

（1）初出「フランス・オプセルヴァトゥール」誌、一九五六年三月号。

〔1〕ヴァレリーの詩「海辺の墓地」への目配せ。「鳩の群れが歩く、この静かな屋根」と、海に浮かぶ帆船を、屋根に群がった鳩にたとえて描いている。

5　ユロ氏と時間(1)

フランス映画には喜劇の才能が欠けていると述べるのはもはや常套句になっている。少なくともこの三十年来は。というのもドタバタ喜劇映画がまさにフランスで、今世紀初めには誕生していたことを忘れてはならないからだ。その流派の代表的スターがマックス・ランデ〔1〕であり、彼をお手本としてハリウッドではマック・セネット〔2〕が活躍した。ハリウッドで、ドタバタ喜劇はいっそう華々しい展開を見せた。なにしろハロルド・ロイド〔一八九三―一九七一年。アメリカの喜劇役者〕、ハリー・ラングドン、バスター・キートン〔一八九五―一九六六年。アメリカの喜劇役者、映画監督〕、ローレル&ハーディ〔3〕といった俳優たち、そしてとりわけチャーリー・チャップリン〔一八八九―一九七七年。イギリス出身、アメリカの喜劇役者、映画監督〕が登場してきたのである。チャップリンがマックス・ランデを自分の師と認めているのは周知のとおりである。しかしながらフランスのドタバタ喜劇は、ハリウッドで制作されたマックス・ランデの晩年の作品を除くと、一九一四年を境にほぼ勢いを失い、アメリカのドタバタ喜劇の圧倒的な――そして当然の――成功に呑み込まれてしまった。ハリウッドはトーキーの出現以降も、チャップリンを除外して考えてすら、喜劇映画の支配者であり続けた。つまり、W・C・フィールズ〔一八八〇―一九四六年。アメリカの喜劇俳優〕やマルクス兄弟〔四人組(兄弟)のコメディアンで、一九二〇年代末から映画界で活躍した〕、そして後続のローレル&ハーディによってドタバタ喜劇の伝統が刷新され、豊かになる一方、さらに演劇と類縁性をもつ新しいジャンルも登場してきたのである。それがアメリカ式コメディであった。

反対にフランスでは、トーキーの登場はせいぜい、大衆演劇の惨憺たる映画化をもたらしただけだった。一九三〇年代以降、フランスの喜劇映画で何が出てきたか考えてみても、レーミュ[4]とフェルナンデル[5]という二人の俳優くらいしか思い浮かばない。しかし不思議なことに、笑いの聖なる怪物〔名優〕であるこの二人の俳優は、もっぱらつまらない作品にしか出演していないのである。もしマルセル・パニョル[6]がいなかったなら、そして彼による四、五本の秀作がなかったなら、彼らの才能に見合った作品をひとつとして挙げることができないだろう(せいぜい例外を挙げるとしても、クリスチャン＝ジャック〔一九〇四―一九九四年。フランスの映画監督〕の興味深いが真価の認められていない『フランソワ一世』〔一九三七年〕、それにおまけをして、好感が持てるものの浅薄なノエル＝ノエルの作品ぐらいだ）。ルネ・クレールが一九三四年、『最後の億万長者』の失敗のあとでフランスのスタジオを離れイギリスへ、ついでハリウッドへ向かったのは象徴的である。かくして、フランスの映画界には、才能ある喜劇俳優がいたにもかかわらず、肝心のスタイル、喜劇の概念が欠けていたことがわかるだろう。

私はここまであえて、フランスのドタバタ喜劇の伝統を刷新しようとする唯一の独創的な努力について述べてこなかった。つまり〔ジャックとピエールの〕プレヴェール兄弟のことである。確かに、『成功疑いなし』〔一九三二年〕、『さらばレオナール』〔一九四三年〕、『びっくり旅行』〔一九四七年〕に喜劇映画の再生を見ようとする者もいる。そうした人たちの意見では、これらの作品は素晴らしい傑作であるにもかかわらず理解が得られなかったのだそうだ。しかし、これらの作品に不満を持った観客たちと同様、私にもそうは思えない。確かに興味深い試みであり、好感の持てるものではあったが、知性偏重的な傾向ゆえに失敗は必然だった。プレヴェール兄弟の作品において、ギャグはつねに観念的なものであり、それをあとから映像化しているのである。その結果おかしさは、頭をしぼって、画面上のギャグからその知的な意図を読み取ってみなければ感じられない。つまり言葉を使わないお話というやり方なのであり、われらが最良のユーモア・アニメ作家であるモーリス・アンリが、ギャグ作家として映画界に認められるには至らなかったのも同様の理由からである。考えてからでなければ笑えないギャグのあまりに知的な仕組みに加えて、観客に無理な共謀を求めるユーモアの、いささか気にさわる性質についても指摘しておかなければならない。映画上の喜劇は（おそらく演劇でもそうであるように）観客に対してコミュニケーションの手を差し伸べようとする姿勢がなければうまくいかないものであり、「プライヴェート・ジョーク」（内輪向けのギャグ）は喜劇映画に適していないのだ。プレヴェール流のこうしたユーモアから生まれた作品で、本当の成功に近づいた作品が一本だけある。マルセル・カルネ（一九〇六―一九九六年。フランスの映画監督）の『おかしなドラマ』（一九三七年。脚本はジャック・プレヴェール）がそれだが、ただしこの作品は他の作品を参考にしてもいる。『三文オペラ』（ゲオルク・ヴィルヘルム・パープスト監督、一九三一年）が効果的に援用されているし、イギリス流のユーモアからもヒントを得ている。

こうした貧しい歴史的背景の上に『のんき大将脱線の巻』（ジャック・タチ監督、一九四九年）が現れ、予期せぬ例外的な成功を収めた。よく知られているとおり、これはかなりの早撮りで、安上がりに作られた作品で、どこの配給会社も引き受けようとしなかった。ところがその年の最高成績を記録し、儲けは製作費の十倍に達したのである。

ジャック・タチ（一九〇七―一九八二年。フランスの俳優、映画監督）はまたたく間に有名になった。しかし、『のんき大将脱線の巻』の成功でこの映画作家の才能は尽きてしまうのではないかとも考えられた。この作品は独創的な喜劇という、センセーショナルな発見であり、ドタバタ喜劇映画のまさしく最良の水脈を蘇らせるものでもあった。とはいえ、タチに才能があるのならミュージックホールで二十年もくすぶっていたはずはないと考える者もいたし、また、作品の独創性ゆえに、二作目でも独創性を保てるのかと心配させもした。おそらく、ドン・カミロが続篇で戻ってきたように[7]、人気者の郵便配達夫〔『のんき大将脱線の巻』の主人公〕のさらなる冒険が見られるだろうが、そんな作品は一作だけに留めておく賢明さをなぜもたなかったのか、と嘆かせるだけだろうと思われたのだ。

ところがタチは、自らが生み出し、人気を博した登場人物の金鉱を活用しなかったばかりか、二作目を世に送り出すまでに四年もの歳月をかけた。新作は『のんき大将脱線の巻』に比べて見劣りがするどころか、前作をただの習作と思わせるほどの出来栄えだった。『ぼくの伯父さんの休暇』〔一九五三年、原題『ユロ氏の休暇』〕の重要性は、どんなに評価してもしすぎることはないだろう。それはマルクス兄弟やW・C・フィールズ以降、世界の映画界でもっとも重要な喜劇作品であるというだけでなく、トーキー映画にとっての歴史的事件なのである。

すべての偉大な喜劇作品がそうであるように、私たちを笑わせる以前に、タチはひとつの世界を創造している。その世界は登場人物を出発点として整然と作り上げられており、ちょうど、飽和状態に達した食塩水がそこに入れられた塩粒のまわりに結晶するように、結晶しているのである。確かに、タチが作り上げた主人公ユロ氏は愉快だが、それはほとんど二次的なことと思えるくらいで、ともかくユロ氏が愉快なのはつねに、世界との関係においてなのだ。腹を抱えるようなギャグのまっただなかに、ユロ氏の姿がないということだってありうる。というのも、ユロ氏はある混乱状態の形而上的な化身でしかなく、彼の通り過ぎていった後にも、混乱状態は継続されるからである。

それでもなお主人公を出発点に考えるならば、すぐにわかるのは、ドタバタ喜劇にも流れ込んでいるコメディア・デラルテ〔8〕の伝統と比べて、タチの主人公の独創性は一種の不完全さにこそあるということだ。コメディア・デラルテの主人公は喜劇の本質を体現しており、その役割は明確で変化がない。反対にユロ氏の特徴は、あえて完全に存在しようとはしないとでもいったところにあるように思える。彼は押し出し弱くあたりをうろつく、控えめな存在だ。そして、そうした内気さを存在論的な原理にまで高めているのである！　とはいえもちろん、世界にそっと触れるユロ氏の接し方こそが、まさにあらゆる大混乱の原因となるだろう。というのも、そうした世界との接し方は社会的な礼儀や能率のルールに決して適合しないからだ。ユロ氏はタイミングの悪さの天才である。しかしだからといって、彼が不器用でぎこちないということではない。彼はむしろじつに優雅な、「そそっかしい天使」であり、彼が巻き起こす騒動は優しさと奔放さによるものなのだ。この映画の中で、魅力的であると同時にとても好感の持てる登場人物が子どもたちだけであるというのは重要なことだ。つまり、ここでは子どもたちだけは「夏休みの宿題」を果たさないのである。子どもたちはユロ氏にびっくりしたりしない。子どもたちにとってユロ氏はいつでも遊んでくれる兄弟なのだ。ユロ氏は子どもたち同様、遊ぶことを恥ずかしく思ったりしないし、楽しみに優先順位をつけたりもしない。仮面舞踏会で踊る人間が一人しかいないとしたら、それはユロ氏だろう。まわりでだれも踊っていなくとも平然と踊り続けるだろうし、退役軍人の指示のもと、花火が一箇所に集められたなら、無頓着なユロ氏のマッチが火薬に火をつけてしまうに違いない。

だが、ヴァカンスでないときのユロ氏はいったい何者なのか。このおかしな海岸にいる夏の住人たちのだれをとっても、その職業、あるいは少なくともその関心事をありありと思い浮かべられる。作品冒頭で、まるで秘密の合図に従ってでもいるかのように大挙して海辺の町をめざし、町をたちまち攻略してしまう自動車や列車については、どこから来たのかを突き止めることもできるだろう。だが、ユロ氏の乗るおんぼろのアミルカー〔両大戦間期に人気を博したフランスのスポーツカー〕はどの年代のものでもなく、実のところ、どこから来たものでもない。時間から逸脱しているのである。ユロ氏自身についても、ヴァカンス以外の十ヶ月は消え去っていて、七月一日になるとフェードインしてくるかのように自然に登場してくる、そんなふうに想像したくなる。その日が来ると、ようやくタイムレコーダーが止まって、どこか海岸や田園の恵まれた土地で、かりそめの、括弧の中に入った時間、やわらかく渦巻いてたゆたう、潮汐のような時間が作り出される。無用な仕草が反復される時間、ほとんど動きのない、昼寝《シエスタ》の時刻で停滞したままの時間。しかしそれはまた、儀式に則った時間でもあり、仕事場の時間割よりも厳格な、慣例どおりのお楽しみという空疎な儀礼によってリズムを与えられた時間なのだ。

それゆえ、ユロ氏に「シナリオ」はありえない。物語はその前提としてひとつの方向を、つまり原因から結果に向かう時間の流れ、始まりと終わりを必要とする。『ぼくの伯父さんの休暇』は反対に、意味作用においては一貫しつつも、ドラマとしては独立した個々の出来事の連続でしかありえない。主人公の冒険や災難はどれも、「またもやユロ氏の話である」という決まり文句で始められるといってもいい。時間がこれほどまでに映画の原料となり、ほとんど目的そのものと化したことはなかっただろう。物語の経過時間と映画の上映時間が一致するといった実験的作品の例はあるが、ユロ氏はそうした実験作よりもはるかに巧みに、そしてはるかに深く、私たちの運動の時間的な次元について明らかにしてくれる。

このヴァカンスの世界では、秒刻みの正確さでなされる行為がむしろ馬鹿げたものと思えてくる。ユロ氏だけは、どこにいようが、決して定刻どおりにはふるまわない。なぜなら彼だけは流動する時間とともに生きているのに対し、他の人々は空虚な秩序を回復しようと躍起になっているからだ。レストランの扉のバタンバタンという開閉音が、その秩序に固有のリズムである。だが彼らにできるのは、時間に粘り気を与えることでしかない。ちょうど、アイスクリーム屋の商品台の、まだ熱いのでゆっくり伸びる水飴のかたまりのように。この水飴が何度も砂ぼこりの中に落ちそうになる

『ぼくの伯父さんの休暇』における
ジャック・タチ

のにユロ氏はさんざん悩まされ、水飴のシーシュポス〔9〕と化してはらはらしどおしの有様となるのである。

だが、映像にもまして、この作品に時間の厚みを与えているのはサウンドトラックである。これもまたタチのもっとも偉大な、そして技術的にいってもっとも独創的な発見なのである。誤った通説によれば、タチ作品のサウンドトラックはマグマ状の音響からなるもので、ときおりそこに断片的な文章や単語が浮かび上がり、それがくっきりと聞こえるだけに馬鹿馬鹿しく響くのだという。散漫な耳の持ち主がそんな印象を抱くだけのことなのだ。実際には、不明瞭な音響の要素(たとえば駅の案内放送の場面、ただしあのギャグはリアリズムだが)は稀である。反対に、タチの巧妙さはもっぱら、明瞭さによって明瞭さを破壊するところにある。登場人物たちの会話に不可解なところは決してなく、それはむしろ他愛のないものであって、その他愛のなさがせりふの明確さゆえにあらわになる。そのために、タチはとりわけ音の強さのバランスを歪曲させ、ときには音のしないはずの場面に、オフスクリーンの音を重ねることまでしている。一般的に、タチの音響は会話の断片や叫び声、さまざまな反響音といった、リアリズム的な要素からなっている。ただし、それらの要素はどれひとつとして、ドラマ的状況の中に厳密に置かれているわけではない。そうした背景音との関係において、場面にそぐわぬ音がまったく不自然に浮かび上がってくるのだ。たとえば、ホテルで宿泊客が読書をしたり、おしゃべりをしたり、トランプをしたりしている晩のこと。ユロ氏はピンポンをするのだが、ピンポン玉はとてつもない音を立てて、まるでビリヤードの玉のような勢いで静けさを破り、ピンポン玉が跳ね返るたびに、その音はますます大きくなるように感じられる。この映画の音響には基本的に、実際に浜辺で録音された自然の音が素材として用いられている。そこに本物の音に劣らずはっきりした、しかしつねに場面とずれた人工音が重ねられるのである。このような音響のリアリズムとその変形の組み合わせから、タチの世界における音というものの否定しがたい空虚さが生まれてくる。とはいえそれはやはり、人間の世界なのだが。おそらく、言葉の身体的な側面、その解剖図がこれほどまでに仮借なく明るみに出されたことはないだろう。私たちは何も意味を持たない言葉にまで意味を与えてしまうことに慣れているので、目に見えるものに対してなら持ちうる皮肉な距離感を、言葉に対しては持ちえない。『ぼくの伯父さんの休暇』では、見せかけの威厳を言葉にまとわせる社会的な了解を剝がされて、言葉はグロテスクなほどに慎みのない裸の姿で歩き回る。言葉がラジオから、赤い風船となって次々につながって出てきたり、人々の頭上で小さな雲に凝縮し、風まかせに移動して、私たちの鼻先までやってきたりするかのように思える。だが何ともたちの悪いのは、言葉がまさに意味をもっているということであり、耳を傾け、目を閉じて余計な物音を取り去ろうとすることで、結局は言葉の意味が戻ってきてしまうのだ。タチはまた、まったく偽の音を紛れ込ませるということもするのだが、そうした音のもつれ合いの中にとらわれてしまった私たちには、偽物だといって抗議するなど思いもよらないのである。花火の音響効果もそのたぐいの音で、よほど努力をしなければ、そこに砲撃の音が混じっているとは気づかないだろう。ユロ氏の世界に厚みと精神的な奥行きを与えているのは音なのである。この映画の最後で、大いなる悲しみ、はかり知れない落胆がどこからやってくるのか、考えてみるとよい。それが沈黙からやってくるのだということに思い当たるだろう。この映画では終始、遊んでいる子どもたちのはしゃぎ声が浜辺の情景に響いていた。その声がぱたりとやんだとき、それがヴァカンスの終わりなのである。

　ユロ氏は一人ぽつんと取り残されている。彼が花火を台なしにしたことを許さないホテルの宿泊客たちに愛想を尽かされてしまったのだ。そこで彼は二人の子どものところにやってきて、彼らと砂合戦をする。そこに友人たちが、こっそりとユロ氏に別れをいいにやってくる。テニスの得点を数えてくれたイギリス人の老女、電話の紳士の息子、散歩する夫……。自分のヴァカンスに縛りつけられていた大勢の中にあって、自由と詩の小さな炎をなお灯し続けていた人物たちだ。この大団円なき結末の至高なまでの繊細さは、チャップリンの最高の作品にもひけをとらないものである。

　あらゆる偉大な喜劇作品と同じように、『ぼくの伯父さんの休暇』という喜劇は残酷な観察の結果である。イヴ・アレグレ〔監督〕とジャック・シギュール〔脚本〕の『美しき小さな浜辺』〔一九四八年〕も、ジャック・タチと比べれば「バラ叢書」〔子ども向けの読物シリーズ〕に属すものだ。ただし、ジャック・タチの喜劇は――これが彼の偉大さの、おそらくはもっとも確かな保証であるのだが――悲観的ではないように思われる。少なくとも、チャップリンの喜劇以上に悲観的ということはない。タチの主人公は世界のくだらなさに対して、度しがたいほどの軽やかさで対抗する。意外なことはいつだって起こりうるし、それが愚かな者たちの秩序を揺るがして、タイヤのチューブを葬式の花輪に変えたり、葬列を遠足に変えたりもするということを、彼は証明しているのだ。

（1）　初出「エスプリ」誌、一九五三年。

〔1〕　一八八三―一九二五年。フランス語発音はランデール（本訳書での表記は日本での慣例に従う）。初期のフランス喜劇を代表する俳優で、世界的に人気を博し、マック・セネットやチャップリンら、ハリウッドの喜劇俳優にも影響を及ぼした。

〔2〕一八八〇―一九六〇年。アメリカの映画監督、俳優、プロデューサー。サイレント時代の「喜劇王」。
〔3〕スタン・ローレルとオリヴァー・ハーディによるお笑いコンビ。一九二〇―四〇年代に数多くの映画に出演した。
〔4〕一九三〇―四〇年代に活躍した喜劇俳優。『マリウス』『パン屋の女房』等マルセル・パニョル作品で活躍。
〔5〕一九三〇―六〇年代に活躍した喜劇俳優。『舞踏会の手帖』『陽気なドン・カミロ』等。
〔6〕一八九五―一九七四年。フランスの作家、映画監督。第11章「パニョルの立場」に詳述。
〔7〕ジュリアン・デュヴィヴィエ監督の『陽気なドン・カミロ』一九五一年と『ドン・カミロ頑張る』一九五三年。
〔8〕十六世紀にイタリアで生まれた、仮面を使った即興演劇。登場人物は決められた名前を持ち、性格や服装などに類型的な特徴を備えている。
〔9〕ギリシア神話の登場人物。神々の怒りを買い、幾度岩を山頂まで押し上げてもそのたびに落下してやり直さねばならないという、永劫に続く罰に処せられた。

6　禁じられたモンタージュ(1)

『白い馬』、『赤い風船』、『とんでもない妖精』

アルベール・ラモリス〔一九二二―一九七〇年。フランスの映画監督〕は、『ちいさなロバ、ビム』〔一九五〇年〕ですでに、その独創的な発想をはっきりと示していた。『ビム』はおそらく、『白い馬』〔アルベール・ラモリス監督、一九五二年〕とともに、映画がこれまでに生み出した唯一の、真の子ども向け映画だろう。確かに、子ども向けといえるような映画は――数はそれほど多くはないが――ほかにも存在する。この領域ではソヴィエトがとりわけ努力を示したが、しかし私には、『孤帆は白む』〔ウラジーミル・レゴーシン監督、一九三七年〕のような作品は、すでにして青少年向けであるように思える。J・A・ランク〔イギリスの映画プロデューサー〕のもっぱら子どもを対象とした映画の制作は、商業的にも美学的にも完全な失敗に終わった。事実、児童にふさわしいフィルムライブラリーや上映カタログを作成しようとしても、そこに収められるのはせいぜい、子ども向けに撮られた短篇数篇——ただし玉石混交——と、アニメを含む、題材の面でも着想の面でもかなり幼稚な商業的映画何本か——とりわけ数本の冒険映画——にすぎないだろう。とはいえ、それらの商業的作品は子どものために特別に撮られたものではなく、精神年齢が十四歳以下の観客にも理解できる作品であるというだけのことである。ご存知のとおり、アメリカ映画がこの潜在的レベルを超えることはそう多くはない。たとえばウォルト・ディズニーのアニメがそうである。

だが、それらの映画が真の児童文学(これもそう豊かであるとはいえないが)とは比べようのないものであることは明らかだろう。ジャン＝ジャック・ルソーは、フロイトの弟子たちに先駆けて、児童文学はいささかも無害なものではないと気づいていた(『エミール』でのラ・フォンテーヌ『寓話』批判を指す)。ラ・フォンテーヌ(十七世紀フランスの文学者、『寓話』は広く少年少女に読まれる)は冷笑的なモラリストであり、セギュール伯爵夫人(十九世紀フランスの作家、子ども向け物語で知られる)は恐るべきサドマゾ趣味のおばあさんなのだ。いまや、ペローの童話がおよそ口にするのもはばかられるような象徴表現を含んでいることが知られており、その点で精神分析家たちの議論に反駁することは難しいと認めざるを得ない。結局のところ、精神分析に頼らずとも、『不思議の国のアリス』やアンデルセン童話には甘美にして身の毛のよだつような深層が含まれ、それが作品の美しさの源になっていることが理解できるのである。それらの作品の作者たちには夢見る能力があり、そうした能力はそれが本来もつ性質、およびその強烈さゆえに、子ども時代への回帰を促す。その想像的世界に、幼稚な点は何もない。子どものために無害な外観を作り出したのは教育学なのであって、それを子どもたちがどうやって隠れ蓑にしているかを見て取るなら、彼らの緑の楽園が怪物だらけであることがよくわかるのである。ゆえに、真の児童文学の作者たちが教育的であるとしても、それはたまたまそうであるにすぎず、しかも稀なことでしかない（ジュール・ヴェルヌはおそらく唯一の教育的児童文学者だろう）。真の児童文学の作者たちとは、その想像力が子ども時代の夢と波長を合わせたままでいられるという特権をもつ詩人たちなのである。

それゆえ、彼らの作品はある意味では有害であり、実際には大人にしかふさわしくないと主張することもつねに容易なのだ。彼らの作品が子どもを教え導くものではないという意味でなら、その主張は正しい。だがそれは教育的な視点であり、美学的な視点ではない。逆に、それが大人にとっても面白く、ひょっとすると子ども以上に心から楽しめるものだとするなら、それは作品の価値が本物であることのしるしである。自発的に子どものために仕事をする芸術家は間違いなく、普遍的なものにまで達するのだ。

おそらく、『赤い風船』〔ラモリス監督、一九五六年〕はすでにしてより知的な作品であり、それゆえ子どもっぽさは少ない。神話的物語をとおして、象徴はよりくっきりと表れている。とはいえ、この作品を『とんでもない妖精』〔ジャン・トゥラーヌ監督、一九五六年〕と比べてみるなら、まさしく、子どもにも大人にも意味をもつポエジーと、子どもしか満足させることのできない子どもっぽさとの違いがわかるだろう。

*

しかしながら、私はこの作品を論じるためにそうした見地に立とうとは思わない。この論考は真の批評をめざすものではなく、それらの作品に私が認める芸術的美点には付随的にしか触れないだろう。私の意図はただ、それらの作品が提供してくれる驚くほど意義深い例を出発点として、映画的表現との関係における、そしてさらに本質的には、映画の美学的存在論との関係における、モンタージュのある種の法則を分析することにある。この観点からすると、むしろ、『赤い風船』と『とんでもない妖精』を比較考察するのがいいかもしれない。どちらも、モンタージュの意義と限界を正反対の方向から見事に示してくれるのである。

まず最初に、ジャン・トゥラーヌの『とんでもない妖精』について、それが徹頭徹尾、クレショフ〔一八九九―一九七〇年。ソヴィエトの映画監督、映画理論家〕によるモジューヒン〔一八八九―一九三九年。ソヴィエトの俳優〕の顔のクローズアップの有名な実験〔1〕の驚くべき例証になっていることを指摘しておこう。ジャン・トゥラーヌの野心がごく単純に、本物の動物たちを使ってウォルト・ディズニーをやってみようというものだったことは知られている〔『とんでもない妖精』は実際の猿、猫、アヒル等に登場人物を演じさせた作品〕。ところが、動物たちに人間的感情を仮託するのが（少なくともその本質において）、私たち自身の意識を投影することであるのは明白だ。私たちが動物たちの外見やふるまいに読み取るのは、人間の外見やふるまいとのある種の類似性にもとづいて、多かれ少なかれ無意識裡に仮託した心の動きでしかない。なるほど、こうした人間精神の自然な傾向を無視したり、過小評価したりすべきではないだろう。それが有害なものとなるのは科学の領域においてだけである。しかももっとも現代的な科学が、学術的研究手段を用いて、擬人主義〔動物や昆虫をはじめ、自然現象に人間と同じ心理のはたらきを想定する考え方〕にもある種の真実があることを再発見していることは指摘しておかなければならない。たとえば昆虫学者フォン・フリッシュ〔オーストリアの動物行動学者、ミツバチのダンス言語を研究〕はミツバチにも言語があることを証明し、それを精確に読み解いた。そこには頑迷な擬人主義のどんな途方もない類推をもしのぐほどのものがある。いずれにせよ科学における過ちは、ビュフォンの動物半人間説よりもはるかにデカルトの動物機械論のほうにある。だが、そうした単純な次元を越えて、擬人主義が類推的な知の様態に発するものであることは明らかであり、それは単なる心理学的考察によって説明したり、いわんや非難したりできるものではない。その領域は道徳(ラ・フォンテーヌの『寓話』)から、あらゆる魔術や詩の領域を経て、もっとも高度な宗教的象徴体系にまで及ぶのである。

それゆえ、擬人主義はそれが位置しているレベルを考慮に入れずに頭から否定すべきものではない。とはいえ残念ながら、ジャン・トゥラーヌの場合はもっとも低いレベルであるといわなければならない。科学的にまったく間違っていると同時に、美学的転換という点でもお粗末きわまりないのだが、にもかかわらず大目に見たいという気にさせるとすれば、それは長尺であるだけに(『とんでもない妖精』は六十三分)、モンタージュとの関連における擬人主義のさまざまな可能性を驚くほど豊かに探索させてくれるからである。実際、映画は写真がはらむ静的な解釈を、ショットの連続から生じる解釈によって増大させるのだ。

というのも、トゥラーヌの映画に出てくる動物たちは調教されていないという点をぜひとも指摘しておかなければならないのである。動物たちはただ飼い馴らされているだけである。だから彼らは観客の目に映っているようなことは実際には決してやっていない(やっているように見えるのはそこにトリックがあるからだ――画面の外で人間が動物を操っていたり、マリオネットを棒で動かすように、にせの手足を動かして動物の手足に見せていたり)。トゥラーヌの工夫や才能はすべて、カメラが回っているあいだ、動物たちを彼の決めた姿勢のままじっと動かないようにさせておくことに注がれている。まわりの大道具や衣装、ナレーションの力だけでもすでに、動物の様子には人間的な意味が付加される。それがモンタージュの生む錯覚によってきわめて明確になり、かつまた拡張される。人間的な意味がほぼ完全にモンタージュによって作り出されることもしばしばだ。物語全体がそうやって組み立てられる。たくさんの動物たちが、複雑に絡まりあいながら(あまりに複雑すぎて、しょっちゅう筋が混乱するほどだ)、さまざまな性格を示すのだが、ただし登場する動物たちはほとんどの場合、カメラのフレーム内でおとなしくしているだけなのである。うわべのアクション、およびそこに付加される意味は、映画以前には決して存在していない。シーンの断片という細分化された形――つまり伝統的にショットを構成するもの――においてすら存在していないのだ。

私はさらに論を進めて、この映画の場合、「モンタージュによって」作り上げれば十分というだけでなく、それが必然であったと主張したい。実際、トゥラーヌの動物たちが芸達者であって(たとえば名犬リンチンチンのように)、モンタージュが動物たちの手柄のように見せかけているアクションの大半を、調教のおかげで実際に演じることができたとしたら、作品の意味は根本的に変わってしまったはずである。その場合、私たちの関心はもはや物語ではなく、動物たちの芸の見事さのほうに向けられただろう。換言すれば、それは想像上のものから現実的なもの、フィクションの喜びから巧みに演じられたミュージックホールの出し物に対する感嘆へと移行したことだろう。意味の抽象的な創造者であるモンタージュのおかげで、この映画にとって必須の非現実性が保たれたのである。

反対に『赤い風船』に関して私が主張したいのは、この作品がモンタージュに何も負っていないし、何を負うこともできないということであり、これからその点を明らかにしてみたい。いかにも逆説的なことではある。物体を動物であるかのように扱うのは、動物を人間であるかのように扱う以上に空想的なことだからだ〔2〕。実際、ラモリスの赤い風船は私たちが画面に見るとおりの動きをカメラの前で行っている。もちろんそこにはトリックがあるわけだが、しかしそれは映画の本質には何ひとつ負っていない。ここでは錯覚は、手品の場合と同じく、現実から生じている。それは具体的であって、モンタージュの視覚的効果の産物ではない。

ラモリスの『赤い風船』……物体を動物であるかのように扱うこと.

結果が同じであるならば、つまりスクリーン上で小犬のように主人のあとを追う赤い風船の存在を私たちに信じさせてくれるならば、いずれにせよ同じことではないかといわれるかもしれない。だがまさに、モンタージュに頼るならば魔法の風船はスクリーン上にしか存在しないのに対して、ラモリスの風船は私たちを現実に送り返すのである。

おそらくここで括弧を開き、モンタージュの抽象的な性質は、少なくとも心理的には絶対的ではないことを指摘しておくべきだろう。リュミエールの発明したシネマトグラフの最初の観客たちは、ラ・シオタ駅に入ってくる列車を前にして体をのけぞらせた〔3〕。それと同様に、モンタージュはそもそもの素朴な状態においては、手管とは感じられなかったのである。だが映画を見るのが習慣となったおかげで観客は徐々に敏感になり、今日では多くの観客が、少し注意して見てくれといわれたなら、「現実」の場面とモンタージュのみによって作り出された場面を見分けることができるだろう。ほかにもスクリーンプロセスのような手法によって、たとえばトラとスター俳優といった、現実に隣り合わせにするとしたら困難が生じるような二つの要素を同一ショット内に収めることは可能である。その場合、錯覚はひときわ完璧なものとなるが、とはいえ見抜けないものではない。いずれにせよ、重要なのはトリックが目に見えないかどうかではなくて、そこにトリックがあるかないかなのである。フェルメールの贋作が美しいとしても、偽物であることを忘れるわけにいかないのと同じである。

それに対して、ラモリスの風船だってトリックではないかという反論もあるだろう。それは当たり前である。もしトリックがなければ、これは奇跡か幻術に関するドキュメンタリーということになり、まったく別の作品になってしまうだろう。ところが『赤い風船』は映画によるおとぎ話、純然たる精神の産物であり、しかも重要なのは、この物語が本質的には映画に何も負っていないからこそ、すべてを映画に負っているということなのである。

『赤い風船』が文学による物語だったらどうかと想像することは大いに可能である。しかし、それがどんなに見事な文章で綴られているとしても、書物は映画に近づくことはできないだろう。映画の魅力は別の種類のものだからだ。ただし、同じ物語がどんなに見事に撮影されたとしても、スクリーン上で書物にまさる現実感をもつことはできないだろう——つまりもしラモリスが、モンタージュ（場合によってはスクリーンプロセス）の錯覚に頼ることにしたならば。その場合、この作品は映像による物語となり（おとぎ話が言葉で書かれているように）、『赤い風船』が現にそうであるもの、つまりおとぎ話の映像、さらにいえば想像上のドキュメンタリーとはならなかっただろう。

結局のところ、この「想像上のドキュメンタリー」という表現がラモリスの意図をもっともよく定義づけるものであるように思える。それは『詩人の血』（一九三〇年）によって想像力（あるいは夢）についてのドキュメンタリーを撮ったコクトーの意図にも近いが、しかし異なったものである。そう考えることで私たちは、一連の逆説に導かれる。モンタージュが映画の本質であるとさんざん聞かされてきたが、想像とドキュメンタリーを結びつけるこうした作品の場合、モンタージュはとりわけ文学的な、反＝映画的な手法となるだろう。反対に、ここにおいて純粋状態でとらえられた映画の特質とは、空間の単一性をひたすら写真的に尊重することにあるのだ。

しかし分析をさらに先へ進めなければならない。というのも、『赤い風船』は本質的にはモンタージュに何も負っていないとしても、それを偶発的に用いることはあると、当然のことながら指摘しうるからである。結局のところ、ラモリスが赤い風船代として五十万フランを費やしたのは、代わりの風船に不自由しないためだった。同様に、「白いたてがみ」〔『白い馬』は「白いたてがみ」という名の野生の馬と少年の交流を描く〕が二重の意味で神話的であるのは、実際には外見の似た何頭もの、いずれ劣らず野生のままの馬を使って、画面上で一頭の馬を作り上げたからである。以上を確認しておくなら、私たちは映画の文体論の本質的な法則を、より緊密にとらえることができるだろう。

ラモリスの映画を、たとえば『恋ざんげ』〔アレクサンドル・アストリュック監督、一九五三年〕のような純然たるフィクションの作品とみなすのは、ラモリスの作品を裏切ることではないだろうか。ラモリスの作品の信憑性は確かに、そのドキュメンタリー的価値と結びついている。そこに描かれた出来事は部分的には真実である。『白い馬』の場合は、カマルグの風景や馬の飼育業者、漁師たちの暮らしぶり、野生の馬の群れを飼い馴らす風習〔カマルグは大湿原を駆ける野生の白馬で知られる〕が神話の土台を作り、その堅固で反駁の余地ないよりどころを提供している。そしてまさに現実の上にこそ想像的なものの弁証法が立脚しているのだ。「白いたてがみ」の二重化はその興味深い象徴をなす。つまり「白いたてがみ」はいまでもカマルグの塩からい草〔カマルグの三角州は海中に突き出ている〕をはんでいる本物の馬であると同時に、フォルコ少年と一緒に永遠に泳ぎ続ける夢の動物でもある。その映画的現実性はドキュメンタリー的現実性なしでは成り立たないのだが、ドキュメンタリー的現実性が私たちの想像力にとっての真実となるには、それがいったんは自らを壊したうえで、現実そのもののうちにふたたび生まれ出なければならなかったのだ。

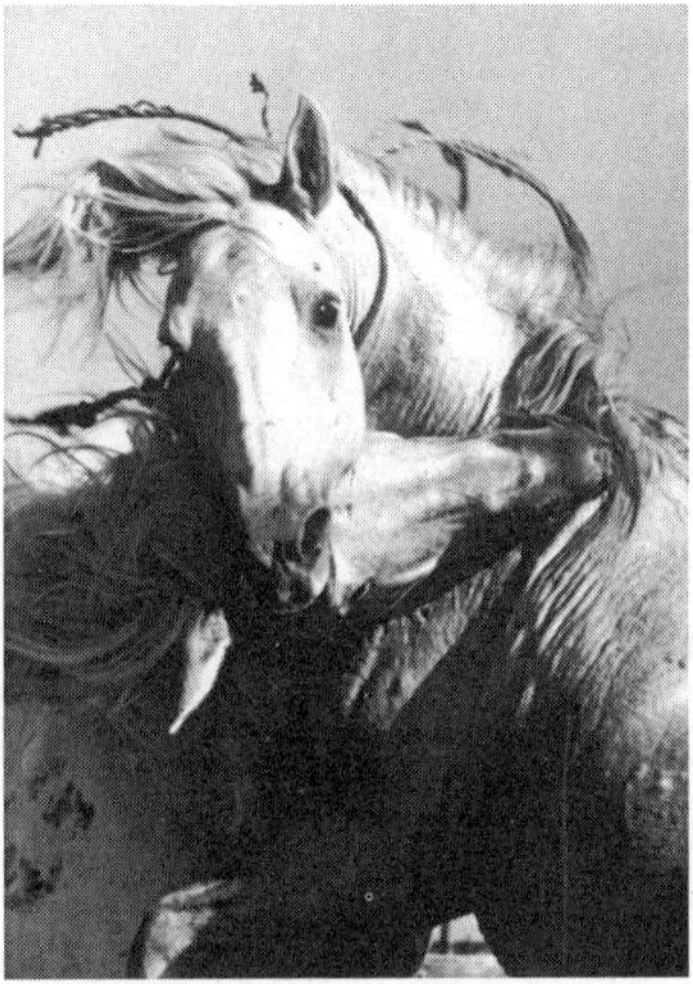
『白い馬』……馬の二重化によってこそ，現実は想像に変わることができたのである．

　もちろん、この映画の撮影にあたってスタッフは、数多くの困難に打ち克たなければならなかった。ラモリスが見つけてきた少年はそれまで馬に近づいたこともなかった。ところが少年には、鞍なしで馬に乗るすべを教え込まなければならなかった。もっとも見応えのあるシーンの多くが、ほぼトリックなしで、あるいは間違いなく危険であることを覚悟した上で撮られたものである。しかしながら、考えてみれば理解できるのは、スクリーンが示す事柄、意味する事柄が本当であり、カメラの前で実際に行われたのだとしたら、この映画は存在できなくなってしまうだろう――なぜならそのときこの映画は、ひとつの神話であることをやめてしまうから――ということである。物語の論理にとって必要なトリックという外縁、手管という余白部分のおかげで、想像的なものが現実の一部となり、現実に取って代わることが可能となる。もし野生の馬が一頭しかおらず、それを何とか撮影上の要求に従わせているのだとしたら、この映画は単なるはなれわざ、トム・ミックス〔一八八〇―一九四〇年、ハリウッドの西部劇における最初の大スターとされる。第16章参照〕の白馬の調教芸のようなものにすぎなかっただろう。それで何が失われるかは明らかだ。この試みが美学的に充実した成果を収めるうえで必要なのは、出来事にトリックが混じっていると知りながらも、私たちがその現実性を信じることができるということなのである。もちろん、この映画では馬が三、四頭用いられている(2)とか、思いどおりに馬を振り向かせるために、ナイロンの糸で鼻面を引っ張らなければならなかったといった事柄をわざわざ観客が知っている必要はいささかもない。

ただ重要なのは、観客が、この映画は本物の材料からできていると感じると同時に、それでもやはり「これは映画なんだ」と思えることなのである。そのときスクリーンは、私たちの想像力の満ち引きを映し出すことになるだろう。想像力は現実を糧としつつそれに取って代わろうとし、神話は想像力が経験を超越するところから生まれるのである。

だが同時に、想像的なものはスクリーン上において、現実の空間的密度を備えていなければならない。モンタージュがそれに取って代わることができるのは、限られた場合においてのみであり、さもなければ映画的神話の存在そのものが傷つけられてしまう。たとえば監督が、あるアクションにおいて同時に生起する二つの事態を示すという難題に直面して、切り返しショットでごまかしてしまうことは許されない。アルベール・ラモリスはウサギ狩りのシーンを撮るにあたり、そのことを完璧に理解していた。そこではフレーム内に馬、少年、そしてウサギがつねに同時に収まっている。だがその彼も、少年が「白いたてがみ」を捕まえようとして、疾駆する馬に引きずられていくシーンでは過ちを犯しかけている。そのとき、遠くから撮られている馬――フォルコ少年を引きずっていく馬――が「白いたてがみ」の偽物であるかどうかは問題ではないし、その危険なシーンのためにラモリス自身が少年の代役を演じていたとしても問題ではない。私が困惑を覚えるのは、シーンの最後で馬が歩をゆるめ、そして立ち止まったとき、馬と少年が実際に間近にいることを、カメラが反駁の余地のないかたちで示してはいないことなのである。それはパン撮影か、後ろへの移動撮影によって十分示せることだったのだ。それだけの配慮さえあれば、そこまでのショットすべてはいわば後からさかのぼる形で真正さを獲得したはずなのである。ところが、撮影上の困難をごまかそうとして——とはいえこの段階ではもはや困難は取るに足らないものなのだが——、フォルコと馬を別々に切り返しショットで示したために、アクションの見事な空間的滑らかさは断ち切られてしまったのである(3)。

そこで、困難のありかを明確にするならば、以下のような原則を美学的な法則として定立することができるのではないかと思われる。「出来事の本質的部分がアクションの二つ、ないしそれ以上の要素の同時的共存に左右されるとき、モンタージュは禁じられる」。アクションの意味が物理的近接性にもはや左右されなくなったときには——たとえそれを暗に含んでいるとしても——、モンタージュは権利を取り戻すのである。たとえば、まるで少年への服従を示すかのように馬が少年のほうを振り向いたとき、それをラモリスがクローズアップで示したのは間違っていない。だが彼はそれに先立つショットで、両者を同一のフレームに収めて結びつけておくべきだったのである。

とはいえ、どうしても長回しの手法に戻るべきだとか、切り返しショットがもつ表現上の可能性や簡便さを捨てるべきだというのではいささかもない。ここで述べているのは物語の形態ではなく性質に関わる事柄、より正確には性質と形態のある種の相互依存に関わる事柄なのである。オーソン・ウェルズ〔一九一五―一九八五年。アメリカの俳優、舞台演出家、映画監督〕が『偉大なるアンバーソン家の人々』〔一九四二年〕のいくつかのシーンを長回しで撮影し、逆に『秘められた過去』〔一九五五年〕では極限まで短く切り刻んだモンタージュを採用したのは、スタイル上の変化にすぎず、主題にとって本質的な変化が生じているわけではない。ヒッチコックの『ロープ』〔一九四八年〕は、そこで貫かれている方針にどのような芸術的重要性を認めることができるとしても〔『ロープ』はすべての場面がワンシーン＝ワンショットの長回しで撮られている〕、古典的なカット割りで撮ったところで大差はなかっただろう。それに対し『極北の怪異』〔一九二二年〕における名高いアザラシ狩りの場面が、狩人、氷上の穴、そしてアザラシを同一のショットで示さないとしたらそれはありえないことである。しかし他の部分が監督の好きなようにモンタージュされたとしてもまったく問題はない。重要なのはただ、出来事の空間的単一性が分割されることによって、現実が単なる想像上の表象と化してしまうような場合には、空間的単一性を尊重するということなのである。フラハティもそのことを全体としては理解していたが、ところどころそれを忘れてしまっており、実際そうした場面は一貫性の

『ルイジアナ物語』……しかし，クロコダイルがアオサギを捕まえるワンシーン＝ワンショットの場面は，文句なく素晴らしい．

ないものとなっている。ナヌーク（『極北の怪異』の主人公役のイヌイット）が氷上に開いた穴のふちで獲物を狙う場面は映画史上もっとも美しいもののひとつだが、一方『ルイジアナ物語』（一九四八年）の明らかに「モンタージュによって」作られたクロコダイル狩りの場面は迫力が乏しい。しかし同じ『ルイジアナ物語』の中で、クロコダイルがアオサギを捕まえる、カメラをパンして撮られたワンシーン＝ワンショットの場面は、文句なく素晴らしいのである。そして逆もまた真なのだ。つまり物語が現実性を取り戻すには、そこまでモンタージュがばらばらに示していた要素が、的確に選ばれたたったひとつのショットによって束ねられるだけで十分なのである。

この法則が当てはまるようなテーマの種類、さらにはシチュエーションをあらかじめ定義するのはより困難だろう。ここでは慎重を期していくつかの点を指摘しておくだけに留めたい。まず最初に、当然のことながらこれは、出来事がカメラの前で実際に起こらなかったならばいっさい興味を失ってしまうような事実を伝えることを目的とする、あらゆるドキュメンタリー映画、つまりルポルタージュに類するドキュメンタリーに関して当てはまる。おそらくニュース映画についても当てはまるだろう。映画草創期には「再構成によるニュース映画」という概念が許容されていたことを思うと、その後観客はずいぶん進歩したのである。だが、純然たる教育用ドキュメンタリーについては同様ではない。その場合、意図するところは現実の表象ではなく、出来事の解説だからである。もちろん、それが通常のドキュメンタリーに属するようなシーンやショットを含むこともありうる。たとえば手品についてのドキュメンタリーはどうだろう。その目的が、よく知られた名人の見事な腕前を示すことにあるなら、単一のショットで撮ることが必須となる。しかしそこで演目のひとつに解説を加えなければならないなら、カットを割る必要が出てくる。こうした場合についてはもう明らかだろうから、先に進もう。

それよりもはるかに興味深いのは、明らかに、『白い馬』のようなおとぎ話から『極北の怪異』のような幾分、物語的性格を帯びたドキュメンタリーに至るフィクション映画の場合である。そこで問題となるのは、すでに述べたとおり、現実が想像的なものに統合されてこそ真価が発揮されるような、あるいは結局のところ、そうでなければ価値のないようなフィクションなのだ。そのときカット割りは、現実のさまざまな局面に従って行われることになる。

最後に、小説や演劇の等価物というべき純然たる物語映画においても、ある種のアクションはそれが完全なものとなるにはモンタージュの使用を拒むことがありうる。具体的な持続の表現が、モンタージュによる抽象的な時間表現によって妨げられることはいうまでもない（『市民ケーン』や『偉大なるアンバーソン家の人々』が見事に示しているように）。しかしとりわけ、ある種のシチュエーションは、その空間的単一性が明確に示されることによってのみ映画的に存在しうる。それは特に、人間と物の関係に基盤を置くコミカルな表現の場合である。『赤い風船』同様、そこではあらゆるトリックが許されるが、モンタージュの安易な使用だけは別である。初期のドタバタ喜劇《バーレスク》俳優たち〔4〕（とりわけキートン）やチャップリンの映画は、この点で教えに富んでいる。グリフィスとモンタージュによる映画表現の確立以前にドタバタ喜劇が栄えたのは、ギャグの大半が空間の中での、人間と物、あるいは人間と外界の関係の滑稽さにもとづくものだったからである。『サーカス』〔一九二八年〕のチャップリンは、本当にライオンの檻の中に入っている。そして両者はともに、スクリーンの枠の中に閉じ込められているのだ。

（1）初出「カイエ・デュ・シネマ」誌、一九五三年および一九五七年。

（2）同様に、名犬リンチンチンはその映画的生命を何匹ものよく似たシェパードに負っていたようである。それらの犬は、スクリーン上でリンチンチンが「たった一匹で」やってのけるお手柄の数々を完璧にできるよう調教されていた。個々のアクションはモンタージュに頼ることなく実際に行われなければならず、現実の犬たち――そのすべての美点をリンチンチンは兼ね備えている――を神話の想像的な力にまで導くうえで、モンタージュは二次的レベルにおいてのみ介入したのだった。

（3）よりよくご理解いただくために、次の例をご紹介しよう。『禿鷹は飛ばず』〔ハリー・ワット監督、一九五一年〕という凡庸なイギリス映画の中に、忘れがたいワンシーンがある。この映画は戦時下、南アフリカに動物保護区を創設した若い一家の物語――実話――を描いている。その目的のために夫婦は一人息子と一緒に藪の中で暮らした。ここで紹介したい場面は、およそ型どおりのやり方で始まる。両親の知らないうちにキャンプからさまよい出た男児は、仔ライオンと出くわす。母ライオンが一瞬、目を離していたのである。危険を意識もせずに、男児は仔ライオンを抱き上げ、連れて帰ろうとする。ところが物音か匂いによって異変に気づいた母ライオンは、いったん隠れ家に戻ってから、男児のあとを追ってくる。男児は危険が迫っていることなど知らないままである。母ライオンは少し間隔をあけて男児を追跡する。やがてキャンプの見えるところまでやってくる。両親はそれを見て、何も考えずに仔ライオンを連れ去ってしまったわが子に母ライオンがいまにも飛びかかるのではないかと気が気ではない。ここでしばし、シーンの紹介をストップしよう。ここまでのすべては並行モンタージュで示されており、かなり素朴な、まったく型どおりのサスペンス場面かと思える。ところが恐れ入ったことに、監督はここで男児とライオンを別々に写す切り返しをやめて、両親、男児、ライオンを同時に、同一の包括的ショットの内に収めるのである。いかなるトリックもありえないこの唯一のフレーミングによって、それまでのまったく平凡なモンタージュは一挙に、後からさかのぼる形で真正さを獲得する。以後、やはり同じ包括的ショットの中で、父親にいわれて息子が立ち止まり（数メートル後ろでは母ライオンも立ち止まる）、仔ライオンを草むらに置いてから、あわてずに父親の方へ進んでいくのが映し出される。すると母ライオンが落ち着いた様子で仔ライオンを迎えにきて、藪の奥に連れて帰り、それを見てほっとした両親は男児に駆けよるのだ。

物語という観点からだけならば、このシーンは全体がモンタージュ、あるいはスクリーンプロセスという簡便な手段を用いて撮られたとしても、一見まったく同じ意味をもっただろう。しかしそれでは、この場面はカメラの前で物理的、空間的な現実性の内で展開されるということには決してならなかっただろう。その結果、それぞれの映像は具体的な性格をもったとしても、シーンとしては物語上の価値をもつだけで、現実としての価値をもつことはできなかったはずである。こうした映画の一場面と、それと同じ想像上の挿話を綴る小説の一章のあいだに、本質的な違いはないだろう。だが、この挿話のドラマ的、精神的な価値は明らかに凡庸きわまるとしても、登場人物たちを現実の状況の中に投じる最後のフレーミングによって、私たちは映画的感動の頂点へと運ばれるのである。もちろん、このお手柄は母ライオンが半ば飼い馴らされており、撮影のあいだ一家と一緒に暮らしていたという事実によって可能になったものである。しかしそれはどうでもいいことだ。問題は男児がここで描かれたような危険を実際に冒したかどうかではなく、単に、その表現が出来事の空間的単一性を尊重しているかどうかなのである。ここではリアリズムは空間の統一性の内にある。こうして、モンタージュが映画の本質をなすどころか、その否定になる場合があることがわかる。同じシーンも、モンタージュを用いるか包括的ショットで撮るかによって、粗悪な文学にもなれば偉大な映画にもなるのである。

〔1〕ソヴィエトの映画監督クレショフは一九二二年、全ソ国立映画大学での講義において、モンタージュの効果を示すため、男優モジューヒンの同一の表情のクローズアップをスープ皿、棺、そして少女を写したフィルム断片（断片の内容については諸説あり）とつなぎ合わせ、飢え、悲しみ、父性愛という異なる意味がかもし出されることを示した。

〔2〕『赤い風船』では、街角で少年の拾った風船が、少年のそばを離れなくなり、行く先々についてくる。

〔3〕「列車の到着」は一八九五年、十二月二十八日からパリで行われた最初のシネマトグラフ興行で上映された短篇のひとつ。「『列車の到着』では、機関車がスクリーンの奥から出てきて、観客の上にのしかからんばかりになり、彼らをびっくりさせた。つまり、彼らは轢きつぶされるのではないかと心配したのだ」(サドゥール『世界映画史』、丸尾定訳、みすず書房、一七頁)。

〔4〕D・W・グリフィス、一八七五—一九四八年。アメリカの映画監督。モンタージュを始めとする物語映画のテクニックを確立。

7　映画言語の進化(1)

一九二八年、サイレント芸術は絶頂にあった。トーキーによって映像のこの完璧な理想郷が破壊されようとする事態を前にして、最良の監督たちが絶望に駆られたのは、正しいこととはいえないにせよ、理解できることである。当時映画が向かっていた美学的な方向性において、映画は沈黙という「甘美な制約」にこのうえなく適した芸術となっていると彼らには思えたのである。それゆえ、音声のリアリズムはその芸術をカオスに投じる結果しか招かないと考えられたのだ。

実際のところ、音声は映画の「旧約聖書」を破棄しにやってきたのではなく、それを完成しにやってきたのだと十分に証明された現在では、サウンドトラックによって引き起こされた技術的革新が本当に美学的革新につながったといえるのかどうか、いいかえるなら、一九二八年から三〇年にかけての時期が本当に新しい映画の誕生を告げたのかどうか問うてみることができるだろう。実際、カット割り《デクパージュ》の観点から見た場合、映画の歴史はサイレントとトーキーのあいだで、一般に思われるほどはっきりとした断絶を示してはいない。むしろ、一九二五年ごろの監督たちと、一九三五年ごろの監督たち、とりわけ一九四〇年から五〇年にかけての監督たちのあいだに類縁関係を見出すことができるだろう。たとえばエリッヒ・フォン・シュトロハイムとジャン・ルノワール〔一八九四―一九七九年。フランスの映画監督〕あるいはオーソン・ウェルズ、カール・テオドア・ドライヤー〔一八八九―一九六八年。デンマークの映画監督〕とロベール・ブレッソン〔一九〇七―一九九九年。フランスの映画監督〕のあいだにである。こうした、程度の差こそあれ明確な類縁性が示しているのは、一九三〇年代の断層の上に橋をかけることができるだろうということ、サイレント映画のある種の価値基準はトーキーにおいても存続しているということであり、なかんずく、「サイレント」と「トーキー」を対立させるよりも、サイレントはサイレント、トーキーはトーキーの内部における、さまざまなスタイルの流派や、映画的表現という点で根本的に異質な概念の対立を考えるべきだということである。[1]

長さに限りのある論考ゆえ、ここでは批評的な単純化を試みないわけにはいかない。そうした単純化が相対的な意味しかもちえないことを承知の上で、そしてまたそれを客観的現実というよりは作業上の仮説とみなしながら、私は一九二〇年から一九四〇年のあいだの映画に、二つの対立する大きな傾向を見出したいのである。すなわち、映像を信じる監督と、現実を信じる監督である。

「映像」という語を、私はごく一般的に、表象される事物に対しスクリーン上の表象によって付け加えることのできる一切のものという意味で用いたい。それがもたらすものはさまざまだが、本質的には二つの事柄に集約することができる。映像のもつ造形性、そしてモンタージュのさまざまな方法(それは時間の中での映像の組織化にほかならない)である。造形性のうちには、舞台装置の様式、メイキャップの仕方や、ある程度まては演技のスタイルも含まれ、そこにもちろん照明が加わり、そしてフレーミングが構図の仕上げをする。モンタージュに関しては、それが主としてグリフィスの傑作群から生み出されたものであるのは人も知るとおりだが、アンドレ・マルローは「映画心理学」(正確には「映画心理学の素描」、第1章「写真映像の存在論」でも言及されている)において、モンタージュが芸術としての映画を誕生させたと書いている。モンタージュが映画を、単なる動く写真とは真の意味で違うものとし、ついには映画をひとつの言語とするのである。

モンタージュの使用は「目に見えない」ものでもありうる。戦前の古典的アメリカ映画ではそれが通例だった。ショットを細分化する目的は、もっぱら、出来事を場面の物理的、ないしはドラマ的な論理にもとづいて分割することにあった。そこに論理があるからこそ、分割が目につかず、観客の精神は監督が提供する視点の数々をごく自然に受け入れることができたのである。なぜなら、視点の変化はアクションの起こる場所やドラマ上の関心の移り変わりによって正当化されるからだ。

しかし、そうした「目に見えない」デクパージュの中立性によって、モンタージュのあらゆる可能性が尽くされるわけではない。一般に「並行モンタージュ」「加速モンタージュ」「アトラクションのモンタージュ」と呼ばれる三つの方法のうちに、その完全な姿をつかむことができる。グリフィスは「並行モンタージュ」を発明し、離れた場所で起こる二つのアクションの同時性を、双方のショットを交互につなぐことによって表現してみせた。「加速モンタージュ」については、アベル・ガンス〔一八八九―一九八一年。フランスの映画監督〕が『鉄路の白薔薇』〔一九二三年〕において、速さを示す映像を実際に用いることなく（結局のところ、画面に映される車輪はその場で回っているだけかもしれないのだ）、ショットの長さをどんどん縮めていくという演出のみによって、観客に機関車が加速しているような錯覚を与えた。セルゲイ・エイゼンシュテインによって作り出された「アトラクションのモンタージュ」のほうは説明がより難しいが、おおよそのところ、ある映像の意味を、必ずしも同じ出来事に含まれるのではない別の映像を接続することで強めるやり方と定義できるだろう。『全線』(一九二九年)で、雄牛の映像に続いて出てくる花火がそれである。「アトラクションのモンタージュ」がこうした極限的な形で用いられることは、その創始者においてすら稀だったが、省略や比較、あるいは隠喩といったはるかに一般的な表現を、根本においてはそれとごく近いやり方としてとらえることができる。つまり、ベッドの足もとに投げ出されたストッキング、鍋で沸騰する牛乳といった映像(アンリ＝ジョルジュ・クルーゾー〔一九〇七―一九七七年。フランスの映画監督〕の『犯罪河岸』〔一九四七年〕)がそれだ。もちろん、以上三つの技法をいろいろと組み合わせた例もありうる。

いずれにせよそこに、モンタージュの定義そのものともいえる共通の特徴を認めることができる。すなわちそれは、個々の映像に客観的には含まれていない意味を創造することであり、その意味とは映像と映像の関係だけから生じるのである。モジューヒンの顔の同じショットを使い、その前にどんな映像を置くかによって微笑みを浮かべた顔の表情が変化するように見えることを示したレフ・クレショフの有名な実験は、モンタージュの特質を申し分なく要約している。

クレショフやエイゼンシュテイン、あるいはガンスのモンタージュは、出来事自体を示すのではなく、それを暗示するものだった。確かに彼らは、描写すべき現実からその要素の多くを借りてきてはいた。だが映画の最終的な意味は、それらの要素の客観的内容というよりもはるかに、それらの要素の配列のうちにあった。物語の題材は、映像の個々のリアリズムがどうあれ、本質的にそれらの関係から生じている(モジューヒンの微笑+死んだ子ども=憐れみ)。つまりそれは、具体的要素が最初には含んでいなかった、抽象的な結果なのである。同じようにして、若い娘たち+花ざかりのリンゴの木=希望といったパターンを想像することもできるだろう。組み合わせは無限である。しかしつねに共通するのは、それが暗喩や連想によって観念を暗示しているということである。こうして、いわゆるシナリオ、つまり物語の最終的な目標と、生《なま》の映像のあいだには、補助的な中継装置、美学的な「変圧器」が介在する。「意味」は映像の中にあるのではない。それはモンタージュによって観客の意識の面に投影された映像の影なのだ。

要約しよう。映像の造形的内容およびモンタージュの技法のおかげで、映画は表象された出来事についての解釈を観客に押しつける手段を山ほど備えている。サイレント末期には、その手段が完全に出そろっていたと考えることができる。一方ではソヴィエト映画がモンタージュの理論と実践を極限まで推進したし、他方ではドイツ映画が映像の造形性(舞台装置および照明)を最大限に活用した。当時、ソヴィエトやドイツ以外の国々の映画も重要な成果を収めていたのは確かであり、フランスであれ、スウェーデンであれ、アメリカであれ、映画的言語によっていうべきことをいうための手段が欠けているようには思われなかったのである。映画芸術の本質が、ある特定の現実に、造形性とモンタージュによって付け加えることのできる一切の内に集約されるならば、サイレント映画は完璧な芸術であるということになる。音声はせいぜい、従属的、補足的な役割に甘んじ、映像の伴奏を務めるのみだ。そうやって映画を豊かにできるとしても、それは結局のところ二次的なことでしかないだろうし、音声の導入によって同時に、現実の重みが付け加わることに比べれば、それほどの重要性を認められそうもないのである。

＊

以上は、モンタージュと映像の表現主義を映画芸術にとって本質的なものであるとみなす場合の考え方である。そしてまさに、そうした一般通念に対してサイレント映画の時期からすでに、エリッヒ・フォン・シュトロハイムやF・W・ムルナウ〔一八八八—一九三一年。ドイツの映画監督〕、あるいはロバート・フラハティのような監督たちは暗に問題を提起していたのである。彼らの作品においてモンタージュは、あまりに豊富な現実をやむをえず切り捨てるというネガティヴな役割以外、ほとんどいかなる役割も演じていない。カメラには一度にすべてを見ることはできない。しかしカメラは自らが見ることを選んだものに関しては、少なくとも何も見落とすまいと心がけるのである。アザラシ狩りをするナヌークを前にしたフラハティにとって重要なのは、ナヌークとアザラシのあいだの関係であり、じっと待つ時間の実際の長さである。モンタージュによって時間経過を暗示することはできるだろうが、フラハティは私たちに、ナヌークが待っている様子をひたすら示すのみである。狩りの待ち時間は映像の実質そのものとなり、その真の目的となる。ゆえに作中で、この場面はワンショットで撮られている。そのおかげでこの場面が「アトラクションのモンタージュ」よりもはるかに感動的なものとなっていることを、だれが否定できようか？

ムルナウは時間よりも、ドラマの空間の現実性に関心を抱いている。『吸血鬼ノスフェラトゥ』〔一九二二年〕でも『サンライズ』〔一九二七年〕でも、モンタージュは決定的な役割を演じてはいない。一方、映像の造形性からいえば、ムルナウをある種の表現主義に結びつけることができるようにも思える。だが、それは皮相な見方だろう。彼の構図はいささかも絵画的ではなく、現実に何も付け加えず、現実を変形することもない。そうではなく、現実から奥深い構造を引き出そうと努めるのであり、ドラマに先んじて存在していた諸々の関係性を明らかにしようと試みるのである。そうした関係性が、ドラマの構成要素となっていく。たとえば『タブウ』〔ムルナウとフラハティの共同脚本、一九三一年〕では、画面左手から舟がフレームインしてくるとき、それは主人公の運命と完全にひとつになる。しかもすべてが現地ロケで撮られたこの映画において、ムルナウは厳密なリアリズムにいささかもごまかしを加えていない。

しかし映像の表現主義とモンタージュの詐術の両方に、もっともはっきりと対立しているのは、間違いなくシュトロハイムである。彼の場合、現実はあたかも刑事の倦むことない訊問を受けた容疑者のごとく、その意味を白状する。彼の演出の原理は単純である。世界を間近から、執拗に見つめることで、それがついには残酷さと醜さを露呈するに至らしめるのである。極端にいえば、できるかぎり長く、できるかぎりアップにした、ただひとつのショットからなるシュトロハイムの映画を想像してみることは十分に可能である。

これら三人の監督だけでリストが尽きるわけではない。他の何人かの監督においても、そこここで、表現主義的ではなく、モンタージュが寄与していない映画的要素を見出すことができるだろう。そもそも、グリフィスにおいてさえそうである。だがおそらく以上の例だけで、サイレント期のただ中に、それこそが優れて映画であると考えられていた種類の映画とは正反対の映画が存在していたことがわかるだろう。すなわち、そこではショットが意味論的、統辞論的な単位となるのではいささかもない。それは映像がまず、それが現実に何を付け加えるかによってではなく、それが現実の何を啓示するかによって価値をもつような映画である。こうした傾向の映画にとって、サイレントであることは実際のところ一つの欠陥でしかなかった。それは現実から要素の一つを差し引いたものだったのである。ゆえに『グリード』〔シュトロハイム監督、一九二四年〕も、ドライヤーの『裁かるるジャンヌ』〔一九二七年〕も、すでに潜在的にはトーキー映画だった。モンタージュと造形的構図を映画言語の本質そのものと考えることをやめるなら、トーキーの登場は第七芸術を美学上、根本的に異なる二つの局面に隔てる断層であると考える必要はなくなる。ある種の映画はサウンドトラックによって自らの命を奪われると思い込んだが、それは決して「映画そのもの」ではなかった。真の対立は別のところにある。その対立は映画言語の歴史の三十五年を貫いてきたし、いまも変わらず貫いているのである。

*

以上のように、サイレント映画の美学的統一性なるものを疑問に付し、そこに二つの深く対立する傾向を見出したうえで、過去二十年の映画の歴史を再検討してみることにしよう。

一九三〇年から一九四〇年までのあいだに、アメリカを主要な源として世界中で、映画言語の表現にある種の共通性が成り立ったように思える。ハリウッドで五つないし六つのジャンルが勝利を収め、その圧倒的な優位を確保したのである。つまりアメリカ式コメディ（『スミス都へ行く』一九三六年〔正しくは三九年、フランク・キャプラ監督〕）、ドタバタ喜劇（マルクス兄弟）、ダンス映画、ミュージックホール映画（フレッド・アステアとジンジャー・ロジャース、『ジーグフェルド・フォリーズ』〔ヴィンセント・ミネリ監督、一九四六年〕）、ミステリ映画、ギャング映画（『暗黒街の顔役』〔ハワード・ホークス監督、一九三二年〕、『仮面の米国』〔マーヴィン・ルロイ監督、一九三二年〕、『男の敵』〔ジョン・フォード監督、一九三五年〕）、心理ドラマ、風俗劇（『裏町』〔ジョン・M・スタール監督、一九三二年〕、『黒蘭の女』〔ウィリアム・ワイラー監督、一九三八年〕）、幻想・恐怖映画（『ジキル博士とハイド氏』〔ルーベン・マムーリアン監督、一九三一年〕、『透明人間』〔ジェームズ・ホエール監督、一九三三年〕、『フランケンシュタイン』〔ジェームズ・ホエール監督、一九三一年〕）、西部劇（『駅馬車』〔ジョン・フォード監督〕、一九三九年）である。この時期、世界第二位の映画は間違いなく、フランス映画だった。その卓越性は大雑把に、暗いリアリズムあるいは詩的リアリズムと呼ぶことのできる傾向のうちに徐々に明らかになっていった。その傾向を代表する四人の監督は、ジャック・フェデー、ジャン・ルノワール、マルセル・カルネ、そしてジュリアン・デュヴィヴィエ〔一八九六―一九六七年。フランスの映画監督〕である。一覧表を作ることが私たちの目的ではないから、ここでソヴィエト、イギリス、ドイツ、イタリアの映画について詳述する必要はあるまい。それらの国の作品はこの時期、それに先立つ十年間に比べてやや重要性を欠いている。いずれにせよ、戦前のトーキー映画を、まさしくひとつの均衡と成熟に達した芸術として明確にとらえるためには、アメリカおよびフランス映画の例だけで十分である。

まず内容から考えてみよう。そこにはよく練られた規則をもつ、さまざまな有力ジャンルが成立しており、広い層の観客を、国境を超えて喜ばせることができるとともに、教養あるエリート層をも――映画を毛嫌いしているのでないかぎり――惹きつけることができる。

続いて形式についていえば、撮影およびデクパージュの形式は完璧なまでに明快であり、主題に合致している。映像と音は完全な融和に達している。今日、ウィリアム・ワイラー〔一九〇二―一九八一年。フランス生まれのアメリカの映画監督〕の『黒蘭の女』やジョン・フォード〔一八九五―一九七三年。アメリカの映画監督〕の『駅馬車』、あるいはマルセル・カルネの『陽は昇る』〔一九三九年〕のような映画を見直すとき、私たちはそこに完璧な平衡と理想的な表現形式を獲得した芸術の姿を見出すと同時に、映画がそのすべてを生み出したわけではないにせよ、少なくとも映画なしでは望みえなかった芸術的な偉大さと効率性に到達した、ドラマ的、精神的主題の数々に感動させられるのである。要するに「古典的」芸術の充実を示すあらゆる特徴がそこにある。

もちろん、一九三九年の映画に対して、戦後映画の独創性は、いくつかの国における国民的な映画の成長、とりわけイタリア映画のまばゆいばかりの輝きと、ハリウッドの影響を脱した独創的なイギリス映画の出現のうちにあるとも主張できることは私もよく承知している。そこから、一九四〇―五〇年代の真に重要な現象とは、新しい血、未開拓の題材の導入であると結論することもできるだろう。すなわち、真の革命は形式よりもはるかに主題のレベルにおいて――映画が世界に対して語るべき事柄を語る方法よりも、その内容のレベルにおいて――なしとげられたということになる。「ネオレアリズモ」とは演出の一様式である前に、一つのヒューマニズムではないのか？　そしてその様式自体、本質的に、現実を前にして自らを消すことで定義されるものではないのか？

それゆえ、私たちの意図は内容に対する形式の優越なるものを説くことにあるのではない。「芸術のための芸術」は映画においても異端でしかない。いや、映画においてはいっそう異端であるというべきか。しかし、新しい主題には新しい形式を、というのもまた真実なのだ。そして、映画が私たちに語ろうとしている内容をどのように語っているかを知ることは、映画が語ろうとしている事柄をよりよく理解するためのひとつの手段なのである。

こうして、一九三八年ないしは一九三九年には、トーキー映画はとりわけフランスおよびアメリカにおいて、一種の古典的完成に到達していた。それは一方では十年来磨き上げられてきた、あるいはサイレント映画から継承された各種ジャンルの円熟に、そして他方では技術的進歩の安定化にもとづくものである。一九三〇年代は音声の時代、そしてパンクロマティック・フィルム〔可視光線のほぼすべてに感光し、肉眼で視るのに近い明暗を表現できるフィルム〕の時代だった。それ以来、スタジオの装備は向上し続けたとしても、それは細部の改良にすぎず、演出に根本的に新たな可能性を開くような要素はそこにはなかった。そうした状況は一九四〇年以降も変わらなかったが、ただし撮影に関してだけは、フィルムの感光度が増したことにより、いささか事情が異なる。パンクロマティック・フィルムは映像の色価〔明暗の度合い〕を一変させ、高感度乳剤は映像構成の変化を可能にした。スタジオでもはるかに絞りを絞って撮影できるようになり、場合によってカメラマンは、従来の慣習であった背景のぼかしをなくすことができるようになった。しかしこうした深い画面の用法については多くの先行例を見出すこともできるだろう(たとえばジャン・ルノワールの作品)。屋外においては、そして工夫を凝らすならスタジオ内部でも、画面の深さはつねに実現可能だったのである。つまりそれは結局のところ、技術の問題というよりも――技術的に大いに容易になったのは確かだが――、形式の探求の問題なのである。それについてはのちに論じることにしよう。こうして、パンクロマティック・フィルムの使用が一般化し、マイクの用法が浸透し、スタジオにクレーンが普及するようになって以来、一九三〇年以降の映画芸術にとって必要かつ十分な技術的条件は満たされたと考えることができる。

技術による制約が事実上なくなったのだから、映画言語の進化のしるし、およびその原理は技術以外のところに探さなければならない。つまり、主題の問い直し、そしてそれを表現するのに必要な形式の問い直しのうちにである。一九三九年、トーキー映画は地理学者たちが河川の「理想河床変化」と呼ぶ状態にまで達していた。これは浸食作用が十分に進んだ結果、河床が数学的にいって理想的な曲線を描き出すことを指す。理想河床に達した河川は、水源から河口までスムーズに流れ、もはや河床を削ることがない。しかしそこに何か地質学的な変動が生じて準平原〔浸食の終末期に現れるほぼ平坦な平原〕を持ち上げたり、水源の高さに変動が生じたりしたなら、水流はふたたび作用を及ぼし始め、水底の下まで深くしみ込み、土を侵し、うがつ。それが石灰質の土壌だった場合には、平坦面にまったく新たなでこぼこの起伏が生じることもある。たとえほとんど目にはつかなくとも、水の流れをたどるなら、その起伏が複雑で入り組んだものであることがわかるのである。

トーキー以降の映画的デクパージュの進化

こうして一九三八年には、ほとんどどこでも同じ種類のデクパージュが見出されることとなった。造形性およびモンタージュの技巧に基礎を置くタイプのサイレント映画を、いささか慣習的に「表現主義的」ないし「象徴主義的」と呼ぶならば、新しい種類の物語映画の形態を「分析的」あるいは「ドラマ的」と呼ぶことができるだろう。クレショフの実験の構成要素の一つを借りて、いろいろな料理の置かれたテーブルと、腹をすかせた哀れな男を登場させるとしよう。一九三六年には、以下のようなデクパージュが想像される。

1　俳優とテーブルの双方をフレームに収めた全体的ショット。
2　前進移動撮影、顔のクローズアップで終わる。驚嘆と欲望の入り混じった表情。

3　料理を次々と映し出すクローズアップ。
4　ふたたび俳優の全身像、俳優はゆっくりとカメラに向かって近づいてくる。
5　かすかな後退移動撮影、鶏の手羽肉にかぶりつく俳優の姿を収めるアメリカン・ショット〔古典期ハリウッド映画の基本をなす人物の膝から上のミディアムショット〕。

多少のバリエーションはありうるとしても、次の二点は共通するだろう。
1　空間の真実らしさ。そこでは、たとえクローズアップによって背景が消し去られる場合でも、人物の位置はつねに確定されている。
2　デクパージュの意図および効果は、もっぱらドラマ的、ないし心理的なものに限られる。

いいかえれば、劇場で演じられ、それをオーケストラ席から見ているのだとしても、この場面はまったく同じ意味をもつだろうし、出来事は客観的に存在し続けるだろう。カメラの視点の切り替えは、そこに何も付け加えてはいない。現実をより効率的に示しているだけである。つまり、まずは現実をよりよく見えるようにし、ついでよりよく見るに値するものを強調することによって。

もちろん、演劇の演出家とまったく同様に、映画の監督にも解釈の余地が与えられており、その中で行為の意味を屈折させることができる。だがそれは余地にすぎず、出来事の明白な論理まで変えるわけにはいかない。反対に、『聖ペテルブルグの最後』〔フセヴォロド・プドフキン監督、一九二七年〕におけるライオンの石像のモンタージュを思い出してみよう〔バザンの記憶違いで、実際にはエイゼンシュテイン監督『戦艦ポチョムキン』の一場面〕。巧みなつなぎ合わせにより、石像の一連のショットは、あたかもライオンが(人民と同様に)立ち上がるかのような印象を与えていた。一九三二年にはもう、こうした素晴らしいアイデアは認めがたいものとなった。『激怒』で、フリッツ・ラング〔一八九〇―一九七六年。ドイツの映画監督。ハリウッドでも活躍〕は一九三五年になってもなお、陰口をたたく女たちのショットに続けて、鶏小屋でくわっくわっと鳴くメンドリの映像を導入している。これは「アトラクションのモンタージュ」の名残にほかならず、当時においてもすでに違和感を与えたものだが、今日では作品の他の部分からまったく浮いて見えるのである。カルネのような監督の手腕が、たとえば『霧の波止場』〔一九三八年〕や『陽は昇る』での、シナリオの要所を際立たせる演出においていかに決定的なものだとしても、そのデクパージュは彼が分析する現実のレベルに留まっており、現実をよりよく見るための方法にすぎない。こうした理由から、二重焼き付けのようなトリック撮影、そしてとりわけアメリカにおいては、クローズアップさえ――つまり、モンタージュを露呈させるような強烈でなまなましい効果をもつクローズアップは――、ほぼ完全に姿を消しつつある。典型的なアメリカ喜劇において、監督はできるかぎり頻繁に、人物の膝から上をフレームに収めたショットを用いようとする。それが観客の注意を無理なくとらえることのできるショットであり、そこに観客の精神が自然に適応できる平衡点があると判明したからなのだ。

実際のところ、こうしたモンタージュの使用法はサイレント映画に起源をもつものである。それはほぼ、グリフィスの、たとえば『散り行く花』〔一九一九年〕においてモンタージュが果たしている役割と同じである。というのもグリフィスは『イントレランス』〔一九一六年〕ですでに、こうした統合的なモンタージュの概念を導入しており、それをソヴィエト映画は極限にまで推し進め、サイレント末期にはそのより折衷的な用法がほぼいたるところに認められるようになっていた。そして映像に比べてはるかに可塑性の劣る音声という要素の導入により、モンタージュがリアリズムへと向かわざるをえなかったこと、造形的表現主義も、映像間の象徴的関係性も次第に排除されていったことが理解できるだろう。

こうして一九三八年頃には、映画は実際のところ、ほとんどが同じ原理にもとづいてデクパージュを施されるようになっていたのである。物語はどちらかといえば少ない数(約六〇〇)のショットのつながりによって描き出されていた。このデクパージュの技術的特徴は、切り返しショットだった。これはたとえば会話の場面で、せりふの都合に合わせて、一方の人物から他方の人物へと交互に写すやり方である。

三〇年から三九年にかけてのもっとも優れた作品の数々にとっては何の問題もなかったこの種のデクパージュに対し、オーソン・ウェルズやウィリアム・ワイラーの、画面の深さにもとづくデクパージュが疑問を突きつけたのである。

『市民ケーン』〔一九四一年〕はどれほど評価しても、過大評価にはならないだろう。画面の深さを用いることで、いくつものシーンがまるごとワンショットで、しかもときにはカメラをまったく動かすことなく撮影されたのである。かつてはモンタージュによって生み出されていた劇的効果は、ここではすべて、固定されたフレームの内部での俳優たちの動きから生じている。なるほど、グリフィスにおけるクローズアップと同様、オーソン・ウェルズが画面の深さを発明したわけではない。映画創成期のあらゆるパイオニアたちは当然のことながら、それを用いている。映像にぼやけた部分が加わるのはモンタージュの登場とともにでしかない。それは接写を行うことで生じる技術的制約というのみでなく、モンタージュの論理的帰結であり、その造形上の等価物なのである。もしストーリーのある時点で、監督がたとえば先に想像したデクパージュに従って、果物を盛った皿をクローズアップで撮るならば、ピントがそこに合わせられることで、空間の中で当然、皿だけが際立たせられる。ゆえに、背景がぼけることは、モンタージュの効果を確かなものとする。それが撮影上のスタイルとみなされるのは付随的にでしかない。それは本質的に、物語のスタイルに属するのだ。ジャン・ルノワールはすでにそのことに気づいていた。彼は一九三八年――つまり『獣人』や『大いなる幻影』の後、『ゲームの規則』の前の時期――に次のように書いている。「この仕事で経験を積めば積むほど、わたしはスクリーンの深さを用いた演出をすることに惹かれるようになってきた。まるで写真店にいるみたいに大人しくカメラの前で向かい合っている二人の俳優を撮る気がしなくなってきたのだ」〔ジャン・ルノワール「思い出……」「ル・ポワン」誌第一八号、一九三八年〕。実際、もしオーソン・ウェルズの先駆者を探すなら、それはルイ・リュミエールやゼッカ〔一四三ページ参照〕ではなくジャン・ルノワールなのである。ルノワールにおいては、深い構図の探求はまさしく、モンタージュの部分的な廃止につながり、頻繁なパン撮影や人物の画面への出入りがそれに取って代わっている。それは劇的空間の連続性、そしてもちろんその時間的持続を尊重するものである。

映画の見方を知る観客であれば、『偉大なるアンバーソン家の人々』〔一九四二年〕におけるウェルズのワンシーン＝ワンショット撮影が、一つのアクションを同一フレーム内で受動的に「記録」した結果では毛頭なく、それどころか、出来事を細分化したり、劇的空間を時間的に分析したりすることの拒否が一つの積極的な手法となって、古典的デクパージュを用いるよりも優れた効果を生み出していることを明らかに見て取れるはずだ。

画面の深さを示す二枚のスチール写真、一方は一九一〇年の、他方はウェルズかワイラーの映画のものを比較してみるなら、映画から切り離されたそれらの写真を見るだけで、画面の深さがまったく異なる機能を果たしていることがわかるだろう。一九一〇年のフレームは実際上、演劇における第四の見えない壁〔2〕と完全に一致している。あるいは、少なくとも屋外ロケ撮影の場合、それは筋の展開を見守る最適の視点というだけのことである。他方、後者においては、セット、照明、カメラアングルはそれとは異なる読解の可能性を作り出している。監督とカメラマンは、スクリーンの表面に劇的な舞台を組織し、いかなる細部もそこから排除されてはいない。そのもっとも独創的とはいわなくとも、もっとも明快な例を『偽りの花園』に見出すことができる。そこでは演出は原寸図のごとき厳密さを帯びる(ウェルズの場合、バロック的過剰性ゆえに分析はより複雑になる)。物は、登場人物との関係を踏まえて、観客がその意味作用から逃れることができないように配置されている。その意味作用とは従来、モンタージュによるショットの継起的な展開によって細かく示されていたものである〔2〕。

換言すれば、現代の監督における画面の深さを用いたワンシーン＝ワンショットは、モンタージュの断念を意味してはおらず——そんなことをすれば揺籃期の幼稚な表現に逆戻りしてしまうだろう——、それを独自の造形性のうちに組み入れているのである。ウェルズやワイラーの物語は、ジョン・フォードのそれに劣らず明瞭なものだが、時間および空間の中で映像の単一性から引き出すことのできる独自の効果をいささかも犠牲にしていないという点でより優れている。実際、ひとつの出来事が断片化されて分析されるか、その物理的単一性を保ったまま表現されるかは（少なくとも独自のスタイルにまで達した作品においては）決してどうでもいい問題ではない。モンタージュの使用がスクリーンの言語にもたらした決定的進歩を否定することはもちろん馬鹿げているだろうが、しかしその進歩とはモンタージュ以外の、それに劣らず映画に固有の価値を犠牲にしたうえで実現されたものだったのである。

だからこそ画面の深さは、網目フィルターの使用や照明のなんらかの様式のような撮影上の方法ではなく、演出にとって最重要の達成であり、映画的言語の歴史における弁証法的進歩の結果なのである。

それは単に形式的進歩などではない。画面の深さを巧みに使用することは、出来事を明確に表現するためのより安上がりな、簡単かつ巧妙な方法というに留まらない。それは映画的言語の構造に対してと同様、観客と映像の知的関係に対しても影響を及ぼし、それゆえにスペクタクルの意味自体を変容させる。

観客と映像のあいだの関係の心理学的様態、あるいはその美学的帰結を分析することは、本論の趣旨からはずれるかもしれない。ここでは大まかに、以下の点を指摘しておけば十分だろう。

1　画面の深さによって観客と映像の関係は、観客が現実とのあいだに保っている関係により近いものとなる。それゆえ、映像の内容自体とは無関係に、その構造はよりリアリズムに近づくということができる。

2　したがって画面の深さは、観客の演出に対するより活発な精神的態度、さらには積極的な関与さえもたらす。分析的モンタージュの場合、観客は案内に従って見るだけであり、彼のために見るべきものを選んでくれる監督のまなざしに自分のまなざしを合致させるのみであるのに対して、ここでは最低限の個人的選択が必要となる。映像がもつ意味は、観客の注意力および意志に一部、依拠することになるのだ。

3　以上の二つの心理学的命題から、第三の、形而上学的と形容できる命題が生じる。現実を分析する際に、モンタージュはその性質自体からして、劇的な出来事の意味の単一性を前提としていた。ひょっとしたら、もっと別の分析的な筋道がありえたのかもしれないが、しかしそちらを選んだなら別の映画になってしまうだろう。結局、モンタージュは本質的に、そしてその本性からして、曖昧さの表現とは相容れない。クレショフの実験はまさにそのことを背理法によって証明している。それは人物の顔に明確な意味を与えるのだが、それら三つの解釈が立て続けに、他の解釈を寄せつけないものとして成り立つのは、その人物の顔の曖昧さゆえなのである。

反対に、画面の深さはイメージの構造の中に曖昧さをふたたび導入する。必然的にそうだとはいえなくとも(ワイラーの映画には曖昧さはほとんどない)、少なくとも可能性としてはそうなのである。画面の深さを用いない『市民ケーン』は想像できないといっても過言でないのはそのためだ。精神的問題を解く鍵がどこにあるのか、どう解釈すべきなのかについての不確かさは、まず第一に、映像の構図そのものから由来する。

だからといって、ウェルズはモンタージュの表現主義的手法に頼ることを自らに禁じているわけではなく、まさにモンタージュを、深い画面による「ワンシーン＝ワンショット」の合間に付随的に用いることによって、モンタージュに新たな意味を与えている。かつてモンタージュは映画の材料そのもの、シナリオの織目を成していた。『市民ケーン』では、二重焼き付けの連続が、ワンショットで撮られたシーンの持続と対立させられている。それら二重焼き付けによるシーンは、物語の別な様態、明らかにより抽象的

現代の監督はワンシーン＝ワンショット撮影を用いることでモンタージュを断念するのではなく，モンタージュを自らの造形のうちに統合するのである．『市民ケーン』における自殺の場面．

な様態を形作っているのだ。「加速モンタージュ」とは時間および空間をぺてんにかけるものだったが、ウェルズの場合は観客を騙そうとするのではなしに、ワンシーン＝ワンショットとの対比において凝縮された時間を作り出している。それがいわばフランス語の半過去〔過去における行為の反復を表す〕や英語の反復動詞の相似物となっているのである。同様に、「加速モンタージュ」や「アトラクションのモンタージュ」、二重焼き付けといった、トーキーでは十年来もはや用いられていなかった手法も、モンタージュなき映画の時間的リアリズムとの関係において、ふたたび使用可能となっている。私たちがオーソン・ウェルズの場合をとりわけくわしく見たのは、映画の星座に彼が輝き出した時期〔一九四一年〕が新たな時代の始まりを確かにしるしづけるものであり、同時に、それが過剰さにおいてすら、もっとも際立った、もっとも意義深いケースだと考えられるからである。しかし『市民ケーン』もまた、ある全体的な動き、映画の根底部分に生じた巨大な地殻変動のうちに位置づけられる。そうした動きはほとんどいたるところで、映画言語の革命を何らかの形で確固たるものとしているのだ。

そのこととの別の道による確証を、イタリア映画のうちに見出すことができるだろう。ロベルト・ロッセリーニ〔一九〇六―一九七七年。イタリアの映画監督〕の『戦火のかなた』〔一九四六年〕や『ドイツ零年』〔一九四八年〕、そしてヴィットリオ・デ・シーカ〔一九〇一―一九七四年。イタリアの映画監督、俳優〕の『自転車泥棒』〔一九四八年。第22章参照〕において、イタリアのネオレアリズモは、あらゆる表現主義的要素の放棄と、とりわけモンタージュによる効果の完全な不在によって、それまでの映画的リアリズムの形態に異議を申し立てている。ウェルズにおいてと同様、そしてウェルズとのスタイル上の対立にもかかわらず、ネオレアリズモもまた、映画に現実の曖昧さがもつ意味を取り戻させようとしているのである。『ドイツ零年』においてロッセリーニが少年の顔を前に心がけたことは〔『ドイツ零年』は敗戦直後のドイツを舞台に、一人の少年の絶望を描いた物語。第14章参照〕、モジューヒンのクローズアップを前にしてクレショフが考えたこととまさしく正反対である。ロッセリーニにとっては少年の表情の不可解さを保つことが重要なのである。ネオレアリズモの進展が、最初のうち、アメリカ映画のようなデクパージュの技法における何らかの革新を伴わなかったとしても、それゆえに思い誤ってはならない。同じ目標に到達するための方法は多様なのだ。ロッセリーニやデ・シーカの選んだ方法は、より地味ではあるが、しかし彼らもまたモンタージュをなくし、スクリーンに現実の真の連続性を導入しようとしている。チェーザレ・ザヴァッティーニ〔一九〇二―一九八九年。イタリアの作家、脚本家〕の夢はただ、一人の男の人生の何ごとも起こらない九十分間を撮影することだという！　ネオレアリズモ派のうちもっとも「耽美的」なヴィスコンティ〔一九〇六―一九七六年。イタリアの映画監督〕は、『揺れる大地』〔一九四八年。第21章参照〕において自らの芸術の根本的な企図をウェルズと同じほど明確に示してみせた。これはほとんどワンシーン＝ワンショットのみを用いて撮られた作品で、出来事の全体性をとらえようとする配慮が、画面の深さや、パンの多用に表れている。

だが、一九四〇年以来、映画言語のこうした進化に寄与してきたすべての作品をここ

ルキノ・ヴィスコンティの『揺れる大地』では，出来事の全体性をとらえようとする配慮が，画面の深さや，パンの多用に表れている.

で検討するわけにはいかない。以上の考察の総括を試みるべきだろう。この十年をとおして、映画的表現の領域に決定的な進歩が刻まれたように思える。一九三〇年以来、人々はサイレント映画の、とりわけエリッヒ・フォン・シュトロハイムやF・W・ムルナウ、ロバート・フラハティやドライヤーによって代表される一傾向を、故意に視野に入れまいとしてきたかのようである。それがトーキーとともに消え去ったわけではない。なぜなら、それどころかそうした傾向はいわゆるサイレント映画のもっとも肥沃な鉱脈であり、まさにその美学的本質がモンタージュと結びついていなかったがゆえに、音声のリアリズムを自らのごく自然な延長線上にあるものとして要求していた唯一の鉱脈だったと考えられるからだ。だが確かに、一九三〇年から一九四〇年にかけてのトーキー映画は、そうした鉱脈にほとんど何も負っていない。その輝かしい、そして後から振り返ってみれば予言的な例外がジャン・ルノワールであり、『ゲームの規則』に至るまで、彼ひとりがその演出の探求をとおして、モンタージュの安易な用法を超え、世界を細分化することなくすべてを表現できるような、そして存在と事物の隠された意味を、その自然な統一性を壊すことなく明らかにできるような映画的物語の奥義を見出そうと努めてきたのである。

とはいえ、一九三〇年から一九四〇年にかけての映画を貶めるべきだというわけでは毛頭ない。そもそも明白な傑作が何本もある。単に私たちは、四〇年代に大きな展開を示した、ひとつの弁証法的な進歩があったという考え方を導入したいのである。トーキーが映画的言語のある種の美学の終わりを告げたのは確かだが、ただしその美学とは、映画を本来のリアリズム的使命からもっとも遠ざけているものでしかなかった。トーキー映画はモンタージュの本質的要素、つまり出来事の非連続的描写およびドラマの分析という要素は受け継いだ。そして比喩および象徴的表現を放棄し、客観的再現の錯覚を生み出すことに努力を注いだのである。モンタージュの表現主義はほぼ完全に姿を消したが、デクパージュの様式の相対的リアリズム——一九三七年ごろには一般に支配的となった——は、その本質からして制約を含んでいた。しかもそれが主題とあまりに完璧に合致していたため、私たちはその制約に気づくことができなかったのである。たとえばアメリカ式コメディは、時間のリアリズムがいかなる役割も演じていないようなデクパージュとともに完成の域に到達した。ヴォードヴィルや言葉遊びのように論理的であることを本質とし、その道徳的、社会学的内容においてまったく因習的であるアメリカ式コメディにとって、緻密な線状の描写、そして古典的デクパージュの歯切れのよさは願ってもないものだった。

一九三〇年から四〇年にかけてほとんど完全に覆い隠されていたシュトロハイム＝ムルナウ的傾向を、おそらくこの十年来の映画は多かれ少なかれ意識的に取り戻したのである。ただしそうした傾向を引き継ぐだけでなく、そこに物語のリアリズム的再生の秘密を汲んでもいる。物語はふたたび、物事の現実的な時間、出来事の持続を組み入れることができるようになっている。古典的デクパージュはそれを秘かに、知的かつ抽象的な時間と置き換えていたのである。とはいえ、映画はモンタージュによって得られた成果を完全に排除するどころか、それに相対的な位置づけと意味を与える。映像のリアリズムが増加したこととの関係においてのみ、モンタージュによる補足的な抽象作用が可能となるのだ。たとえばヒッチコックのような監督の演出スタイルは、生《なま》の素材のもつ力から、二重焼き付けや超クローズアップまでの広がりをもつ。だがアルフレッド・ヒッチコックのクローズアップはセシル・B・デミルの『チート』(一九一五年)におけるそれとは異なる。ヒッチコックの場合、クローズアップは数あるスタイル上の技巧のひとつにすぎない。換言すれば、サイレント時代にはモンタージュは監督のいわんとする事柄をほのめかしていたのに対し、一九三八年のデクパージュは描写していた。そして今日では、監督は映画に直接書くのだということができる。より大きなリアリズムに支えられることで、映像――その造形的構造と時間の中での構成――は、現実を内側から屈折、変化させるためのはるかに多くの手段を獲得している。監督はもはや画家や劇作家のライバルというだけでなく、ついに小説家と対等の存在となったのである。

(1) この論文は三つの文章をつなぎ合わせたものである。第一の文章は『ヴェネツィアにおける映画の二十年』(一九五二年)という記念論集のために書かれたもの、第二の文章は「デクパージュとその進化」という題で「新時代《ラージュ・ヌーヴォー》」誌第九三号(一九五五年七月)に掲載されたもの、そして第三の文章は「カイエ・デュ・シネマ」誌（第一号、一九五〇年）に掲載されたものである。

（2）本論に続くウィリアム・ワイラーについての論考〔「ウィリアム・ワイラー、あるいは演出におけるジャンセニスト」、本書には収録せず〕において、この分析の細かな例証がなされるだろう。

〔1〕一八八五―一九五七年。オーストリアに生まれ、サイレント期にハリウッドで活躍した俳優、映画監督。

〔2〕十八世紀のディドロに端を発するフランス・レアリスム演劇で唱えられた、舞台と観客席を第四の透明な壁が隔てているかのように演じるべきだという考え方。

8 不純な映画のために——脚色の擁護〔1〕

この十年ないし十五年の映画に対し、いくらか批評的な距離を取ってみるならば、すぐに明らかになるのは、文学および演劇の財産をより意義深い形で援用するのが、映画の進化において支配的な現象のひとつだということである。

もちろん、映画が小説や演劇の力を借りるのは今になって始まったことではない。しかし、かつてとはそのやり方が変わったように思えるのだ。『モンテ＝クリスト伯』や『レ・ミゼラブル』、『三銃士』の映画化は、『田園交響楽』（アンドレ・ジッド原作、ジャン・ドラノワ監督、一九四六年）、『運命論者ジャック』（『ブーローニュの森の貴婦人たち〔1〕』）、『肉体の悪魔〔2〕』、『田舎司祭の日記』（二一三ページ訳注1参照）の映画化と同列に論じるわけにはいかない。アレクサンドル・デュマやヴィクトル・ユゴーが映画監督に提供してきたのはもっぱら人物や冒険のみであり、それらが文学的にどう表現されているかは映画にとっては関係がない。ジャヴェールやダルタニャンは、いまや小説を脱して神話の一部をなしており、いわば独立したあり方を享受しているのであって、原作の小説はもはやその一時的な、ほとんど余計な表現でしかなくなっている。他方、映画化される小説の中には、ときに傑作もあるにせよ、たいていの場合それは詳細なシノプシスとして扱えるものである。重要なのはやはり人物と筋立てであり、さらには――これはもう一段上ということになるが――シムノンにおけるような雰囲気、あるいはピエール・ヴェリにおけるような詩的風土を、映画監督が借りてくるということもある。[3] しかしその場合にしても、原作は存在せず、作家は単に言葉数の多い脚本家にすぎないのだと想像することもできるだろう。実際それは真実なのであり、だからこそ「セリ・ノワール」[4] タイプのアメリカの小説の多くは二重の目的で、つまり明らかにハリウッドでの映画化も当て込んで書かれている。とはいえ、それがある種のオリジナリティを示している場合、文学としてのミステリを尊重する必要が増してきていることも指摘しておかなければならない。原作者の意図をないがしろにするのは後ろめたいことなのである。だが、ロベール・ブレッソンが『田舎司祭の日記』を映画化する際に、自分の意図は原作の一行一行とまではいかなくとも一頁一頁に忠実に従うことなのだと述べているのは、まったく別の事柄である。そこでは新たな価値が問題となっているのだ。ブレッソンはもはや、他人の作品の剽窃――それが結局のところ、かつてのコルネイユやラ・フォンテーヌやモリエールのやり方だった――で満足するのではなしに、原作の優越性をあらかじめ認めたうえで、それをスクリーンの上にほぼ同一の形で転写しようとする。そもそも、人物たちと彼らの行動の意味が作家の文体に緊密に依拠しているような、かくも高度な形式をもつ文学の場合、それ以外のやり方があるだろうか。そうした文学作品では、人物たちは小宇宙に閉じ込められているようなもので、厳密な必然性に支えられた法則は、その小宇宙の外では有効性を失う。そして小説は叙事詩的な単純化と手を切り、もはや神話を生み出す母胎というよりも、文体、心理、道徳、あるいは形而上学の精緻な相互干渉の場となっているのだ。

演劇とともに、こうした進化の意味はより際立って感じられる。小説同様、劇文学はつねに映画によってねじ曲げられてきた。しかしローレンス・オリヴィエ〔一九〇七―一九八九年。イギリスの俳優、映画監督〕による映画『ハムレット』と、かつてコメディ・フランセーズのレパートリーを借りて作られたフランスの「芸術映画《フィルム・ダール》」〔一九〇八年にフランスで設立された芸術的な映画作りをめざす映画製作会社〕の、今となっては滑稽な作品を比べて論じることなど、いったいだれにできよう？　演劇がすでにしてひとつのスペクタクルである以上、演劇を撮影するのは映画監督にとってつねに気持ちをそそられることだった。だがその結果は人も知るとおりである。そして「撮影された演劇」というのが屈辱的批評の常套句となったのも無理からぬことと思える。小説を相手にする場合は少なくとも、文章から映像への移行のためには、いくらかの創造的な余白が必要である。ところが演劇は、映画とは似て非なるものだ。演劇との見せかけの類似のせいで、映画は映画としての意味を失ったり、ありとあらゆる安易な方向に陥ったりした。とはいえ、たとえば大衆劇場のレパートリーからまずまずの映画が生み出された例が稀にあるとすれば、それは監督が小説に対してと同様、演劇に対しても自由にふるまい、主として人物と筋立てのみを利用するに留めたからである。しかしそうした領域でも、根本的に新しい現象が生じており、逆に原作の演劇的性格に対する尊重こそが、いまや侵してはならない原理となりつつあるように思える。

右に引用したような作品を始めとする映画——以下に他の作品の題名も挙げることになるだろう——は、数も多ければ、質も高いので、規則を補強する例外とみなすのは不可能である。それどころか、そうした作品こそが現代映画のもっとも豊穣な傾向のひとつを描き出しているのである。

「これこそ映画だ」のジョルジュ・アルトマン〔フランスの映画批評家、『これこそ映画だ』は一九三一年刊〕はかつて、『偽牧師』〔チャーリー・チャップリン監督、一九二三年〕から『全線』〔エイゼンシュテイン監督、一九二九年〕に至るサイレント映画をほめたたえた本の表紙でそう主張していた。第七芸術の自律性のために戦った最初期の映画批評の教養と希望を、いまや古臭いものとして退けなければならないのか。映画、あるいはその残余の形は、今日、文学と演劇の助けなしには生き延びることができないのか。映画は伝統的芸術に従属し、依存する副次的芸術になりつつあるのだろうか。

私たちが考えるべき問題は結局のところ、それほど新しいものではない。それはまず、芸術相互間の影響、そして脚色一般の問題である。もし映画が二、三千年の歴史をもつなら、おそらく私たちは、映画もまた諸芸術の進化の一般的法則を免れるものではないことを、よりはっきりと見て取れるだろう。だが映画の歴史は六十年にすぎず、歴史的遠近法は成り立ちようもない。通常、ひとつの文明ないしはふたつの文明にまたがって進展していくものが、映画の場合は人間の一生分の時間に収まっているのである。しかもそれが過ちの主な原因ではない。なぜならこの急激な進化は、他の諸芸術の進化と歩をそろえたものではまったくないからだ。映画は若い。それに対して文学、演劇、音楽、絵画は歴史と同じほど古いのである。子どもの教育がまわりの大人の模倣から始まるのと同様、映画の進化は必然的にすでに認められた芸術の例によって影響されてきた。ゆえに、世紀初頭からの映画の歴史は、芸術一般の進化に固有の決定要因の産物であると同時に、すでに進化を遂げた諸芸術が映画に及ぼした影響の産物でもあるだろう。こうした美学的錯綜状態は、社会学的な付随事項によっていっそう混乱の度を増した。実際、すぐれて社会的な芸術である演劇でさえもが、もはや文化的、経済的に恵まれた少数者にしか関わりのないものとなった現代において、映画は唯一の民衆的芸術という地位を築いている。おそらく映画の過去五十年は、文学にとっての五世紀にも相当するだろう。芸術にとってはわずかな時間にすぎないが、私たちの批評的感覚にとっては大きな意味をもつ。考察の領域をさらに絞り込んでみることにしよう。

最初にまず、現代の批評家たちが多かれ少なかれ恥ずべきその場しのぎとみなしている脚色が、芸術の歴史においてつねに存在してきたものであることを指摘しておこう。マルローは、ルネッサンス絵画がその起源において、ゴシック彫刻に何を負っていたかを明らかにした。ジョット〔後期ゴシックの画家〕は丸彫りのようなスタイルの絵を描いた。ミケランジェロは油絵具の色彩を用いることを拒んだ。彫刻的絵画にとっては、フレスコ画の技法のほうが適していたからである。おそらくそれは、「純粋」な絵画の解放へ向けて、たちまち乗り越えられた一段階にすぎなかったかもしれない。だが、ジョットはレンブラントに劣るなどといえるだろうか。そんなヒエラルキーはいったい何を意味するのだろう。丸彫りを用いたフレスコ画が必然性のある一段階であり、それゆえ美学的に正当なものだったことを否定できるだろうか。そしてまた、ビザンティンの細密画を拡大して、カテドラルのタンパン〔中世建築のアーチと楣《まぐさ》にはさまれた半円の部分〕の石に刻まれた彫像についてはどうなのか。小説に話を戻すなら、前古典主義の悲劇が牧歌小説を翻案したことや、ラファイエット夫人がラシーヌの作劇術に負っていることを非難できるだろうか。技術に関していえることは、主題に関してはいっそう当てはまる。それはありとあらゆる形式をとおして自由に表現されていくものなのだ。これは十八世紀までの文学史における常識であって、剽窃の概念はようやく十八世紀に現れたのである。中世には、キリスト教の重要な主題は劇場、絵画、ステンドグラス等々で扱われていた。

映画の場合、おそらく誤解の元となっているのは、芸術の進化サイクルにおいて通常生じるのとは逆に、映画にとっては翻案、借用、模倣がその起源には存在していないように思えることである。模倣どころか、表現手段の自律性、主題の独創性が映画誕生以来の二十五年ないし三十年間ほど大きかったことは芸術史上、かつてなかった。生まれたばかりの芸術が先行諸芸術をまねようとするのはいいとしても、以後は少しずつ自らに固有の法則と主題を明らかにしていくものだと人は考える。ところが、あたかも映画という芸術が表現力を増すほど創意や固有の創造力を失っていくかのように、自らの本質とは関係のない原作のためにもっぱら力を尽くすようになるといった進展は理解されにくい。そこから、こうした逆説的進歩を衰退としてとらえる見方までは一歩しかない。トーキー映画の登場とともに、ほとんどすべての批評家たちは、ためらうことなくその一歩を越えてしまったのである。

だが、それは映画史の本質的要素を見誤ることだった。映画が小説や演劇の「あとで」登場したと認めるのは、映画がそれらと同じ土俵で、それらの後ろに並ぶことを意味するのではない。映画という現象は、伝統的諸芸術が存続する社会学的条件のもとで発展したのではまったくないのだから、それではアコーディオンで踊る下町のダンスやビバップ・ダンスが古典的舞踏術を継承しているというのと同じことになる。最初期の映画監督たちは確かに、やがて映画に大衆的人気を奪われることとなるジャンルから多くを借りてきた。つまりサーカスや大道芸、ミュージックホールなどであり、それらはとりわけドタバタ喜劇映画に技術と俳優を提供した。シェイクスピアという作者のことを初めて知って、ゼッカ〔フェルディナン・ゼッカ、一八六四―一九四七年。フランスの映画監督〕が口にしたという有名なせりふがある。「この御仁ときたらえらく古臭いじゃないか、洒落たものならほかにいろいろとあるさ!」。ゼッカとその同業者たちには、自分たちが読みもしない、そして彼らの観客も読んでいない文学に影響を受けるつもりなどなかったのである。だが彼らは当時の大衆文学には影響を受けていた。映画史上の傑作のひとつであるあの素晴らしい『ファントマ』〔5〕はそこから生まれた。映画は真の偉大な民衆芸術の条件を作り直し、縁日の芝居や新聞連載小説といった慎ましく、蔑まれた形式をあなどらなかった。実際には、アカデミーやコメディ・フランセーズの紳士方によって、映画という卑しい子どもを養子にしようとする試みもなされた。だが「芸術映画」の失敗はそうした自然に反する企てのむなしさを物語るものだった。エディプス王やデンマークの王子〔ハムレット〕の不幸を生まれたての映画に押しつけるのは、アフリカの僻地の小学生たちに「われらの先祖ガリア人」〔6〕を押しつけるようなものだった。今日なお「芸術映画」に興味や魅力を見出せるとしたら、それは伝道者たちを食べてしまった野蛮な部族の手によって、異教的な素朴な解釈を施されたカトリックの典礼と同様の意味においてだろう。

フランスにおいて、市《いち》や大通りに残る民衆演劇からの明らかな借用〔ハリウッドが英国的ミュージックホールの技術や出演者を恥じることなく借りうけたのと同様〕が、美学的な異論を引き起こさなかったのは、第一に、当時はまだ映画批評が存在していなかったためである。そしてまた、それらのいわゆる劣った芸術形態が映画によって変容させられることに憤る者はだれもいなかった。それらの諸芸を擁護しようとするのは当事者たちだけだったし、彼らは自分たちの仕事についての知識はあっても、映画について何か知っていたわけではなかった。

それゆえ映画は、実際に演劇に取って代わることとなったとき、一、二世紀の進化の時間を飛び越えて、当時ほぼ見捨てられていた種類の演劇と結びついたのだった。十六世紀の笑劇について何でも知っている博学の歴史家でさえ、それがパテやゴーモンのスタジオで、あるいはマック・セネットの指揮下で健在ぶりを示しているとは気がつかなかっただろう。

小説についても同様の証明を試みるのはおそらく難しいことではあるまい。連載小説の通俗的技術を採用した連続活劇は、実際には語り物の古い構造を再利用しているのである。個人的に、私はシネマテーク・フランセーズでフイヤード〔一八七三―一九二五年。フランスの映画監督〕の『吸血ギャング団』を見直したとき、そのことを実感した。シネマテークの気のいい館長アンリ・ラングロワが、彼ならではのやり方で上映してくれたのだ。その晩は二台ある映写機のうちの一台しか動かなかったのである。そのうえ、上映されたプリントには字幕がついておらず、おそらくフイヤードその人でさえ、見ていてだれが殺人者なのかわからなかっただろう。観客のあいだでは、どれが善人でどれが悪人か当ててやろうということになった。強盗だと思っていた人物が、フィルムの次の巻に進むと被害者だったことが判明するといった具合である。そしてさらに、フィルムを掛け替えるために十分おきに場内に明かりがつくことで、エピソードの数はいっそう増えるように感じられたのだった。そんな形で上映されたことで、フイヤードの傑作の魅力はその美学的原理を明白に示してくれた。中断されるたびに「ああ!」という失望の声、再開されるたびに安堵と期待の声が上がった。ストーリー自体はまったく理解できないものになっていたとはいえ、観客はひたすら物語の命じるがまま、注意を途切れさせず、続きを見たいと思わされたのだ。あらかじめ存在している筋立てが幕間によって恣意的に寸断されたというのではいささかもなく、むしろ創造行為自体が不当にも中断されたのであり、尽きることのない泉の流れが不思議な手によって堰き止められたという印象を与えた。

「以下次号」によって引き起こされる居心地の悪さはそこに由来する。それは出来事の続きを待つというよりも、物語の流れや創造が中断されたのち再開されるのを不安な気持ちで待つことに由来するのだ。そしてフイヤード自身の撮影法もまさにそうしたものだった。自分でも続きがどうなるのかわからないまま、その朝の思いつきに従って次のエピソードを撮るということの繰り返しだった。制作者も観客も同じ状況、つまりシェヘラザード的状況のうちにあった。映画館の中が暗くなるたびに、そこには『千一夜』の夜が広がり出した。真の連載小説、そしてまたいにしえの連続活劇の「以下次号」とは、物語とは無関係な拘束を示すものではない。もしシェヘラザードがすべてを一気に語ったなら、観客と同様に残酷な『千一夜』の王は、夜明けにシェヘラザードを処刑したことだろう。王も観客も、中断によって物語の魅惑的な力を実感し、物語が日常生活に取って代わるのを待つことの甘美さを味わう必要があったのだ。そのとき日常生活とは、夢の途切れ目でしかなくなってしまうのである。

こうして、初期映画の純粋さなるものが実は検証に耐えないものであることがわかる。トーキーは楽園からの出口ではなく、第七芸術のミューズはトーキーに至って自らの裸身に気づき、よそから奪ってきたぼろ着を身にまとい出したわけではない。他の芸術に共通する法則を映画も免れるわけではなかった。映画はその法則を映画なりのやり方、つまり技術的かつ社会的な条件の重なり合いのもと、映画にとって唯一可能なやり方で甘受したのである。

しかし私たちは、大部分の初期映画が借用や剽窃にすぎなかったと証明したとしても、それで脚色の現在の形態を正当化できるわけではないことはよく承知している。「純粋映画」の弁護人は、その座を揺るがされながらもなお、諸芸術間のやりとりは始原的なレベルにおいてはやすやすと行われ得るのだと主張することができよう。映画によって笑劇が若返ったということはありうるにせよ、笑劇の効力は元来、とりわけ視覚的なものだった。まさにそれゆえ、マイムのきわめて古い伝統が笑劇によって、次にはミュージックホールによって継承され得たのである。時代が進み諸ジャンルのヒエラルキー化が進むにつれて細分化が際立つのは、動物が共通の起源から枝分かれしていくのと同様である。起源の状態に含まれていた多様性が、その潜在的性質を発展させていき、以後それらはあまりに繊細かつ複雑な形式と結びついてしまったので、形式を損なうとしたら作品自体にも影響を及ぼさないわけにはいかなくなった。ジョットが丸彫りのような絵を描いたのは建築物を飾る彫刻の影響だったかもしれないが、ラファエロとダ・ヴィンチはすでにミケランジェロに抗して、絵画を根源的に自律性をもった芸術にしようとしたのだった。

だがそうした反論が詳細な議論になお耐えるのか、そして進化を遂げた形式が互いに影響を及ぼし続けていないのかどうかは定かではない。とはいえ、芸術史が自律性と固有性の方向に進化していることは確かだ。純粋芸術の概念(純粋詩、純粋絵画等)は空虚な言葉ではない。それは定義は難しいが、しかし否定しがたい美学的現実を指し示している。いずれにせよ、諸芸術間のある種の混交やジャンル間の混交がなお可能だとしても、あらゆる混成がうまくいくとは限らない。生みの親の美点を足し合わせるような豊かな交配もあれば、一見魅力的でも実は不毛な混血もあり、怪物的な、キマイラしか生み出さない結合もある。それゆえ、映画の起源にさかのぼる先行例を取り上げるのはやめて、今日生じていると思われる問題に戻ることにしよう。

批評家たちはしばしば映画による文学の借用を嘆く。だが、逆の影響が存在することについては一般に、正当かつ明白なものと考えられている。現代小説、とりわけアメリカ小説が映画の影響を被ったというのはほとんど紋切型となっている。レーモン・クノーの『ルイユから遠く離れて』(一九四四年)のように、直接的借用が意図して明示されているような、それゆえ取り上げる意義の薄い例はもちろん脇に置くこととしよう。問題は、ドス・パソス、コールドウェル、ヘミングウェイあるいはマルローの芸術が映画的技法を用いているかどうかということである。正直をいえば、とてもそうは思えない。スクリーンによってもたらされた新しい知覚のあり方、クローズアップのような物の見方、モンタージュのような物語構造、それらは小説家が技術上のアクセサリーを一新する役には立っただろうし、そうでなければおかしい。しかしドス・パソスの場合のように、作者自身が映画的技法との関係を公言しているときこそ、それは疑ってかからなければならない事柄なのである。なぜならその場合、映画的技法は、作家が固有の宇宙を築くための数々の方法に加わったにすぎないからだ。たとえ映画が小説を自らの美学的引力の影響下に置いたことを認めるとしても、それは例えば前世紀に演劇が文学に与え得た影響を超えるものではないだろう。近隣の支配的芸術による影響とは、おそらくつねに認められる法則である。もちろん、グレアム・グリーンのような小説家の場合、映画との反駁しがたい類似点を見出すことは可能だと思えるかもしれない。だがよりよく観察してみるならば、グリーンのいわゆる映画的技法なるもの(グリーンが何年ものあいだ映画批評家として活動していたことを忘れるまい)は、実際には映画によっては用いられていない技法であることがわかる。その結果、小説家の文体が「映像化」されるたびごとに、私たちは、なぜ映画監督は原作に含まれているおあつらえ向きの技法を、愚かにも用いずにいるのだろうと思ってしまうのである。マルローの『希望　テルエルの山々』(一九三八―一九四五年)のような映画の独創性は、小説、それも映画によって「影響を受けた」小説をもとにしてどのような映画ができるかを示してくれる点にある。

以上の考察からどう結論づけるべきか？　むしろ通常の問いを逆転して、現代文学の映画監督に対する影響を問うてみるべきなのではないだろうか。

実際、批評家がこうした問題を考える際に「映画」はどういう意味で用いられているのだろう。それが写実的表象、つまり映像の単なる記録による表現様式、古典的な小説の内省や分析と対立する、純粋に外的なヴィジョンを意味するのであれば、アングロサクソンの小説家たちが「行動主義」[7]のうちにすでにそうした技法の心理学的正当化を見出していたことを認めなければならない。だがそれ以上に、文学批評は軽率にも、映画とは何かを、映画の現実に関するまったく皮相な定義にもとづいて判断しているのである。写真を原材料とするからといって、第七芸術がもっぱら外見の弁証法と行動の心理学に捧げられているわけではない。対象を外側からとらえることしかできないとしても、映画には外見に働きかけてあらゆる曖昧さを排除し、それをひとつの内的現実、たったひとつの内的現実のしるしとするためのやり方がいくらでもある。実際のところ、スクリーン上の映像の圧倒的大部分は、演劇や古典的心理分析小説と同じ心理学を暗黙のうちに踏襲している。それらの映像は常識に従って、感情とその表れのあいだの必然的な、曖昧さのない因果関係を前提にしている。すべては意識のうちにあるということ、そして意識を知ることは可能であるということを前提としているのだ。

「映画」をモンタージュやショットの切り替えに関係する物語技法の意味で用いる――そちらのほうがすでにより緻密なとらえ方である――としても、同様の指摘がなお有効である。ドス・パソスやマルローの小説は、フロマンタン〔一八二〇―一八七六年。フランスの画家、作家。心理小説の名作『ドミニック』の作者〕やポール・ブールジェ〔一八五二―一九三五年。フランスの作家。伝統的な心理分析にもとづく小説の書き方を遵守した〕の小説と対立しているのと同じくらい、私たちが普段見なれた映画と対立している。本当のところ、アメリカ小説の時代[8]とは、映画の時代というよりも世界に関するある種のヴィジョン、おそらくは人間と技術文明の関係にもとづくヴィジョンの時代なのである。しかしその文明の申し子である映画自体は、小説ほどそのヴィジョンの影響を被ってはいないのだ――映画が小説家にとってアリバイを提供しているにもかかわらず。

同様に、映画が小説を援用する場合、すでに映画の影響を先に受けていると思われるような作品に頼るのが当然と考えられるのだが、ほとんどの場合はそうではなく、ハリウッドではヴィクトリア朝式の文学、フランスではアンリ・ボルドー〔一八七〇―一九六三年。フランスの大衆的作家〕やピエール・ブノワ〔一八八六―一九六二年。フランスの作家。小説『アトランティッド』が何度か映画化された〕といった面々を頼りにしている。よりよい――あるいは、よりまずい――場合、つまり『誰がために鐘は鳴る』のようにアメリカの監督がヘミングウェイの作品に挑戦するような場合には、実際のところ原作はどんな冒険小説のたぐいにも当てはまるような因習的なスタイルで処理されてしまう。

こうして一切は、映画のほうが小説よりも五十年遅れているかのような状況なのである。映画の文学に対する影響という考え方に固執するなら、批評家のルーペをとおし、批評家の視点との関連でしか存在しないような架空の映像を論拠にするほかはない。文学に影響を及ぼしているのは実在しない映画であり、小説家がもし映画監督であったなら撮るであろう理想の映画なのだ。それは想像上の芸術にすぎず、その登場を私たちはなお待つのみである。

そして何と、こうした仮説はそれほど馬鹿げたものではないのだ。少なくともそれを、問題解決に役立ったあとは数式から消されてしまう想像上の数値のように保っておくことにしよう。映画の現代文学に対する影響が、立派な批評家たちに錯覚を抱かせ得たのは、実際、小説家が今日取り入れている物語のさまざまな技法や、事実を強調する手法と、映画の表現技法のあいだに確かな類似性があるからだろう(それらの技法を映画から直接、借用したにせよ、あるいはその類似性は――私たちはむしろそう考えるのだが――現代のさまざまな表現形態がみな同じ方向に進んでいくという、美学的一致の現象にすぎないにせよ)。しかしこうした影響ないし照応のプロセスの中で、文体の論理という点でもっとも先まで進んだのは小説である。例えばモンタージュの技法や時制の転覆から、そのもっとも繊細な成果を引き出したのも小説である。そして非人間的な、いわば鉱物的な客観主義の効果を、真の形而上学的意味にまで高めたのも、とりわけ小説なのだった。対象の外部に留まる点において、アルベール・カミュの『異邦人』の主人公の意識をしのぐほどのカメラがかつてあっただろうか？　実際のところ、もし映画が存在していなかったとしても、『マンハッタン乗換駅』や『人間の条件』といった小説が非常に異なるものになっていたかどうかはわからない。だが『トーマス・ガーナー』[9]や『市民ケーン』は、ジェイムズ・ジョイスやドス・パソスがいなかったならば決して生まれることはなかっただろう。映画的前衛の先端においては、勇敢にも小説的文体——超＝映画的と形容できるような——に発想を得た映画が増加しつつある。こうした状況では、文学からの借用を監督自らが認めたとしても、それは二次的な重要性しかもたない。ここで考察している種類の映画の大部分は、小説の映画化というわけではない。だが『戦火のかなた』のいくつかのエピソードは、サム・ウッド監督の『誰がために鐘は鳴る』が原作に負っているよりはるかに多くのものを、ヘミングウェイ（沼地）あるいはサローヤン（ナポリ）に負っているのである〔第20章内の一節「物語の技法」に詳述〕。逆に、マルローの映画は小説『希望』のいくつかのエピソードの厳密な等価物なのだし、近年のイギリス映画でもっとも優れた作品の数々は、グレアム・グリーンの小説を映画化したものだ。私たちの意見では、その中でももっとも満足のいく作品は『ブライトン・ロック』の慎ましい翻案である〔ジョン・ボールティング監督『不良少年』一九四七年〕。この作品はほとんど注目されずに終わったが、他方ジョン・フォードは『逃亡者』〔一九四七年〕で、グリーンの原作『権力と栄光』を壮麗に裏切ってしまっている。ゆえにまずは、現代の映画の傑作が現代の小説家たちに何を負っているのかを見きわめる術を身につけようではないか。それはとりわけ『自転車泥棒』のような作品においてさえ、容易に証明できることだ。そうすれば、私たちは翻案に憤慨するのではなしに、映画の進歩の確かな保証とまではいえなくとも、ひとつの可能な要素をそこに見出せるだろう。ついに小説家が映画を映画そのものへと変える！〔マラルメの詩「エドガー・ポーの墓」の一行「ついに永遠が彼を**彼自身**に変え」への暗示〕

おそらく人はいうかもしれない――現代小説についてはまだいいとしよう。映画は自分が小説に貸し与えた富が、そこで百倍にも増えているのを見出すのみなのだから。しかし映画監督がジッドやスタンダールに発想を得たと称しているような場合には、どういう理屈になるのか。あるいはいっそ、プルーストやラファイエット夫人に発想を得たとしたら？

実際、それでもいいではないか。ジャック・ブルジョワは「ルヴュ・ド・シネマ」誌の論文[10]で、『失われた時を求めて』と映画的表現方法との類縁性をみごとに分析してみせた。本当のところ、そうした脚色の仮説において乗り越えるべき困難とは、美学的次元の困難ではない。それは芸術としての映画ではなく、社会学的事実として、そして産業としての映画に由来する困難なのだ。脚色の悲劇、それは通俗化の悲劇である。『パルムの僧院』映画版〔クリスチャン＝ジャック監督、一九四八年〕について、地方紙の広告記事にこんな文句が見られた。「原作は有名な剣戟《ちゃんばら》小説」。スタンダールの小説など読んだことのないような映画業者の口からは、しばしば真実の言葉が洩れるのである。とはいえ、クリスチャン＝ジャック監督の映画を否定するべきだろうか？　それが小説の本質を裏切っているかぎりにおいて、そしてその裏切りは避けようと思えば避けられたはずだと考えられるかぎりにおいては、そうである。だが、これは平均的な映画よりは質の高い作品になっているし、全体としてスタンダール作品への魅力的な入門編をなしており、きっと原作に新しい読者をもたらすだろうと考えられるかぎりにおいては、この映画を否定するべきではない。文学の傑作がスクリーンで被った損害に対して怒ることは――少なくとも、文学の名において怒るのは――馬鹿げている。なぜなら、脚色がどれほどいい加減なものであろうとも、それは原作を知り評価している少数派にとって原作を害するものとはなりえないからだ。原作を知らない観客にとっては、ふたつにひとつである。つまり彼らは他の映画と比べてそれほど劣るわけでもないその映画に満足するか、あるいは元となった本のことを知りたくなるかであり、その分だけ文学にとっては得をしたことになるわけだ。こうした理屈はあらゆる出版の統計によって確かめられている。映画化された文学作品は売り上げが急上昇しているのである。実際、文化全般、とりわけ文学はこの種の企てで何も失うものはないのだ。

残るは映画の問題である。そして実際、映画が文学的資本を用いる際、あまりにしばしば見られるやり方については嘆くだけの理由があるように思う。文学に対する敬意からというのであればまだいい。なぜなら文学作品に忠実であってこそ映画監督も得るところ大だろうと思えるからだ。映画以上に進歩を遂げ、そしてまた比較的教養があり要求水準の高い層を読者とする小説は、より複雑な登場人物を映画に提供するし、形式と内容の関係において、映画がまだ慣れていない種類の厳密さと巧緻さを提供する。それを脚本家と監督が素材として用いるとき、すでに練り上げられた素材の知的な質の高さが〈最初から〉映画的平均をはるかに超えるものであるとすれば、そこには明らかに、二通りの使用法がありうる。一方では、原作の質の高さとその芸術的威光は映画に対し保証を与え、アイデアの数々と、高品質のラベルを提供するだけに留まる――『カルメン』や『パルムの僧院』や『白痴』の場合がそれにあたる。他方では、監督は原作と完全に等しいものを誠実に求め、少なくとも原作を発想源としたり脚色したりするだけではなく、それをスクリーン上に翻訳しようと試みるだろう。それが『田園交響楽』や『肉体の悪魔』、『落ちた偶像』〔キャロル・リード監督、一九四八年。原作はグリーンの短篇「地下室」〕あるいは『田舎司祭の日記』の場合である。前者の、単に「脚色する」だけの版画絵師〔油絵などの絵画を版画で新聞雑誌に紹介する〕たちに石を投げるようなことはするまい。すでに述べたとおり、彼らの裏切りは相対的なものにすぎず、それで文学が損なわれることはない。とはいえ、映画にとっての希望を担うのが後者であるのは明白だ。水門の扉を開けたとき、平均水位は運河の水位とほぼ同じ高さに落ち着くものである。ハリウッドで『ボヴァリー夫人』を映画化するならば、平均的アメリカ映画とフローベールの作品の美学的レベルの差がどれほど大きくても、結果としては標準的アメリカ映画ができあがるのであり、結局のところそれがなお『ボヴァリー夫人』と呼ばれるのは誤りなのだ。しかし文学作品を巨大で強力な映画産業の総体と対決させるなら、どうしたってそうならざるをえない。映画がすべてを均してしまうのである。逆に、何か幸運なめぐり合わせによって監督が原作を規格どおりのシナリオとは別様に扱う機会に恵まれるなら、そのとき映画全体が文学のほうへと高まっていく。それがジャン・ルノワールの『ボヴァリー夫人』や『ピクニック』である。このふたつは確かにあまりいい例とはいえない。作品の質のせいではなく、ルノワールの忠実さというのがまさに、作品の文章ではなく精神に対する忠実さであるからだ。私たちが驚かされるのは、その忠実さが逆説的にも、至高の独立性と共存していることである。しかしそれは、ルノワールがもちろんフローベールやモーパッサンに匹敵する天才であるがゆえの正当な結果である。

オータン＝ララ監督『肉体の悪魔』のジェラール・フィリップとミシュリーヌ・プレール．映画的創造の度合いは原作への忠実さに正比例する．

それはボードレールによるポー〔一八〇九―一八四九年。アメリカの小説家、詩人〕の翻訳に比較できるような現象なのである。

もちろん、あらゆる監督たちが天才の持ち主であるとしたらそれに越したことはないだろう。そうなればもはや脚色の問題はなくなるに違いない。だが、ときおりは監督たちの才能を考慮に入れられるというだけでもあまりに幸甚というものだ！　それだけで私たちの論のためには十分である。ジャン・ヴィゴ〔一九〇五—一九三四年。フランスの映画監督〕が監督したなら『肉体の悪魔』はどうなっただろうかと夢見ることが禁じられているわけではない。とはいえ、クロード・オータン＝ララ〔一九〇一—二〇〇〇年。フランスの映画監督〕による映画化作品で満足しようではないか。ラディゲの原作に対する忠実さゆえに、脚本家たちは私たちに比較的複雑な、興味深い登場人物たちを提供してくれたのみでなく、映画の道徳的因習を多少なりとも打破し、観客側の先入観に対しあえて危険を冒す（慎重な計算の上でもあったが、その点をだれに非難できよう）に至ったのである。原作への忠実さが、観客の知的、道徳的視野を広げ、他の良質な作品への道を開くこととなった。しかしそれがすべてではないのであり、忠実さを映画外の美学的法則へのネガティヴな服従と決めつけるのは間違いである。おそらく小説には固有の方法があり、その素材は言語であって映像ではなく、孤独な読者に対する親密な働きかけは、暗い映画館の観衆に対する映画の働きかけと同じではないだろう。だがまさに、美学的構造の違いによって、等価物の探求はいっそう困難なものとなり、原作に似た作品を生み出そうと本気で願う映画監督に対し、いっそうの創意と想像力を要求するのである。言語と文体の領域においては、映画的創造の可能性は忠実さの度合いにそのまま比例すると主張することができるだろう。逐語的翻訳には価値がなく、逆にあまりに自由な翻訳は非難すべきものと思われるのと同じ理由から、優れた映画化は文字と精神の本質を再生するものでなければならない〔11〕。だが、優れた翻訳のためには一国の言語とその精髄をどれほど自家薬籠中のものとしていなければならないかは人も知るとおりだ。たとえばアンドレ・ジッドの有名な単純過去を用いた文体の効果はとりわけ文学的なものであるとして、それはまさに映画によっては翻訳不可能なものだと考えることもできるだろう。それにもかかわらず、『田園交響楽』でドラノワが演出におけるその等価物を見出していないとはいい切れないのである。画面につねに映っている雪は、繊細で多義的な象徴性を帯び、ひそかに筋立てに変化を加え、いわば絶えざる精神的係数を付与しているのだが、その価値はおそらく、作家が時制の適切な用法によって追求したものとさほど異なってはいない。しかるに、この精神的冒険を雪で包囲し、夏の風景を徹底して退けるというアイデアは映画ならではの発見であって、監督は原作に対する行き届いた理解からそうしたアイデアを得たのかもしれない。『田舎司祭の日記』におけるブレッソンの例はさらに決定的である。彼の脚色は、原作に対する敬意が絶えず創造的に働くことで、このうえない忠実さに到達している。アルベール・ベガン〔一九〇一―一九五七年。スイスの文芸批評家〕は的確にも、ベルナノス〔一八

ジャン・ドラノワ監督『田園交響楽』(ミシェル・モルガン主演)において，画面につねに映っている雪は，おそらくアンドレ・ジッドによる単純過去の用法のもっとも的確な等価物になっている．

八八―一九四八年。フランスの小説家。『田舎司祭の日記』の原作者〕に特徴的な暴力は、文学においてと映画においてとでは決して同じ価値をもたないだろうと指摘した。スクリーン上では暴力はあまりにしばしば用いられるので価値が減少し、挑発的であるとともに因習的なものになっている。それゆえ、小説家のトーンに真に忠実であるためには、テクストの暴力に対し一種の反転を加える必要がある。ベルナノス的誇張の真の等価物は、ロベール・ブレッソンのデクパージュに見られる省略と緩叙〔事柄を弱めて表現する修辞法〕なのである。

文学作品のもつ美質の数々が偉大で決定的なものであればあるほど、映画化に際してはそれらのバランスを一変させる必要が生じる。また監督には、原作のバランスと同一ではないが、しかし等価なバランスを再構築するだけの創造的な才能が要求されるのである。ゆえに、小説の映画化を怠惰なしわざとみなし、真の映画、「純粋映画」はそれによって何も得るところがないと考えるのは、あらゆる価値ある映画化の例によって否定される批評的過ちである。スクリーンの制約なるものを口実として、忠実さに少しも意を払おうとしない者たちこそは、文学と映画のいずれをも裏切っているのだ。

だがこのパラドックスのもっとも説得的な例証は、数年来登場している一連の演劇作品の映画化によってもたらされた。原作もスタイルもまちまちだが、それらの作品は「撮影された演劇」に対する旧来の批評家の否定的意見を絶対視すべきではないことを示している。さしあたり、この進展の美学的理由を分析することはひかえておく。それが映画的言語の決定的進歩と緊密に結びついていることを確認しておけば十分だろう。

コクトーやワイラーによる演劇作品の映画化が、原作に対する忠実な姿勢によって見事な成果を上げているのは、明らかに映画的知性の後退ではなく、その発展を示すものだろう。『恐るべき親たち』〔コクトーの戯曲、一九三八年。コクトー自ら四八年に映画化〕の作者の場合のように、驚くほど鋭い眼力をもったカメラの機敏さによるのであれ、ワイラーのようにデクパージュの禁欲性、映像の極度の簡素さ、固定ショットや深い画面の使用によるのであれ、成功はつねに例外的なコントロールの力によってもたらされる。そしてさらに、演劇をただ受動的に記録するのとは正反対の、創造に満ちた表現が必要なのである。演劇を尊重するためには、それを撮影するだけでは十分でない。意義のあるかたちで「演劇を作る」のは「映画を作る」よりも困難なことだが、これまで映画化を手がけてきた大半の監督たちはもっぱら後者をめざしてきたのだった。『偽りの花園』〔ウィリアム・ワイラー監督、一九四一年。原作はリリアン・ヘルマンの戯曲『子狐たち』〕や『マクベス』〔オーソン・ウェルズ監督、一九四八年〕の固定ショットには、観客に舞台を忘れさせようとして屋外での移動撮影やあらゆる種類の自然の背景、地理上のエキゾチシズム、さらには舞台裏の場面を活用してきた従来のどんな作品よりも映画らしさがあふれている。そこには映画的なるものの最良の部分がある。映画による演劇のレパートリーの獲得は、衰退のしるしであるどころか、成熟の証しである。映画化はついに、裏切ることではなく尊重することとなった。物理的次元でそのことの適切な比喩を探すなら、高度な美学的忠実さに達するためには、映画表現は光学がたどったのと同じ発展をたどらなければならなかったのである。いにしえの「芸術映画」とウェルズの『マクベス』のあいだの隔たりは、幻灯機の初歩的な集光レンズと、現代的なカメラレンズの複雑な働きのあいだの隔たりに相当する。しかしながらその圧倒的な複雑さとは、レンズによって生じる変形、収差、回折、反射を補正するため、つまりカメラをできるかぎり〈客観的〉なものにするためのものである。演劇作品からスクリーンへ移行するに際しては、美学的レベルにおいて、写真表現に関するカメラマンの知識に比べられるような忠実さに関する知識が必要となる。それはひとつの進歩の終わりであると同時に再生の始まりなのだ。今日映画が、小説や演劇の領域に堂々と挑むことができるとすれば、それはまず、映画がいまやかなりの自信を抱いており、自らのもつ手段を使いこなして、対象の前で自己を消すことができるようになったからである。それは映画がとうとう真の忠実さを――デカルコマニー〔写し絵〕の空しい忠実さではなしに――、映画そのものに固有な構造についてしっかりと認識した上で主張できるようになったからである。敬意をもって作品を映画化するためにはそれが必要な前提条件なのだ。映画とは一見かけ離れた文学作品を映画化する例が増えているのも、第七芸術の純粋さを念頭におく批評家たちに不安を抱かせるような現象ではない。それどころか、反対に映画の進歩の証拠なのである。

大文字のシネマ、独立した、特殊かつ自律的な、どんな妥協とも無縁の映画へのノスタルジアを抱く人々であれば、なおもいうだろう。「それならばいったい、どうしてそれほどの技巧を凝らして、助けを必要ともしていない大義を助けようとするのか、本はただ読めばいいのだし、『フェードル』はコメディ・フランセーズに見にいけばいいのに、それをなぜ映画で作り直す必要がある？　映画化作品がどれほど満足のいく出来栄えであろうとも、原作よりも価値があるとか、いわんや同様の芸術的価値をもち、しかも映画にしかないテーマを扱った作品よりもまさるなどとは主張できまい？　あなたは『肉体の悪魔』、『落ちた偶像』、『恐るべき親たち』、『ハムレット』を挙げられる。よろしい。それに対して私は『黄金狂時代』〔一九二五年〕、『戦艦ポチョムキン』、『散り行く花』、『暗黒街の顔役』、『駅馬車』、さらには『市民ケーン』を挙げよう。いずれも映画がなかったなら存在しなかったはずの傑作であり、芸術的遺産へのかけがえのない寄与である。最良の映画化がもはや幼稚な裏切りでも不名誉な身売りでもないとしても、やはりそれは才能の間違った使い道であることは確かだろう。あなたは進歩というが、それはやがては映画を文学の付属物にすぎないものとすることで映画を衰退させるにちがいない。演劇は演劇に、文学は文学に任せて、映画には映画にしかないものを与えてやるべきなのだ」。

　こうした究極的な反論は理屈としては成り立つだろう。ただし、成長のただなかにある芸術に関して考慮に入れるべき、歴史的相対性を無視していなければの話だが。そもそも、質に差がないのなら、オリジナルの脚本のほうが脚色より好ましいのは確かだ。それに反駁する者はだれもいるまい。チャーリー・チャップリンが「映画界のモリエール」だとしても、私たちは『殺人狂時代』〔チャップリン監督、一九四七年〕を犠牲にしてまで『人間嫌い』〔モリエールの戯曲、一六六六年〕を撮ってほしいとは思わない。だから、『陽は昇る』や『ゲームの規則』、『我等の生涯の最良の年』のような作品をできるだけ頻繁に見られることを願おうではないか。しかしそれはプラトニックな願い、机上の空論であって、映画の進歩とは無縁の考え方である。映画が文学（さらには絵画やジャーナリズム）を援用するケースが増えてきているのはひとつの事実であり、私たちはその事実を認めたうえでそれを理解しようと試みるほかはない。なぜなら、おそらくその傾向は私たちにはどうにもできないからである。こういう状況にあっては、事実が権利と化すわけではないとしても、少なくとも批評家には寛大な姿勢が求められる。ここでもまた私たちは、他の芸術との類推、とりわけ個人主義的実践という方向で進歩した結果、消費者からほとんど独立したものとなったたぐいの芸術との類推《アナロジー》に欺かれないようにしなければならない。ロートレアモンやゴッホには、同時代に理解されず、知られることもなしに創作することが可能だった。映画は即座に最小限の(しかもその最小限とは膨大な数である)観客に支えられるのでなければ存在しえない。映画監督が大衆の趣味に敢然と挑むようなときでも、その大胆さが意味をもつのは、自分が何を好むべきか、そして将来何を好むようになるかについて、観客のほうが思い違いしていたと認められる場合に限られている。同時代の芸術で唯一比較が可能なのは建築だろう。なぜなら一軒の家は人が住めなければ意味がないからだ。映画もまた、機能的な芸術なのである。別の座標軸に置き直すなら、映画に関して、実存は本質に先立つ〔サルトル『実存主義はヒューマニズムである』(一九四六年)の中の有名な言葉〕といわなければなるまい。批評家は映画の実存〔実際のあり方〕から出発すべきなのだ――それに大胆きわまる拡大解釈を加えようとする場合でも。歴史においてと同様に、そして歴史の場合と同じ留保も必要ながら、映画においてもまた、変化を認めることは現実の枠を超えることであり、すでにしてひとつの価値判断を含む。トーキーの誕生時にトーキーを呪った批評家たちはそのことを認めようとしなかった。だがすでにそのとき、トーキーはサイレント芸術に対し、それに取って代わるという比類のない優越性を示していたのだった。

たとえこうした批評上のプラグマティズムが、読者にとって十分根拠のあるものと思えないとしても、少なくともそれが映画の進化のあらゆるしるしを前にしての方法論上の謙虚さ、および慎重さを正当化するものであることは認めてもらえるだろう。その点を踏まえたうえで、以下にいくつか説明を試み、本論をしめくくることとしたい。

通常、真の映画——独自の主題と言語を築きえたがゆえに、演劇や文学には何も負っていないとみなされる映画——の模範として挙げられる傑作とは、おそらく、素晴らしい作品とはいえ、模倣することの不可能な作品ではないだろうか。ソヴィエト映画からは『戦艦ポチョムキン』に匹敵する作品、ハリウッド映画からは『サンライズ』や『ハレルヤ』、『暗黒街の顔役』や『或る夜の出来事』に匹敵する、あるいは『駅馬車』に匹敵する作品さえ、もはや現れてこないとしても、それは新世代の監督たちがその前の世代に劣るからでは毛頭ない。そもそも、監督がそれほど世代交代したわけでもないのである。私たちの見るところ、それは映画製作の経済的ないし政治的要素が彼らのインスピレーションを枯渇させているということですらない。むしろはるかに、天才や才能とは相対的現象であって、歴史的状況との関連においてしか成長しないということなのである。ヴォルテールが演劇で失敗したことを、彼には悲劇の才がなかったのだと説明するのはあまりに安易である。彼の時代が悲劇に適していなかったのだ。ヴォルテールの時代になおラシーヌの悲劇を延命させようとするのは的外れな企てでしかなく、物事の性質に反している。『フェードル』〔ラシーヌの代表的悲劇、一六七七年〕の作者が一七四〇年にはどんな作品を書いただろうと想像してもまったく意味がない。なぜなら私たちがラシーヌと呼んでいるのはその名前に対応する一人の男ではなく、「フェードル＝を書いた＝詩人」のことなのだから。『フェードル』なきラシーヌは無名の、架空の人物にすぎない。同様に映画においても、今日、偉大な喜劇映画の伝統を受け継ぐマック・セネットのような監督がもはやいないといって嘆くのは空しい。マック・セネットの才能とは、ドタバタ喜劇が可能であった時代にドタバタ喜劇を作った点にあった。しかもマック・セネットの会社が作る作品は、監督が亡くなるよりも先に実質的に終わってしまっていたのだが、一方その弟子たちはなお生存している。それは例えばハロルド・ロイドやバスター・キートンだが、十五年来、彼らがたまに出演するたびに、かつての精彩を失い尽くした姿に辛い思いをさせられるばかりである。唯一チャップリンのみが、彼の天才が真に例外的なものだったがゆえに、映画の歴史の三分の一世紀を渡ってくることができたのだ。だがそのあいだに彼はどれほどの転変を経たことか。いかにそのインスピレーションやスタイル、そしてその人物像まで一新させてきたことか。映画を特徴づける美学的時間が不思議なほど加速してきたことをまざまざと感じる。作家であれば、その内容および形態において、半世紀のあいだ同じことを反復することができる。映画監督の才能は、映画という芸術とともに進歩していくのでなければ、せいぜい五年か十年ほどしかもたない。だからこそ——天才とはただの才能よりも柔軟性に欠け無自覚なものであるがゆえに——映画の場合、天才たちはしばしば途方もない挫折に見舞われるのである。シュトロハイムしかり、アベル・ガンスしかり、プドフキン〔一八九三—一九五三年。ソヴィエトの映画監督〕しかりである。

こうした、芸術家とその芸術のあいだの深い対立——それが天才を突如老いさせ、もはや何の役にも立たない偏執と誇大妄想の塊のような存在にしてしまう——の理由はさまざまであり、ここでそれらを逐一分析することはしない。私たちの論旨に直接関わる一点のみを取り上げてみたい。

一九三八年頃まで、映画(白黒)は絶えざる前進を続けていた。まず技術的進歩(人工的照明、パンクロマティック乳剤、移動撮影、録音)があり、その結果としてもたらされた表現方法の充実があった(クローズアップ、モンタージュ、並行モンタージュ、加速モンタージュ、省略法、再フレーミング〔ズームレンズを用いた撮影〕等)。映画言語のこうした急速な進歩と並行し、緊密に連関したかたちで、映画監督は独自の主題を発見し、それを新たな技術によって具体化した。「これこそ映画だ」とはこうした、芸術としての映画の最初の三十年間を支配した現象を指し示す言葉にほかならない。つまり新しい技術と斬新なメッセージの見事な一致である。この現象はさまざまな形態を取った。スター、叙事詩やコメディア・デラルテの再評価、再生などである。しかしそれは技術的進歩に深く依存していたのであり、新たな主題に道を開いたのは表現方法の新しさだった。三十年にわたって、映画技術の歴史(広い意味での)は事実上、脚本の歴史と混じり合っていた。偉大な映画監督たちは第一に形式の創造者たちであり、いうなれば修辞家たちであった。それは彼らが芸術至上主義を奉じていたことを意味するのではいささかもなく、単に、形式と内容の弁証法において、当時は形式のほうが決定力をもっていたことを意味しているのである——透視図法や油絵具が美術の世界を一変させたのと同じように。

十年ないし十五年の幅をおいて考えてみれば明らかなのは、映画芸術の特性だったものが明らかな老化のしるしを示しているということである。ドタバタ喜劇のような、メジャーなはずのジャンルがたちまち滅びていったことはすでに指摘したが、もっとも特徴的な例はおそらくスター現象である。大衆の人気を保ち続ける俳優もいるが、しかしその人気はルドルフ・ヴァレンチノ〔一八九五—一九二六年。イタリア生まれのアメリカの映画俳優〕やグレタ・ガルボ〔一九〇五—一九九〇年。スウェーデン生まれのアメリカの映画女優〕

のような俳優たちを輝かしい偶像としたかつての神聖なる社会学的現象とは比べるべくもない。

かくして一切は、技術に期待できる要素を映画の主題群が使い果たしてしまったかのようなのである。観客を感動させるためには、もはや加速モンタージュを発明したり映像のスタイルを変えたりするだけでは十分ではない。映画はいつしか脚本の時代に入ったのだ。つまり、内容と形式の関係が逆転した時代である。ただし形式がどうでもよくなったわけでは毛頭ないが――反対に、おそらく形式が素材によってこれほど厳密に決定され、これほど必要性を増し、繊細なものになったことはかつてない――、そうした技術すべてが主題を前にして自らを消し、透明になろうとしているのだ。私たちは今日、主題をそれ自体として評価するようになり、同時に主題に対する要求の度合いをいよいよ高めている。川床をすっかり掘ってしまい、海に至るまで岸辺から砂粒ひとつ奪い去る力もなくしてしまった河川のように、映画はその平衡面に達した。第七芸術の名に値するために「映画らしい映画」を作るだけでよかった時代は過ぎ去った。カラー映像や立体映像がしばし形式に優位を取り戻させ、新たな美学的浸食のサイクルを作り出すまでは、映画にはもはや領野を広げることはできない。残されているのは岸辺を潤すことであり、これまでかくも素早く峡谷をうがってきた諸芸術のあいだに分け入りつつ、河床を巧みに掘り下げ、地下にまで浸透して、目に見えない洞窟をうがつことである。おそらくは再湧出のときが、つまり小説や演劇からふたたび独立した映画の時代が訪れるだろう。だがひょっとしたらそれは小説が直接、フィルムに記されるようになるためかもしれない。芸術史の弁証法に従って、自らが望ましい、しかし不確かな自律性を取り戻すのを待ちながら、映画は幾世紀にもわたって沿岸の諸芸術により蓄積されてきた、洗練された主題の素晴らしい富を同化吸収してきた。映画がそうした富を我がものとするのは、それが必要だからであり、また私たちが映画をとおしてその富を再発見したいという願望を抱いているからである。

そうしながらも、映画は諸芸術に取って代わるわけではまったくない。撮影された演劇が成功を収めるならば、それは演劇のためになる。小説の映画化が文学のためになるのと同じである。『ハムレット』の映画化はシェイクスピアの観客を増やすのみであり、少なくとも観客の一部は舞台でじかにせりふを聞きたいと思うことだろう。ブレッソン版の『田舎司祭の日記』はベルナノスの読者を十倍に増やした。実際、そこにあるのは競争や交代ではなく、ルネッサンス以来芸術が少しずつ失ってきた次元、つまり公衆という次元の新たな獲得なのである。

だれに不満などあるだろうか？

（1）『映画、世界に向けて開かれた眼』ローザンヌ、ギルド・ド・リーヴル社からの抜粋（同書に収められた論文「不純な映画のために」の短縮版）。

〔1〕ドニ・ディドロ原作『運命論者ジャックとその主人』の一挿話、ロベール・ブレッソン監督、脚色、ジャン・コクトーせりふ、一九四五年。

〔2〕レーモン・ラディゲ原作、クロード・オータン＝ララ監督、ジャン・オーランシュ、ピエール・ボスト脚色、せりふ、一九四七年。

〔3〕一九〇〇―一九六〇年。フランスの小説家。作品にジャック・ベッケル監督によって映画化された『赤い手のグッピー』など。

〔4〕第二次大戦後フランスで人気を博した、アメリカのハードボイルド探偵小説の翻訳を中心とするミステリ叢書。

〔5〕ルイ・フイヤード監督による連作。一九一三―一九一四年。原作はスーヴェストルとアランの小説シリーズ。

〔6〕古代ローマ人が現在のフランスに住む部族の人々を指した呼称。フランス人の祖先とされる。

〔7〕客観的に観察可能な行動を中心にして人間のふるまいを研究しようとする心理学の立場。

〔8〕クロード＝エドモンド・マニーが映画と文学の関係を論じた評論『アメリカ小説時代』（一九四八年）への暗示。

〔9〕ウィリアム・K・ハワード監督、一九三三年。英語題は『権力と栄光』だが、グレアム・グリーンの同名小説とは無関係。複雑な時間構成によって『市民ケーン』の先駆とされる。
〔10〕同誌一九四六年十二月号所収の「失われた時を求める映画——現代映画におけるプルーストの影響」。
〔11〕「コリントの使徒への手紙　二」、3・6「文字は殺しますが、霊は生かします」への暗示。

9 『田舎司祭の日記』と ロベール・ブレッソンの文体論(1)

『田舎司祭の日記(1)』が明らかな傑作として立ち現れ、「批評家」と多くの素朴な観客とを同じように感動させるのは、この作品が感性に、それもおそらくは純粋に精神的な次元にまで高められた感性に訴えるからであり、結局のところ知性よりも心に響くからである。『ブーローニュの森の貴婦人たち』がつまずいたのは、それとは反対の道順をたどったためだ。映画に込められた知性を分析するというと大げさだが、少なくともその知性を理解しゲームの規則を把握しないことには、『ブーローニュの森の貴婦人たち』が私たちを感動させることはないだろう。しかし、『田舎司祭の日記』がまぎれもない成功作であることは直ちに感じられるとしても、その成功を正当化し支えている美学的体系は、トーキー映画がこれまで示してきた例の中でも、もっとも逆説的なだけでなくもっとも複雑なものだといえる。ブレッソンの美学を理解するには至っていないながも作品自体には好意的な批評家たちが、「信じがたい」とか「逆説的だ」とか、「前例がなく、今後もまねることのできない傑作だ」と口々に述べて、結局は解説を諦め、天才の神業という逃げ口上に終始しているのはそのためだ。また、ブレッソンと美的感覚を共有し、初めからブレッソンの支持者に数えられている批評家たちのあいだからは、ひどく落胆したという声が聞かれたが、それは彼らがブレッソンに他の種類の大胆な試みを期待していたからに違いない。当惑し、ないものねだりをして苛立ちながら、これまであまりにブレッソンに心酔してきたために、すぐには見方を変えることもできなければ、ブレッソンのスタイルにこだわるあまり、感動に身をゆだねるだけの知的な素直さを取り戻すこともできずに、結局は作品を理解することも称賛することもできなかったのである。つまり、『田舎司祭の日記』への評価は大きくふたつに分かれていて、この作品を理解するには及ばないながらも、だからこそいっそう作品を気に入ったという人たちと（当人たちはその理由がわかっていないのだが）、別の試みを期待していたために、作品を気に入ることも十分に理解することもできなかった「幸福な少数者《ハッピー・フュー》たち」がいる。そしてさらに、アルベール・ベガン〔一六一ページ参照〕やフランソワ・モーリヤック〔一八八五―一九七〇年。フランスの作家〕など映画の「門外漢」ともいえる「純粋な文学者」たちがいるのだが、彼らこそが、一本の映画作品をこれほど気に入っていることに自分でも驚きながらも、偏見を捨て、まっさらな気持ちでブレッソンの真意を見きわめることができたのだった。

こうした混乱を招くべく、ブレッソン自身があらゆる手を打っていたということをまずはいっておかなければならない。映画化に取りかかった最初から彼は忠実さに徹すると宣言し、原作を一文たりと揺るがせにするつもりはないと述べており、人々の関心もずいぶん前からその点に集まっていた。そしてできあがった映画はまさにそうした態度を証し立てるものだった。オーランシュとボストが〔2〕、スクリーン上での視覚的効果やドラマの新たなバランスに配慮したのとは対照的に、ブレッソンは、たとえば『肉体の悪魔』の主人公の両親のような付随的な登場人物の扱いを増すことなくむしろ減らしている。彼は本質的な部分のまわりの枝葉を切り落とし、そうすることで忠実さの印象を与えるのだ。それはいわば、たとえ原文を犠牲にするときにも細部にまで至る尊敬の念を忘れず、あらかじめ悔恨の念を抱きつつ犠牲にしているという印象なのである。原作の文章を簡潔にすることはあっても何であれ付け足すことは決してない。ベルナノス自身が脚本を担当していたらブレッソンよりも自由に原作に手を加えたのではないかと思えるほどだ。ベルナノスは映画化を試みる人物に、映画の必要に合わせて原作を用い、「新たに物語を夢見る」権利をはっきり認めていたからである。

ただし、原作者よりも原作に忠実だったことで私たちがブレッソンを称賛するのは、ブレッソンの「忠実さ」が創造的自由のもっともひめやかで洞察に富む形態になっているからである。実際のところ、置き換えなしの脚色がありえないことは明らかであり、ベルナノスの意見は美学的にいって正論そのものである。忠実な翻訳とは逐語訳のことではない。オーランシュとボストが『肉体の悪魔』の原作に加えた変更のほとんどは、当然彼らにその権利ありと認めうるものだった。同じ登場人物であっても、カメラを通して見られたのと、小説家によって描かれたのとでは別人である。ポール・ヴァレリー〔一八七一―一九四五年。フランスの詩人、作家〕が小説を批判したのは、小説では「侯爵夫人は午後五時に紅茶を飲んだ」と書かねばならないという理由からだった。映画監督はさらに侯爵夫人の姿まで描かねばならないのだから、小説家も映画監督には同情するかもしれない。たとえば、レーモン・ラディゲの小説では端役にすぎなかった主人公の両親が、スクリーンの上ではあのように重要な役を担っているのもそのためである。映画化にあたる者には、登場人物への配慮、人物を目に見える姿で登場させることで出来事の構成に生じる変化への配慮が求められるだけでなく、原文そのものへの十分な配慮も求められる。小説家が語っていることを目に見えるように示すと同時に、それ以外の部分は――小説中の会話に至るまで――せりふに置き換えなければならない。実際、小

『田舎司祭の日記』(ジャン・リヴェール〔左〕，クロード・レデュ〔右〕)．ベルナノスは「伯爵がしとめた三，四羽のウサギは，獲物袋の底で，見るもおそろしい血糊と灰色の毛の塊となっていた」と書いている．ブレッソンの映画は「文学的」であり，小説のほうがイメージに満ちている．

説に書かれている会話をそのまま用いても意味が同じに保たれるということはほとんどなく、俳優が書かれているとおりに会話文を読み上げたとしても、その効果や意義は変わってしまうものなのだ。

そしてそれこそが、『田舎司祭の日記』のテクストに対する忠実さによって生み出された逆説的な効果にほかならない。小説の読者にとっては、登場人物は具体的な存在であり、彼らについてアンブリクールの司祭がわずかしか言及していないからといって、彼らの存在や彼らについて得られる知識に不満や限界を感じることはまったくない。ところがブレッソンは彼らを登場させながらもたえず観客の視線から逃れさせていく。小説家の具体性のある喚起力が、映画では、現れては消えていく映像の簡潔さに置き換えられているのである。ジョルジュ・ベルナノスの小説は元来、絵画のように豊かで具体性があり、強烈なまでに視覚的な喚起に満ちたものだ。たとえば、「伯爵は帰っていく。ここには雨やどりに立ち寄ったということだ。歩くたびに長靴から泥水がにじみ出ていた。彼がしとめた三、四羽のウサギは、獲物袋の底で、見るもおそろしい血糊と灰色の毛の塊となっていた。伯爵はその獲物袋を壁にかけていたのだが、彼が話をしている間、逆立った毛に囲われた、まだ潤いのある優しげな瞳がこちらをじっと見据えているのを、私は袋の細紐の網目越しに眺めていた」というように。どこかで目にしたという気がしないだろうか。記憶をたどるまでもなくジャン・ルノワールの映画にありそうな光景だ。この描写を映画の中の、伯爵が司祭館に二羽のウサギを届けるワンシーンと比較してみていただきたい(このシーンは原作では別の箇所にあたるが、ブレッソンはその箇所を活かして二つの描写を一つに合わせ、最初の描写を二番目の描写のスタイルで映像化したのだと考えられる)。まだ疑問が残るとしたらブレッソン自身の発言が疑問を一蹴してくれるはずだ。劇場公開に際して、最初の編集版の三分の一をカットすることを余儀なくされながらも、ブレッソンは穏やかなシニカルさで、「喜ばしいことだ」と語ったのである(結局のところ、ブレッソンにとって唯一重要な映像とはスクリーンの最終的な純白なのであるが、これについては後述する)。ブレッソンが単純に原作に「忠実」だったとしたらまったく別の映画ができあがっていたに違いない。原作に何も付け加えないというブレッソンの忠実さそれ自体が、実際は省略によって原作を裏切るための巧妙な手口だったともいえる。たとえ原作を簡潔にするだけだとしても、「文学的」な箇所を切り捨て、明らかに映画向きな、映像化されることを待ち望んでいるような多くの箇所を選び取ることもできたはずだ。ところがブレッソンはあくまでその逆をいった。『田舎司祭の日記』の小説と映画では、小説のほうがイメージに満ちており、映画のほうが「文学的」なのである。

ブレッソンによる原作の文章の扱い方はさらに意義深い。たとえばブレッソンは、原作で司祭が記憶をもとに日々の会話を日記に書き残している箇所をせりふ(「映画的な」せりふという必要もなかろう)に置き換えようとはしなかった。そもそもそこには不自然さがある。ベルナノスは司祭が耳にした言葉をそのとおりに記しているとはいささかも保証していないのである——そうでないほうがありうる話ですらある。いずれにせよ、司祭が正確に思い出しているとしても、あるいはブレッソンが記憶の主観的な側面を映像の現在時において記録しようとしているのだとしても、せりふが知性に、あるいはドラマに及ぼす効果は、字を追った場合と実際に音読された場合とでは別物になる。ところがブレッソンは、演技の都合に合わせて原作の会話に多少なりと表情をつけることをしないばかりか、幸運にも原作の文章がせりふとしてのリズムやバランスを立派に備えているときでさえ、俳優がそれを強調しすぎないよう注意している。かくして、ドラマチックな要素をもつ多くの優れた会話が、俳優に課された一本調子のせりふ回しによって押し殺されたのである。

*

『ブーローニュの森の貴婦人たち』はさまざまな点で称賛されたが脚色についてはほとんど評価されなかった。批評家たちによって、この映画は実質的にはオリジナル脚本の作品として扱われ、せりふの稀に見る素晴らしさはすべて、すでにありあまる名声をもつジャン・コクトーの功績とされた。こうした誤解が生じたのは批評家たちが原作の『運命論者ジャックとその主人』を読み直していなかったせいである。原作を読んでいればコクトーによるせりふに原作の大部分がそのまま使われていることがわかっただろうし、少なくともディドロによる原作の一語一語がそこに見え隠れしていることに気がついたはずだ。映画での時代設定が現代に変えられていることから、人々は——それをきちんと確かめてみる必要があるとも考えずに——ブレッソンは筋立てを自由に変更し、物語のシチュエーション、あるいは十八世紀的な調子だけを残したのだと思い込んだ。しかも、ブレッソンが脚色に協力した二、三名の人物を解雇したとあっては、なおさら原作から離れていると思われてもしかたがなかった。しかし、『ブーローニュの森の貴婦人たち』のファンと脚本家志望の人たちには、ブレッソンの意図を念頭に置いたうえで、もう一度映画を見直していただきたいと思う。というのもこの作品の試みの成功に関して、演出スタイルの担った役割——決定的である——はいうまでもないとして、そのスタイルの土台をなしているものに目を向けることも重要だからである。すなわちそれは原作への忠実さと裏切りのあいだの衝突や対位法からなる、驚くほど精緻な働きのことである。たとえば『ブーローニュの森の貴婦人たち』については、常識的判断と無理解の両方が原因となって登場人物の心理と物語の置かれた社会的状況のあいだのずれが批判されてきた。実際ディドロの原作では、復讐の方法やその結果が当時の状況に照らせば納得のいくものとなっていたのである。そしてまた映画では、その復讐が現代の観客には現実味のない抽象的設定として示されていることも確かである。それゆえ映画の擁護者たちが登場人物たちのうちに少しでも社会的な実体を見出そうと頑張ってみても無駄だったのだ。原作となった小話(『運命論者ジャックとその主人』中の「ド・ラ・ポムレー夫人の話」)では、売春や女衒《ぜげん》まがいの振る舞いは当時の社会に照らしてみればまぎれもない事実だった。それに対して映画では、それらが実際のところまったく実体を欠いているためいっそう理解しづらくなっている。心傷ついた女の復讐が不実な恋人をキャバレーの踊り子と結婚させるだけで済んでしまっては話にもならない。登場人物たちの抽象性を演出によって計算された省略の結果として擁護することも難しいだろう。何しろ脚本自体にすでに抽象的なところがある。ブレッソンが自分の登場人物についてこまごまと説明しようとしないのは、説明したくないからというだけでなく、説明しようとしてもできないからであり、それは、ラシーヌが舞台の外にさがった人物の暮らす家の壁紙を描写することなどできなかったのと同じことなのだ。古典劇にはリアリズムによる裏付けなど必要なく、それこそが演劇と映画の違いだといわれるかもしれない。確かにそのとおりだろう。しかし、だからこそブレッソンは、出来事の枝葉を切り落とすことによってだけでなく、現実を現実そのものと対置させることで、自作の抽象性を生み出すのである。ブレッソンは『ブーローニュの森の貴婦人たち』において写実的な小

『ブーローニュの森の貴婦人たち』(マリア・カザレス〔右〕，ポール・ベルナール〔左〕)．ディドロの文章をラシーヌ悲劇のせりふにするには，そこに車のワイパー音を重ねさえすればよかったのだ．

話を別の現実的状況に移し替えるという挑戦をした。その結果ふたつのリアリズムが互いを破壊し合い、人物像の殻から感情が、筋立ての逃げ口上からアクションが、ドラマの安ぴかの外観から悲劇が現れ出たのである。ディドロの文章をラシーヌ的悲劇のせりふにするには、そこに車のワイパー音を重ねさえすればよかったのだ。

確かにブレッソンは、すべての現実を私たちに示してはいない。しかし彼における様式化とは、象徴に頼った抽象化ではなく、映像に正反対の要素をかけ合わせることによる具体と抽象の弁証法である。『ブーローニュの森の貴婦人たち』では、本物の雨や滝の音、割れた陶器の破片がたてる音、敷石を歩む馬の足音などのもつリアリティが、簡略化されたセットや型どおりの衣装と対立するばかりか、せりふの文学的で時代錯誤な調子とも対置されている。それらの要素が劇中に挿入されることの必要性は、劇的なアンチテーゼや装飾のコントラストの必要性とは異なっている。それらの要素はその他の要素と無関係で、完全に「異質」であるからこそそこにある。それはちょうど機械の内部に入り込んで装置の動きを止めてしまう砂粒に似ている。それらの要素が恣意的に選ばれていることが抽象的に思えるとしても、それは完全に具体的なものによる抽象なのである。その抽象性はまるでダイヤモンド粒子のように映像に傷をつけ、映像の透明さを告発する。つまりそれは純粋状態における不純さなのだ。

こうした演出の弁証法の運動は、一見したところ完全に様式化されていると思える箇所にも見られる。たとえば「貴婦人たち」が住んでいるアパルトマンにはほとんど家具がないが、計算されたかのような飾り気のなさにも具体的な理由が用意されている。絵画が売られ額縁だけが残っている。それらの額縁は疑問の余地のない現実的ディテールとなる。新しいアパルトマンの抽象的なまでの白さは舞台芸術の表現主義の幾何学とは何の関係もない。壁が塗り直され乾ききらないペンキの匂いがまだ残っているからこそアパルトマンは白いのである。エスカレーター、管理人室の電話、あるいは音であれば、アニェスが平手打ちされた後の人々のどよめき——そこでいわれているせりふ自体はまったくありきたりでありながら、声の響きは驚くほど的確だ——についても同じことがいえるだろう。

『田舎司祭の日記』について述べながらこうして『ブーローニュの森の貴婦人たち』を引き合いに出しているのは、両者の脚色のメカニズムの根底にある類似を強調するのも無駄ではないからだ。ふたつの作品は明らかに違うものだし、ディドロに対してブレッソンは比較的自由な態度をとっているために、その類似は見過ごされかねない。実際、『ブーローニュの森の貴婦人たち』と比べて『田舎司祭の日記』のスタイルはより体系的に洗練されており耐えがたいほどの緊迫感がある。そのスタイルは『ブーローニュの森の貴婦人たち』とはまったく異なった技術的条件のもとで展開されている。しかし、これから見ていくように、両者の試みはその根底において同質であるといえる。どちらの場合でも重視されているのは、表現主義に頼ることなく、一見したところ映画の力を否定しているように見えながらも実際は、映画の力を刷新する文学とリアリズムの相互作用をとおして、物語やドラマの本質に達すること、厳密きわまりない美的抽象性に到達することである。ブレッソンの原作への忠実さとは、自由を鎖で飾るための口実にほかならない。ブレッソンが原文を尊重するのは、それが無益な自由よりも創作に役立つからであり、甘美な制約であるという以上に、スタイル創造のための弁証法的契機になるからなのだ。

*

それゆえ、原文に忠実に従いながらも演出スタイルによってその裏をかいているという逆説を理由にしてブレッソンを批判することには意味がない。ブレッソンはまさにその矛盾から独自の効果を引き出しているからである。たとえばアンリ・アジェル〔一九一一—二〇〇八年。フランスの映画研究家〕は「ブレッソンの映画は、ユゴーの文章がネルヴァル〔一八〇八—一八五五年。フランスの詩人、小説家〕の文体で書き直されたような、想像を超えた代物だ」と書いた。しかしながら私たちは反対に、そうしたありえない組み合わせから生まれる詩的な効果を想像し、マラルメ〔一八四二—一八九八年。フランスの詩人〕によるポーの翻訳のように、異なる言語への翻訳というだけなく、あるスタイルと素材から他の芸術家のスタイル、他の芸術の素材への翻訳によって生じる見たこともない輝きを想像することもできるのではないか？

『田舎司祭の日記』の中であまり出来が良くないように見える箇所についても、さらに細かく検討していきたい。あらゆる欠点をも含めて無理やりブレッソンを称賛しようというのではない。稀にではあるがブレッソンらしからぬ部分もある。だが確かなのは、そういった欠点のどれひとつとしてブレッソンのスタイルと無関係なものはないということである。つまり、それらはすべて、最終的な洗練に至る途上での不手際なのだ。ブレッソンがそうした部分にも満足しているのは、彼が正当にもそこにより深遠な成功を約束する何かをはっきりと見出しているからにほかならない。

演技についても同様で、司祭役のクロード・レデュ〔一九二七年生まれ。ベルギー出身の俳優、作家〕の演技と少女シャンタル役のニコル・ラドミラル〔一九三〇—一九五八年。フランスの女優〕の一部の演技を除けば、全般的に評判は良くない。だが、作品そのものを評価する者にとってはそれは小さな欠点でしかない。『罪の天使たち』〔一九四三年〕や『ブーローニュの森の貴婦人たち』であれほど徹底して俳優の演技指導をしたブレッソンが、どうして『田舎司祭の日記』では、自分の叔母や家の公証人にせりふを教え込もうとする十六ミリ映画の初心者のような不手際を犯したように見えるのか、説明する必要があるだろう。マリア・カザレス〔3〕にその強力な個性を抑えた演技をさせる方が従順な素人俳

『罪の天使たち』でのロベール・ブレッソンは演技指導の達人だった．修道院長を演じたシルヴィ〔左〕や修道志願者アンヌ＝マリーを演じたルネ・フォール〔中央〕を思い出していただきたい．

優に演技をつけるより簡単だったとでもいうのだろうか？　確かに『田舎司祭の日記』のいくつかのシーンは演技に難がある。だが驚くべきことに、それらの場面は他の場面と同じように私たちの心を打つのである。つまり『田舎司祭の日記』は従来の演技の枠組みから完全にはずれた作品なのだ。とはいえ、出演者のほぼ全員が素人か新人であることの意味を誤解してはならない。『田舎司祭の日記』は『自転車泥棒』〔ヴィットリオ・デ・シーカ監督、一九四八年〕からも『楽屋口』〔マルク・アレグレ監督、一九三八年〕からも離れた作品であり、唯一比較できるのはカール・ドライヤーの『裁かるるジャンヌ』であろう。『田舎司祭の日記』では、俳優はせりふに合わせて演技することも――そもそもせりふの文学的な言い回しが演技を不可能にしているのだが――、せりふを体で表現することも求められず、ただせりふをいうことだけが求められたのだ。だからこそ、画面外から聞こえてくる「オフ」の言葉〔『田舎司祭の日記』では全篇に原作を読み上げるナレーションが流れる〕と登場人物が実際に口にするせりふがあれほど自然につながっているのである。スタイルをとってもトーンをとっても、両者のあいだに本質的な違いは一切ない。こうした演出法は俳優による演劇的な表現と対立するだけでなく、あらゆる心理的な表現の豊かさとも対立する。私たちが俳優の顔から読み取るべきなのはせりふの瞬間的な反映ではなく、存在の不変性であり、精神的な運命にかぶせられた仮面なのだ。この作品の「演技に難がある」としても、表情については絶対的な必然性が感じられるのはそのためである。その点で、『田舎司祭の日記』のもっとも特徴的な映像は告解室でシャンタルをとらえた映像だといえよう。黒い服を着て薄暗がりにしりぞいたニコル・ラドミラルは灰色の仮面のような顔だけを覗かせており、その顔は闇と光のはざまで、蠟に型押しされた印影のように輪郭がぼやけている。ドライヤーと同じように、ブレッソンは俳優の顔のもっとも肉感的な側面に固執するのだが、顔は演技を放棄することによって存在の特権的な痕跡となり、魂のもっとも読み取りやすい形跡となっている。顔のあらゆる部分にしるしとしての威厳がある。俳優の顔は、心理学ではなく実存の観相学へと私たちを誘う。演技の重々しさ、しぐさの緩慢さや曖昧さ、動作の執拗な繰り返し、記憶に残る夢幻的なゆっくりとした動作の印象はすべてそこから導き出されている。この映画の登場人物には他者との関係で何かが起きることはない。彼らは自らの存在自体にべったりと張り付いており、恩寵に逆らってそこに留まり続けるか、あるいは恩寵の光のもとで罪深い肉体からネッソスのチュニカを剝ぎ取るしかないのだ[4]。彼らは変化することがなく、内面の葛藤や天使との戦いの経過が外面にはっきりと現れることもない。私たちが彼らの外面に見るのはむしろ痛ましいまでの精神の集中であり、分娩や脱皮の際の脈絡のない痙攣なのだ。無駄な表現をそぎ落とす《デプイエ》といわれるが、ブレッソンは文字どおり登場人物の表皮を剝ぎ取って《デプイエ》いるのである。

　心理分析の対極にある『田舎司祭の日記』は、必然的にいかなるドラマの枠組みとも無縁となっている。出来事はそうなってほしいという観客の気持ちにこたえるかたちでは起こらない。連続しているように見える出来事は偶然性の中の必然であり、自由な行為やめぐり合わせの連鎖にすぎない。それぞれの瞬間やショットにはそれぞれの運命と自由があれば十分なのだ。すべての出来事は同じ方向を指しているかもしれないが、ヤスリくずが磁石に引きつけられているのと同じで、それらは互いにばらばらなのである。悲劇という語を用いたくなるが、ただしそれは通常の悲劇とは逆の意味においてである。なぜなら『田舎司祭の日記』は、あくまで自由意志による悲劇でしかありえないからだ。ベルナノス＝ブレッソンの世界の超越性はギリシア悲劇の宿命の超越性ではないし、ラシーヌ悲劇の情念の超越性とも異なる。それはカトリック的な恩寵の超越性なのであり、ひとりひとりがそれを拒むこともできるのだ。にもかかわらず、伝統的な作劇法《ドラマツルギー》と同じように、出来事に一貫性があり、登場人物の因果律が守られているように見えるとすれば、それはこの映画が預言の秩序に従っているためである（あるいは、キルケゴール的反復の秩序といってもよいかもしれない）。ただしそれは、因果関係と類推が異なったものであるのと同様に、運命論とは異なった預言の秩序なのである。

『田舎司祭の日記』の展開を支える真の構造は悲劇の構造ではなく、「受難劇」の構造であり、より詳しくいえば「十字架の道行き」の構造である。それぞれのシークエンスは「十字架の道行き」の行程に対応している。そのことの鍵が私たちに示されるのは、二人の司祭が小屋の中で会話し、主人公であるアンブリクールの司祭が「オリーヴ山の祈り」〔キリストは磔刑に処せられる前にオリーヴ山のゲッセマネの園で最後の祈りを捧げた〕に対して心を惹かれていることを明かす場面である。「今日、主の恩寵をえて、老いた師の言葉を通じて啓示を授かっただけで十分ではないだろうか。私のために選ばれた永遠の地から私を引き離すものは何もなく、私はイエスの聖なる苦悶の内にある」。こうして司祭にとって死は苦悶の必然的結末ではなく、苦悶の終わり、解放となる。この場面から先では、司祭の苦しみと祈りがいかに神の導きや魂の律動にこたえるものとなっているかがはっきりとわかるだろう。司祭の苦しみと祈りはイエスの死に至る苦悶を表しているのである。

映画の終盤にかけて司祭とイエスの類似がさらに増していくという事実を指摘しておくのも無駄ではないだろう。ともするとそれらの類似は見過ごされかねないからである。司祭が夜中に二度気を失ったこと、泥土に倒れ込んだこと、ぶどう酒と血を嘔吐したことは、見事なメタファーによって受難劇における「倒れるイエス」、「受難の血」、「ぶどう酒の酢をしみ込ませた海綿」、「吐きかけられた唾の汚れ」とひとつになっている。セラフィタの手ぬぐいは「ヴェロニカのヴェール」〔5〕であり、屋根裏部屋での死はちっぽけなゴルゴタの丘であり、そこには善き泥棒や悪しき泥棒も欠けてはいない〔6〕。とはいえそうした類似関係はすぐさま忘れてしまうことにしよう。類似という型にはめてしまっては元も子もなくなってしまいかねないからだ。類似が指摘できる物事の美的価値が神学的価値に由来しているとしても、どちらの価値も解釈を拒むのである。ベルナノスと同じように、ブレッソンは象徴による暗示を避けており、福音書に依拠していることが明らかな場面であっても福音書との類似を示すためにあるわけではない。そこには固有の意味、それぞれの状況と結びついた偶発的な意味が備わっている。キリストとの類似は類推をさらに進めていった上での二次的な類似というべきものだ。アンブリクールの司祭の生涯はキリストの生涯というモデルを模倣しているのではいささかもなく、それを反復し表現しているのである。人はだれしもみな十字架を背負っており、ひとつとして同じ十字架はない。しかし、すべての十字架はキリストの受難の十字架であり、熱にうなされる司祭の額に浮かぶ汗はキリストの血なのだ。

こうして、おそらくは映画史上初めて、真の出来事や感知しうる外面の動きがことごとく内面の生のみからなるような映画がもたらされたというだけではなく、それ以上に、新しいドラマツルギー、とりわけ宗教的さらには神学的なドラマツルギーが示された。すなわちそれは救済と恩寵の現象学である。

＊

心理描写と劇的な要素をこうして減らしていく試みの中で、ブレッソンが二種類の純粋な現実を弁証法的に突き合わせていることについても述べておきたい。すでに指摘したように、一方にはあらゆる表現上の象徴を取り除かれた俳優の顔がある。それは表皮そのものとしてありのままの自然に囲まれている。他方には「書かれた現実」と呼ぶべきものがある。というのも、ベルナノスの原作に対するブレッソンの忠実さ、つまり脚色を拒否するだけでなく、逆説的なやり方で原作の文学的な性格を強調しようとする姿勢は、結局のところ人物や背景に対する彼の態度と同じだからである。ブレッソンは登場人物を扱うのと同じように小説を扱う。ブレッソンにとって小説は生《き》のままの事実であり、与えられた現実であって、状況に合わせて書き換えたり前後のつじつまを合わせるために手を加えたりするべきでなく、反対にありのままの姿で認めるべきものなのだ。ブレッソンは原作の文章を削ることはあっても、決して要約することはない。なぜなら一部を削っても元どおりの小説の断片が残るからだ。大理石の塊がもともと石切り場から切り出されてきたように、映画の中で読み上げられる言葉は小説の一部であり続けている。意図的に強調されたせりふの文学的な調子は、リアリズムの対極にある芸術的な様式化によるものだと思われるかもしれない。だがここでは「現実」は、倫理的とも理知的ともいえるテクストの記述内容ではなく、テクストそれ自体、より正確にはその文体なのである。そして文体というこの原作に備わった深い現実は、カメラが直接とらえる現実と噛み合うこともなければ、補い合うことも混じり合うこともない。むしろ二種類の現実が接近することで両者の本質的な異質さが際立つことになる。それゆえに、それぞれの現実は別々の方法とスタイルで別々のパートを演奏するのである。「真実らしさ」を追求するのであればひとつに混ぜ合わせがちな複数の要素をこうしてあくまで分

「田舎司祭の日記」を書くクロード・レデュ．人物の唇からは発せられ得ないその言葉，それは魂の言葉であるに違いない．

離させたからこそ、ブレッソンは偶発的な要素をこれほどまで排除することができたのだ。スクリーン上で競合し、対立する二種類の現実の存在論的不一致が明らかにしているのは、両者に共通する唯一の尺度、すなわち魂の存在である。二種類の現実が互いに同一の事柄を述べながらも、それぞれの表現や内容、スタイルに違いがあり、演技と原作の関係、言葉と表情の関係がある種の冷静さによって制御されている。それこそが二種類の現実が奥深いところで補い合っていることの何よりの証拠である。人物の唇からは発せられ得ないその言葉、それは魂の言葉であるに違いない。

おそらく、どんなフランス映画(あるいは、文学作品というべきだろうか)を探してみても、『田舎司祭の日記』での司祭と伯爵夫人によるメダイヨン[7]の場面ほど美しい瞬間は多くは見つからないだろう。だがそのシーンの美しさは、俳優の演技やせりふのもつドラマチックで心理的な価値、そこに内在する意味によるものではない。霊感を吹き込まれた司祭と伯爵夫人の絶望した魂との闘いを際立たせる熱のこもった対話は、本質的に言葉では表現できないものだ。両者の魂のつばぜり合いのゆくえを決定づける一突きを私たちはとらえることができない。せりふは恩寵の焼けるような一撃があったことをうかがわせるか、あるいはそれを予告するのみである。したがってそこには回心劇のレトリックに属する言葉はひとつもない。確かに、司祭と伯爵夫人の対話の耐えがたいほどの厳めしさ、緊張感の高まり、そして最後に訪れる平安ゆえに、私たちには超自然的な精神の嵐の特権的な目撃者になったという確信が残る。しかし発せられたせりふは死んだ時間にすぎず、魂と魂が交わした真の対話そのものである沈黙のこだま、彼らの秘密への暗示にすぎない。あえていうなら、それは「神の顔」の裏面でしかないのである〔8〕。また、その後の場面で司祭が伯爵夫人からの手紙を公けにすることで自己を弁護しようとしなかったのは、ただ単に謙遜や、犠牲の精神からではない。明白な証拠などというものは司祭を守るのにふさわしくないだけでなく、司祭の足を引っ張るほどの価値もないからである。そもそも伯爵夫人の証言は、その本質においてシャンタルの証言以上に信用がおけるわけではないし、かといって神の証言を請うことはだれにもできないのだ。

＊

ブレッソンの演出法を正しく評価するには、何より、その美学的な意図を踏まえなくてはならない。以上の解説がいかに不手際なものだったとしても、いまや私たちは彼の作品のもっとも驚くべき逆説をよりよく理解することができるのではないだろうか。確かに、テクストと映像を最初に対峙させた功績は『海の沈黙』〔一九四七年〕のジャン＝ピエール・メルヴィル〔一九一七—一九七三年。フランスの映画監督〕に帰する。『海の沈黙』においても、原作への字句どおりの忠実さが映画作りの動機となっていたことは注目に値する。ただしヴェルコール[9]による原作の構成自体がそもそも例外的なものだった。それに対して『田舎司祭の日記』のブレッソンは、メルヴィルの試みを確認し、その正当性を明らかにしたばかりでなく、さらにそれを極限にまで推し進めたのである。

『田舎司祭の日記』はサイレント映画で字幕を読み上げているような作品だというべきだろうか? すでに述べたように、『田舎司祭の日記』において、言葉は現実の構成要素として映像に組み込まれているわけではない。登場人物が実際に言葉を声に出している場合でさえオペラのレチタティーヴォのように味気ないものとなっている。一見して『田舎司祭の日記』は、一方では小説の(縮減された)テクストによって構成され、他方では映像によって描かれているわけだが、映像がテクストに取って代わろうとすることは決してない。言葉でいわれていることのすべてが映像で示されるわけではないが、映像で示されるものはすべて言葉によっても言及されているのだ。極論すれば、良識ある批評家が、ブレッソンはベルナノスの小説をラジオ劇と無音の映像によって置き換えているだけだ、と批判することも考えられる。映画芸術としては後退しているようにも思えるこうした手法から出発して、いまや私たちはブレッソンの独創性と大胆さを十分に理解しなければならない。

まず、仮にブレッソンがサイレント映画に「回帰」し、クローズアップを多用しているとしても、それはサイレント映画の弱みである演劇的な表現主義とふたたび手を結ぶためではなく、シュトロハイムやドライヤーが理解していたような人間の顔の迫力を改めて見出すためである。トーキーがサイレントと本質的に対立する価値がひとつだけあったとすれば、それは巧妙なモンタージュによる表現や演技の表現主義的傾向といったサイレント映画の不自由から生じた特徴である。だがもちろん、すべてのサイレント映画がそうした方向をめざしていたわけではない。無声へのノスタルジアは視覚的な象徴表現を生み出す格好の契機となることもあれば、いわゆるイメージの優越性と映画の真の使命である対象の優越性を不当にも取り違えてしまうこともある。『グリード』、『吸血鬼ノスフェラトゥ』、『裁かるるジャンヌ』に音がないことには、『カリガリ博士』、『ニーベルンゲン』、『エル・ドラド』がサイレントであることと正反対の意味がある。前者の三作品の場合、音声がないのは遺憾なことであって、音声の不在が表現の出発点になっているわけではない。これら三作品はサイレントであるにもかかわらず存在しているのであり、サイレントであるからこそ存在しているわけではない。その意味ではサウンドトラックの登場は偶発的、技術的な現象にすぎず、一般にいわれるような美学的な革命ではない。映画の舌はイソップの舌と同じく二枚舌であり、うわべはどうであれ、映画には一九二八年以前も以後もひとつの映画史しかない〔一九二八年は、サイレントからトーキーへの移行が始まった年〕。それは表現主義とリアリズムの関係からなる歴史なのである。つまり、音声は表現主義を駆逐していくと思われたものの、しだいに音声は表現主義に適応するものとなっていった。他方で、音声はリアリズムの進展にそのまま組み込まれていったのである。逆説的なことだが、今日ではトーキー映画の中でももっとも演劇的な形式、つまり、もっともせりふの多い映画にこそ、かつての象徴表現の蘇った姿を探さなくてはならない。実際、シュトロハイムのようなトーキー以前のリアリズムを引き継いだ者はほとんどいない。そしてブレッソンの試みは明らかにシュトロハイムやルノワールとの関係において位置づけられるべきものなのだ。ブレッソンの映画におけるせりふとそれに関わる映像との分断は、トーキー的リアリズムの美学の深まりにおいてのみ意味をもつ。それを言葉の映像による説明とみなしたり言葉による映像の注釈とみなしたりするのはいずれも間違っている。せりふと映像が混じり合わないことで感覚的現実もまた分断されたままとなる。そのことによって抽象と現実のあいだのブレッソン的弁証法が持続するのであり、その弁証法の力によって私たちは、最後には魂の唯一の現実に触れることができるのだ。ブレッソンはいささかもサイレント映画の表現主義に逆戻りなどしてはいない。ブレッソンは現実の構成要素である音声をいったん取り除き、それを意図的に様式化してから、映像から部分的に切り離されたサウンドトラックに戻し入れる。すなわち、最終的なミキシングを経たサウンドトラックは、細心の注意を払って忠実に現場で録音された音と撮影後に録音された棒読みの文章の両方を収めているかのような印象を与える。だが、すでに述べたように、ブレッソンの映画において原作の文章は、それ自体がもうひとつの現実であり、「生《なま》の美学的な事実」なのだ。ブレッソンのリアリズムとは彼のスタイルそのものである。一方、映像のスタイルとは何よりまずそれが映し出す現実であり、作品のスタイルはまさに両者の不一致から生まれる。

ブレッソンは映像と音声は決して二重になってはならないという批評の常套句が誤りであることを明らかにしている。ブレッソンの映画では、文章が映像とまったく同じことを、しかし映像とは違うやり方によって伝えている場面こそがもっとも感動的な瞬間となっている。実際、『田舎司祭の日記』の音声は、スクリーンに写された出来事を補うためのものではなく、ヴァイオリンの共鳴板が弦の振動を増幅させて伝えるように出来事の意味を強化し増大させている。とはいえ、こうした比喩には弁証法が欠けている。

なぜなら、観客の精神が感じるのは映像と音声との共鳴というよりも、下絵から絵の具がはみ出しているような映像と音声とのあいだのずれだからである。そして出来事の意味はその境目の部分においてこそ明らかになる。映画全体が映像と音声とのこうした関係の上に構築されているからこそ、映像は、とくに終盤にかけてあれほど感動的な力強さに達しているのだ。映像の悲痛なまでの美しさの原理を表面的な部分にのみ探そうとしても無駄だろう。スチール写真を見た時にこれほど拍子抜けさせられる映画は他にあまり例がないように思う。しかし、写真に造形的な構成が見当たらないとしても、登場人物がわざとらしく動きのない演技をしているとしても、それらは映画の展開の中でその意味をありありと開示するのである。とはいっても、目を見張るほどの効果を映像に付加しているのはモンタージュではない。映像の意味はその前後の映像との関係から生じるのではない。映像はコンデンサーの電極板のように静的なエネルギーを内部に蓄えるのである。そしてそのエネルギーを起点として、音声との対比から美学的な電位差が生じ、電圧がぎりぎりまで高まっていく。こうして映像と文章の関係は作品の終盤には文章の優位のうちに進展する。このような抗いがたい論理が働いている以上、最後の場面で映像がスクリーンから姿を消すのも当然のなりゆきだろう。ブレッソンが到達した地点においては、映像は姿を消すことによってのみさらに多くを語ることができる。観

『田舎司祭の日記』では，映像の意味が前後の映像との関係から生まれることはほとんどない．

客は意味の闇へと一歩ずつ導かれてきたわけだが、その闇は白いスクリーンを光で照らすことによってしか表現することができない。サイレント映画のふりをしたこの作品の細心のリアリズムが向かった先はかくのごとき地点だった。そこでは映像は消え失せ、原作の文章にその場を譲るのだ。そのとき私たちは疑い得ない美学的明らかさとともに純粋映画の見事な成功を体験する。マラルメの白いページやランボーの沈黙が言語の究極の状態であるのと同じように、映像が取り除かれ文学にその場を明け渡したスクリーンは、映画的リアリズムの勝利を示している。白いスクリーン上には、死亡通知状に押された十字架のように不格好な黒い十字架が現れる。それは映像が昇天した後に残された唯一の目に見える痕跡であり、現実がそのしるしにすぎなかった何物かの存在を証し立てている。

＊

『田舎司祭の日記』とともに、文学作品の映画化は新たな段階を迎えた。これまで映画は、小説を別の言語へと美学的に翻訳することで、小説の代わりになろうとしてきた。その場合、「忠実さ」は原作の精神を尊重することよりも、スペクタクルとしての劇的な性格や、映像のより直接的な効果に配慮しながら、原作と映画の等価性を追求することを意味していた。そして残念なことに、そうした配慮が今なお脚色のもっとも一般的な決まり事となっている。それこそが『肉体の悪魔』や『田園交響楽』の長所となってもいたのだが、そういった映画は、最良の場合でも、モデルとなった文学作品に「相当する」ことしかできない。

こうした主流をなすやり方とは別に、ルノワールの『ピクニック』〔モーパッサン原作、一九三六年〕や『ボヴァリー夫人』〔フローベール原作、一九三四年〕のような自由な映画化もある。そこでは問題は別のやり方で解決されている。原作はもはや映画の発想源でしかなく、そこでの忠実さは気質の親和性、すなわち映画監督の小説家への本質的な共感を意味している。映画は小説の代わりになろうとするのではなく、小説の隣に陣取り、双子の星のように小説と一組のペアになろうとしているといえる。こうした仮説は監督が天才である場合にしか意味をもたないが、ともあれ、ルノワールの『河』〔ルーマー・ゴッデン原作、一九五一年〕が示すように、映画が原作を上回る成功を収めることもありうるのだ。

だが、『田舎司祭の日記』とは、それともまた別の種類の映画である。『田舎司祭の日記』では、忠実さと創造性の弁証法が最終的には映画と文学の弁証法にまで行き着いている。そこではもはや、どれほど忠実で巧妙なやり方であっても原作を翻訳することは問題ではないし、いわんや、原作の分身となるべく愛ある尊敬をもって原作から自由にアイデアを汲むことも問題ではない。小説の上に映画によって第二次の作品を作り上げることが重要なのだ。『田舎司祭の日記』は小説に「匹敵する」作品でも小説に「ふさわしい」作品でもなく、映画を掛け合わされた小説とでもいうような、新たな美学的存在なのである。

私たちが知る限り、これと唯一比較できるのは絵画映画の手法ではないだろうか。ルチアーノ・エンメル[10]やアラン・レネ[11]は、ブレッソンと同様、原作に忠実である。エンメルとレネの素材は画家によってすでに念入りに作り上げられた芸術作品である。彼らは絵画の主題ではなく絵画そのものに現実を見出しているのだが、それはすでに指摘したように、ブレッソンが小説のテクストそのものに現実を見出しているのと同じことだ。しかし、ヴァン・ゴッホに対するアラン・レネの忠実さは、第一にそして存在論的にいって写真的な忠実さであり、それは映画と絵画の共生の前提条件にすぎない。レネの絵画映画が、一般に画家から理解されないのはそのためである。レネの絵画映画を、もっぱら芸術を大衆に広めるための巧みで効果的な、有用でさえある方法とみなすとしたら(実際そうなのだが)、作品を支える美学的な共生関係を見過ごすことになる。

だが絵画映画との比較は部分的にしか当てはまらない。というのも、もとより絵画映画はマイナーな美学的ジャンルであることを宿命づけられているからである。絵画映画は絵画を豊かにし、その存在を拡張し、額縁を越えることを可能にするが、映画が絵画そのものになることを望むわけにはいかない。(2) アラン・レネの『ヴァン・ゴッホ』〔一九四八年〕はよく知られたメジャーな絵画作品を題材にしたマイナーな傑作であるが、映画が絵画を利用し、絵画に光をあてているとしても、映画が絵画の代わりとなっているわけではない。こうした絵画映画のそもそもの限界にはふたつの大きな理由がある。まず、写真映像による絵画の複製は、少なくとも投影による場合、オリジナル作品に取って代わることも同一化することもできない。仮にできたとしても絵画の美学的な自律性を破壊する結果となるだろう。なぜなら絵画映画とはまさに、額縁と非時間性による空間的限定という絵画の自律性の根本原理を否定するところから出発しているからである。映画は、絵画とは逆に空間と時間の芸術であるからこそ、絵画に何かを付け加えることができるのだ。

こうした対立は小説と映画のあいだには存在しない。小説も映画も物語の芸術であり、それゆえ時間の芸術であるばかりでなく、映画のイメージは文章によって喚起されたイメージよりも本質的に劣っていると決めてかかることはできないからである。小説のイメージのほうが劣っていることだってありうるだろう。だが問題はそこではない。小説家も映画監督も、現実世界の展開を描き出そうとしさえすればいいのである。こうした本質的な類似を認めてしまえば、映画によって小説を書くという試みも馬鹿げたものとはいえないだろう。だが『田舎司祭の日記』が明らかにしているのは、映画と小説の共通点よりも両者の違いについて思索するほうがいっそう興味深く、小説を映画に溶け込ませるよりも映画によって小説の存在を強調するほうがさらに有益だという事実である。小説から派生した第二次の作品としての映画について、原作に「忠実である」というだけでは十分ではない。なぜなら映画はそれ自体が一篇の小説だからだ。そして何といっても、映画は小説よりも「優れている」わけではないにしても（そもそもこうした価値判断には意味がないのだが）、小説「以上のもの」であることは確かだからである。ブレッソンの作品から得られる美学的な喜びは、その功績の大部分は明らかにベルナノスの天才に帰するものだとしても、小説が提供することのできるすべてに加えて映画をとおしてのその屈折までをも含んでいるのだ。

ロベール・ブレッソンのあとでは、[12] オーランシュとボストはもはや文学作品の映画化におけるヴィオレ＝ル＝デュックにすぎない。

（1）初出「カイエ・デュ・シネマ」誌第三号、一九五一年六月。
（2）少なくとも、『ピカソ　天才の秘密』（アンリ＝ジョルジュ・クルーゾー監督、一九五六年）が登場するまではそう考えることができた。のちに述べるように（第13章「ベルクソン的映画」参照）、おそらく『ピカソ』はこうした批評的命題を無効にする作品である。

〔1〕ジョルジュ・ベルナノス原作、ロベール・ブレッソン監督、脚色、せりふ、一九五一年。
〔2〕ジャン・オーランシュ（一九〇三―一九九二年）、ピエール・ボスト（一九〇一―一九七五年）はともにフランスの脚本家、小説家。文学作品を映画化した「文芸映画」の脚本を多く手がけた。
〔3〕一九二二―一九九六年。スペイン出身の演劇、映画女優。『ブーローニュの森の貴婦人たち』に出演。
〔4〕ネッソスはギリシア神話に登場する半人半獣のケンタウロスで、その血には毒性があるといわれる。ヘラクレスはネッソスの血に浸したチュニカを身につけたため絶命した。
〔5〕エルサレムの女性ヴェロニカが、十字架を背負ってゴルゴタの丘を上るイエスの額の汗を自らのヴェールで拭ったところ、奇跡によりヴェールにイエスの顔が浮かび上がったとされる。第1章「写真映像の存在論」で触れられている聖骸布と同種の聖遺物だが現存しない。

〔6〕イエスとともに十字架にかけられた泥棒のうちひとりはイエスを罵り、もうひとりはそれをたしなめた。「ルカによる福音書」23・39-43。

〔7〕伯爵夫人が死んだ息子の写真を入れているペンダントのこと。息子を失って以来、伯爵夫人は信仰心を失い、家族にさえも心を閉ざしてきたが、司祭との対話を通じて信仰心を取り戻す。

〔8〕二人の会話の裏に、信仰を失いかけた伯爵夫人がふたたび神を見出すドラマが秘められているということ。「神の顔」という表現は、ヤコブが天使（神）と闘って「わたしは神と顔を合わせて神を見たのに、なお生きている」といった「ペヌエルでの格闘」（「創世記」32・23-31）の挿話を踏まえたもの。

〔9〕一九〇一―一九九一年。本名はジャン・ブリュレル。フランスの挿絵画家。作家としてヴェルコールの筆名を用いた。一九四一年に対独レジスタンス活動の一貫として「深夜《ミニュイ》書店」を設立し、翌年に『海の沈黙』を刊行した。

〔10〕一九一八―二〇〇九年。イタリアの映画監督。ゴヤやピカソなど、美術を題材とする映画で知られる。第12章参照。

〔11〕一九二二―二〇一四年。フランスの映画監督。ゴッホやピカソの《ゲルニカ》、ゴーギャンについての短篇ドキュメンタリーでデビューした。第12章参照。

〔12〕一八一四―一八七九年。フランスの建築家。十九世紀フランスでの「ゴシック・リヴァイヴァル」の中心人物のひとりとして、パリのノートル＝ダム大聖堂をはじめとする中世ゴシック建築の保護、再建に取り組んだ。再建にあたっては、独自の建築理論に

則り、歴史建造物を大幅に改築することも辞さなかったため、しばしば批判の対象にもなった。

10　演劇と映画(1)

I

映画と小説のあいだの近しさを強調することは、批評家たちの中で比較的、一般化したとはいえ、「撮影された演劇」〔演劇の映画化を意味する定型表現〕となると依然として異端視されがちである。その弁護役にして実例がせいぜいマルセル・パニョルの作品や自作解説だけだったあいだは、彼のいくつかの成功例も、特別な状況から生まれたまぐれ当たりとみなし得た。演劇映画といえば、今となっては滑稽な記憶である「芸術映画《フィルム・ダール》」〔第8章一三八ページ参照〕か、アンドレ・ベルトミュー〔一九〇三―一九六〇年。フランスの映画監督〕タイプの作品に代表される、ブールヴァール劇〔大衆向け娯楽劇〕のヒット作の取るに足りない使い回しと相場が決まっていた(2)。そして大戦中においてもなお、映画向きの主題と思われた『荷物のない旅行者』〔劇作家ジャン・アヌイ（一九一〇―一九八七年）による戯曲、一九三七年〕のような優れた戯曲の映画化〔ジャン・アヌイ監督、一九四四年〕が失敗に終わったことで、「撮影された演劇」への批判に決定的とも思える論拠を与えてしまった。かくして、どんな演劇作品も立派に映画化できるということが証明されるには、『偽りの花園』〔ウィリアム・ワイラー監督、一九四一年〕から『ヘンリィ五世』〔ローレンス・オリヴィエ監督、一九四四年〕、『ハムレット』〔ローレンス・オリヴィエ監督、一九四八年〕、『恐るべき親たち』〔ジャン・コクトー監督、一九四八年〕を経て、『マクベス』〔オーソン・ウェルズ監督、一九四八年〕に至るまでの最近の成功例が不可欠だったのである。

しかし実際のところ、「撮影された演劇」に対する偏見には、それが演劇作品の明確な脚色のみにもとづく限り、さほど歴史的な論拠があるわけではなさそうだ。作品ごとにではなく、シナリオや演出の演劇的な構造に目を向けながら映画史をとらえ直す必要があるだろう。

多少の歴史

批評家たちは「撮影された演劇」を徹底して非難しながら、その実、注意深く分析すれば演劇の技法の転用であることが明らかな映画の表現形式を褒めそやしてきた。「フィルム・ダール」およびその一派の邪説に目を曇らされた批評家たちは、アメリカ式コメディをはじめとする、映画における演劇性の真の諸相に「純粋映画」の検印を押して素通りさせてしまっていたのである。よく見てみれば、アメリカ式コメディは、ブールヴァールやブロードウェイのどんな戯曲の映画化作品にも劣らず「演劇的」なものだ。会話やシチュエーションのおかしさから成っているアメリカ式コメディは、映画に固有の技法にはいささかも頼っていないことが多い。シーンの大半は室内だし、カット割り《デクパージュ》はもっぱら正面からのショットとその切り返しのみを用いて会話場面を引き立たせている。この十年ほどでアメリカ式コメディがめざましい発展を遂げることになった社会的な背景について、ここで述べておくべきだろう。演劇と映画のあいだにひそむ関係性を損なうような要素は、そこには何もないように思われる。演劇が映画より先に存在していなくてもかまわなくなったのは確かだ。戯曲を書く才能のある作家は、それを直接映画に売り込むことができるようになったのだから、映画よりも先に演劇が存在している必要はなくなったのである。しかしそれは、歴史的には経済や社会の状況と結びついたまったく偶発的な現象であり、そうした状況は今日ではなくなりつつあるようだ。十五年ほど前から、ある種のアメリカ式コメディの衰退と並行して、ブロードウェイで成功を収めた喜劇の翻案が映画界に増えてきている。心理劇や風俗劇のジャンルでは、ウィリアム・ワイラーのような監督がリリアン・ヘルマンの戯曲『子狐たち』をあえてそっくりそのまま取り上げ、ほとんど演劇的なセットを用いて映画に移した。(1) 実際のところ、アメリカでは演劇を映画で撮ることに対する偏見がまったくなかったのである。ただしハリウッドの映画製作の環境がヨーロッパと同じ水準にまで整えられたのは、せいぜい一九四〇年以降の話だ。むしろアメリカで作られていたのは、いくつかの明確なジャンルに分かれた「映画的な」演劇というべき映画だったのであり、少なくともトーキー最初の十年間は、それらを作る際に舞台から何かを借りる必要はほとんどなかった。それが、今日ハリウッドを悩ませている題材不足によって、ハリウッド映画は書かれたものとしての演劇により頻繁に頼るようになったのだ。しかしながらかつてのアメリカ式コメディには、目には見えなくとも演劇が潜在的に含まれていたのである。(3)

ヨーロッパ、とくにフランスでは、確かに、アメリカのコメディに比べられるような成功例を挙げることはできない。マルセル・パニョルという、特別な研究にも値するきわめて特殊なケースを除けば、(4) 大衆演劇をスクリーンへ移そうとする試みは、惨憺たる結果しか残していない。ただし、演劇映画はトーキー映画とともに始まったわけではない。ちょうど、「フィルム・ダール」がその失敗から人々の目をそらそうとしていた時期までさかのぼろう。当時活躍していたのはジョルジュ・メリエスだが、彼は映画を、つまるところ演劇的な驚異を完璧にする手段としか見ていなかった。トリック撮影もメリエスにとっては手品の延長にほかならなかった。当時、フランスやアメリカの名だたる喜劇俳優といえば、大半はミュージックホールや大衆演劇の出身であった。マックス・ランデを見てみれば、劇場での経験がどれだけのものであるか容易に理解できるだろう。当時の喜劇役者のご多分に漏れず、ランデは意図的に「観客」に向けて演技をし、客席にウィンクまでして、観客を自分の窮状の目撃者に仕立て上げる。客席でおしゃべりをしていようがへっちゃらだ。シャルロ〔チャップリンのフランスでの愛称〕に関していうと、イギリスのパントマイムからの影響をも脱して、彼の芸術が映画によってミュージックホールの喜劇の手法を完成させることにあるのは明白だ。彼らにおいては、映画は確かに演劇を乗り越えている。だがそれは、映画が演劇を継承し、演劇の短所を取り除いていくことによってなのだ。劇場でのギャグは、舞台と客席との距離、そして何より笑い声が続く時間にもとづいて作り上げられる。喜劇役者は笑い声がおさまるまで、笑いを長引かせようとするものだ。つまり、舞台は役者に誇張するよう求め、強要しさえするのである。それに対して、映画だけがシャルロに、シチュエーションとしぐさの完璧な数学に達することを可能にした。そこでは最高の明快さが最小の時間で表現されるのである。

大昔のドタバタ喜劇映画、「ボワロー」[2]や「オネジム」[3]などを見直すと、俳優の演技のみでなく、物語の構造自体が素朴な演劇と似かよっていることに気づく。だが、演劇では舞台の時間的、空間的な制約ゆえにいわば未熟な段階に留まっていたシチュエーションを、映画はその行き着くところまで推し進めることができるのである。映画の到来によってまったく新たなドラマのあり方が一から生み出されたのだと人々が思い込んだのも、映画が演劇的なシチュエーションを変貌させることができたからであり、また映画なくしてはそうした演劇的なシチュエーションが成熟した段階に達することは決してなかっただろう。メキシコには、メキシコサラマンダーというイモリの一種〔日本ではウーパールーパーの名で知られる〕がいて、幼生の段階で繁殖することができ、成長しても幼生段階に留まるという。科学者はこの動物に適切なホルモンを注入することで、個体を成熟させることに成功した。同様に、生物学者たちが「幼形成熟」の法則を発見するまで、動物の進化＝成長の連続性に不可解な欠落があると思われていたことはよく知られている。この法則は、個体の胎生の形態を種の進化の過程と結びつけて考えることを教えただけでなく、成熟しているように見えても実はそれが成長を妨げられた状態でもありうることを教えてくれた[5]。それと同じような意味で、映画の出現以前、ある種の演劇は、生まれながらにして成長の止まった劇的シチュエーションの上に成り立っていたのである。もし演劇が、ジャン・イティエ〔文芸批評家〕の主張するように、意志の形而上学であるとするなら、(6)『オネジムと素敵な新婚旅行』〔一九一三年〕のようなドタバタ喜劇映画をどう考えたらいいのだろうか。この作品では、最初に破局を迎えてしまい、もはや目的を失ったわけのわからない新婚旅行を、じつに馬鹿げた数々の障害にもかかわらず頑として続けようとするさまが描かれる。この頑固さは、いわば形而上的な狂気や意志の錯乱状態、あるいは理性に反しておのずと生じた「行為」が増殖していくさまとよく似ている。そもそもこの場合、心理学的な用語を使って意志について述べることに意味はあるのだろうか。それよりも重要なのは、このようなドタバタ喜劇映画の大部分が、登場人物の根本的な企てがどうなっていくのかを直線的、連続的に表したものとなっていることだ。それらは頑固さの現象学に依拠しているのである。召使いボワローにしても、家が崩れ壊れるまで掃除し続けるだろう。放浪する花婿オネジムは新婚旅行を続行し、ついには肌身離さず持ち歩いてきた柳行李のトランクに乗って、水平線めざして船出するに至るだろう。アクションには、プロットも偶発事も急展開も勘違いも山場も必要ない。筋立ては、その筋自体が破壊されるところまで、執拗に展開されていく。つまり、破局《カタストロフ》のもつ一種の基本的カタルシスに向かって、否応なく進んでいくのである。

それはまるで、子どもが膨らませすぎてしまったゴム風船が、ついにその子どもの顔の前で破裂してしまうのと似ている。それで私たちは、そしておそらくは子どもも、ほっとするのである。

ただし、古典的な笑劇《ファルス》における登場人物やシチュエーションの設定、手法を思い返してみれば、ドタバタ喜劇映画こそが笑劇の突然にして驚くべき復活であることに気づかざるを得ない。十七世紀以来、衰退の一途をたどっていた笑劇は、極端に特殊化し、作り変えられて、サーカスやある種のミュージックホールでわずかに命脈を保っているにすぎなかった。だが、ドタバタ喜劇映画の——とくにハリウッドの——プロデューサーが俳優をスカウトしに行ったのは、まさにそこだったのである。そして映画というジャンルやその手法のもつ論理はすぐさま、彼ら俳優たちの演技のレパートリーを押し広げることとなった。つまり、映画的な論理こそがマックス・ランデ、バスター・キートン、ローレル＆ハーディ、チャーリー・チャップリンらを生んだのである。一九〇五年から一九二〇年にかけて、笑劇はその歴史上でも例のないほどの輝きを放ったのだ。私がここでいう笑劇とは、プラウトゥス〔前二五四頃—一八四年。ローマの喜劇作家〕、テレンティウス〔前一九〇頃—一五九年。同じくローマの喜劇作家〕に端を発し、コメディア・デラルテをも含めて、固有のテーマや技法にもとづいて長く続いてきた伝統のことを指している。

ひとつだけ、例を挙げよう。マックス・ランデの古い映画(一九一二、一三年ごろ)には、たらいを使った古典的なテーマがはからずも表れている。染物屋の女房を誘惑した陽気なドン・ファンが、寝取られた旦那の復讐を恐れて、染料のいっぱい入った桶にとび込んで身を隠すシーンだ。このようなケースが表しているのは、影響や無意識の借用ではなしに、あるジャンルはおのずからその伝統に結びついてしまうということである。

せりふを！　せりふを！

ここまで簡潔に述べてきた過去の例から、演劇と映画の関係は一般に思われているよりも古く、しかも深いものであること、さらに、そうした関係は「撮影された演劇」とふつう軽蔑をこめて呼ばれているものに限った話ではないことがわかる。また、演劇のレパートリーや伝統からの無意識で秘められた影響が、純粋さや「固有性」という点で模範的とみなされているジャンルの映画にとっても決定的だったことがわかったはずだ。

だが、こうした問題は、一般にいわれる演劇の脚色という問題とは多少異なる。さらに議論を深める前に、演劇的な事柄と「ドラマチック」な事柄と呼ばれうるものを区別しておいたほうがよいだろう。

ドラマは演劇の魂ではある。だが、その魂は別の表現形式にも宿ることがある。一篇の詩、ラ・フォンテーヌの寓話、小説、そして映画でも、アンリ・グイエ〔演劇学者。第1章「写真映像の存在論」の一三ページの原注7参照〕のいう「ドラマの範疇」に自らの力を負っていることがある。こうした観点からすると、演劇の自律性を主張するのはむなしいことであり、自律性を訴えるとしたら、むしろそれを否定形で表さなければならなくなる。つまり、戯曲は「ドラマチック」でなければ済まされないが、小説は「ドラマチック」であってもなくてもかまわないというわけだ。『二十日鼠と人間』〔ジョン・スタインベックの小説、一九三七年〕は中篇小説であると同時に、完璧な悲劇の典型でもある。それに対し、『スワン家のほうへ』〔マルセル・プルーストの長篇小説『失われた時を求めて』の第一部、一九一三年〕を舞台向けに翻案するのは困難だろう。戯曲を小説的だからといって称賛することはありえないだろうが、筋を組み立てるのに長けていると小説家を称えることはいくらでもあるのだ。

それでもやはり、演劇をとりわけドラマに向いた芸術形式だと考えるのならば、演劇の影響力は計り知れないものであり、映画もまたその影響から逃れられないことは認めなければならない。しかしそう考えるなら文学の半分、そして映画の四分の三は演劇の分派だということになってしまう。それゆえ、そうした問題設定は成り立たない。演劇が本当に存在し始めるのは、戯曲が具体化されたときであり、それも役者の肉体においてではなく、せりふのうちに具体化されたときなのである。

『フェードル』〔ラシーヌの悲劇〕は上演されることを前提に書かれたものだが、古典をたどたどしく朗読する学生のための作品、悲劇としても存在している。想像力だけが頼りの「肘掛け椅子で見る演劇」[4]は、演劇としては不完全なものだが、とはいえすでにして演劇であることは確かだ。それとは逆に、映画化された『シラノ・ド・ベルジュラック』[5]や『荷物のない旅行者』などは、いくらそこにせりふが——そしてもちろん、スペクタクルが——あろうとも、もはや演劇ではない。

もし『フェードル』の筋書きだけを残し、「小説的要請」や映画のせりふの書き方に従って書き直すことが許されるなら、そのとき私たちはドラマチックな要素に還元された演劇という先ほどの仮説に立ち戻ることになるだろう。だが、理屈の上ではそのような翻案に何の障害もないとしても、実際上は現実的にも歴史的にも、さまざまな障害があるのは明らかだ。もっとも単純な障害は、滑稽な結果を招くのではないかという当然の懸念である。そして、もっとも有無をいわせぬ障害といえば、原文を尊重し、著作権を——作者の死後もなお、精神的にであれ——守るよう強いる、芸術作品に関する現代的な観念だ。となると、ラシーヌだけが『フェードル』を翻案して書き直す権利を有することになる。だが、原作者が翻案すればよい作品ができるという保証はないし(『荷物のない旅行者』はジャン・アヌイ本人が映画化している)、おまけにラシーヌはすでに死んでいるのだ。

作者が生きている場合、事情はまったく異なると思われるかもしれない。作者は自分の作品を自分自身で考え直し、内容を書き換えることができるし――最近ではアンドレ・ジッドが、小説から演劇へという逆の方向ではあれ、『法王庁の抜け穴』を書き換えるときに試みたことだ――、少なくとも原作者が翻案された作品をチェックし、内容を保証することはできるのだから。だが、よく考えてみれば、それは美学的な要請というよりも法律上の必要性に従ったやり方にすぎない。なぜなら第一に、才能とは、天才であればなおのこと、どのジャンルにおいても等しく発揮されるとは限らないからだ。原作者の署名があったとしても、原作と脚色との等価性を保証するものは何もないのである。第二に、今日、演劇作品を映画に移すとして、そのもっとも一般的な理由は、それが舞台で成功を収めたというだけのことだからだ。舞台の成功により、その作品の本質は観客を相手に発せられたせりふのうちに凝縮されることになる。そしてまさにそのせりふを映画の観客も待ち望むのだ。こうして私たちは、多少とも筋の通ったまわり道を経て、書かれたせりふを尊重する立場へと戻ってきたのである。

そして何といっても、演劇作品の質が優れていればいるほど、せりふによって統合されている、ドラマチックなものと演劇的なものとを分離するのが難しくなるということが挙げられる。小説から舞台への脚色の試みは数多くあれど、その反対は実際のところまったくないのはじつに象徴的だ。あたかも演劇が、美学的な純化の過程における、非可逆的な最終段階に位置しているかのようである。必要とあらば『カラマーゾフの兄弟』や『ボヴァリー夫人』から一篇の戯曲を作り出すことはできるだろうが、もしそうした戯曲が先に存在していたとしても、そこから私たちが知っているような小説を作り出すことは不可能だったろう。それは、小説的なものがドラマチックなものを——それを演繹できないような形で——含んでいるとしても、その逆がありうるとしたらそれは帰納によるほかはないが、芸術における帰納とは、すなわち純然たる創作となってしまうからである。戯曲と比べて、小説は単にドラマチックな要素から作り出しうるさまざまな芸術的総合のひとつにほかならないのだ。

したがって、小説から演劇へという方向ならば忠実さという観念も不合理なものではなく、必然的なつながりを認めることができるとしても、演劇から小説という逆の方向となると、忠実さの観念、ましてや等価性の観念に何の意味があるのかよくわからなくなってしまう。せいぜいのところ、舞台のシチュエーションや登場人物から得られる

「インスピレーション」について語りうる程度だろうか。

ここまでは小説と演劇を比較してきたが、このような理屈は映画に関してこそ、いっそう当てはまるはずだ。つまり、映画は戯曲を忠実に(つまりせりふ込みで)撮ったものであるか——この場合はまさに例の「撮影された演劇」となる——、あるいは「映画という芸術の要請」に合わせて戯曲を翻案したものとなるか——ただしこの場合だと、先ほど述べた帰納という問題に立ち帰ってしまう、つまり原作とは別の作品になるということだが——、そのいずれかであるからだ。たとえば、ジャン・ルノワールはルネ・フォーショワの戯曲『水から救われたブーデュ』から着想を得て『素晴しき放浪者』(一九三二年。原題はフォーショワの戯曲と同じく『水から救われたブーデュ』)を撮ったが、その結果生まれたのは原作より優れたといえるような作品で、原作の影は薄くなってしまったのである。(7) ただしこれは例外にすぎず、規則あっての例外であることに変わりはない。

どのような手法でアプローチしようとも、古典であれ現代物であれ、演劇作品はその原文によって完全に守られている。その「脚色」が可能になるのは、原作を捨て去って別の作品に置き換えることによってのみである。それは元の戯曲より優れているかもしれないが、もはや別物であることは疑いようがない。しかもそのような移し替えは、原作者がマイナーな作家であるか、現存する作家である場合に必然的に限られてしまうだろう。時代を経て認められた傑作ともなれば、当然のこととして、せりふの尊重を強いるものだ。

それはこの十年ほどの映画界の動きが立証していることでもある。演劇映画という問題が美学的なアクチュアリティをふたたびもつようになっているとしたら、それは、古典的な戯曲を元にするものとしては『ハムレット』『ヘンリィ五世』『マクベス』のような作品、現代物であれば、リリアン・ヘルマン原作、ウィリアム・ワイラー監督の『偽りの花園』や、『恐るべき親たち』、『アメリーを頼む』〔ジョルジュ・フェドー原作、クロード・オータン＝ララ監督、一九四九年〕、『ロープ』〔パトリック・ハミルトン原作、アルフレッド・ヒッチコック監督、一九四八年〕のような作品のおかげである。ジャン・コクトーは戦前すでに、『恐るべき親たち』の「脚色」を用意していた。だが一九四六年、コクトーがその計画にふたたび着手した際、彼はその「脚色」を放棄し、戯曲のせりふをそのまま用いることにした。あとで見るとおり、コクトーは舞台のセットまでもそのまま残して映画化することになる。アメリカでもイギリスでもフランスでも、古典にせよ現代物にせよ、演劇映画の進展は同じ道をたどっている。原作として書かれた戯曲を、ひたすら忠実に守る方向に進んでいるのだ。それはまるで、トーキー映画のさまざまな試みがここに来てひとつになったかのようである。かつては、演劇を映画にする際に映画監督がもっとも気を配ることといえば、原作が演劇であることをいかに隠し、脚色して、映画の中に溶け込ませるかということにあったといえよう。しかし、今では隠そうとしなくなったどころか、演劇的な性格を際立たせることさえ厭わないのではないだろうか。演劇のせりふという本質的な部分を尊重するとなれば、そうしないわけにはいくまい。せりふは舞台にかけられることを前提に書かれているのだから、すでにして演劇的な可能性をそっくり含んでいる。せりふこそが、表現のあり方や描写のスタイルを決定する。つまり、せりふは最初から潜在的に演劇なのだ。だからこそ、せりふに忠実でいながら、同時にせりふが向かっている演劇的表現と縁を切ることはできない相談なのである。

見るにたえない演劇は見せないでください！〔6〕

古典劇のレパートリーを映画化したある作品を見ることで、以上の仮説を確かめることができるだろう。映画で文学を教えるというふれこみで、フランスの小学校から高校でいまなお幅をきかせているあの作品のことだ。そう、心ある教師の協力を得て映画化された『いやいやながら医者にされ』〔モリエールの喜劇（一六六六年）〕のことだが、監督の名前は伏せておこう。この映画には高校の教師や校長からも素晴らしい出来だと、うんざりするほどの称賛の声が寄せられている。ところが実際のところ、この映画は、演劇だけではなく映画をも、さらにはモリエールについても曲解させかねない、あらゆる誤謬のとんでもない寄せ集めとなっている。たとえば最初の場面、実際に森で撮影された薪拾いのシーンは、森の下草から延々と続く移動撮影《トラヴェリング》で始まっているが、これは明らかに木の枝越しに差し込む陽光の効果を嘆賞させようと狙ったものである。ついで、キノコ採りにきた道化師のような二人の人物、あわれなスガナレルとその妻が登場する。彼らの舞台向けの衣装は、映画では滑稽な仮装のように見えてしまっている。この映画では全篇をとおしてできる限りセットではなく実景が用いられている。たとえばスガナレルが診察に訪れる場面は、十七世紀に建てられた小さな屋敷を見せるための口実となるのだ。

カット割り《デクパージュ》はどうだろう。この最初の場面では、それぞれのせりふごとにカットを自然に変えながら、ミディアム・ショットからクローズアップへと移行していく。仮に、監督の意に反してワンカットの長さがせりふに応じて決められることがなかったら、この監督はアベル・ガンス流の加速モンタージュ〔7〕によって「会話の進行」を表現したのではないかとさえ思われる。ともあれ、コメディ・フランセーズの俳優たちの動作をクローズアップの切り返しで撮るカット割り《デクパージュ》のおかげで、生徒たちは何も見逃さないですむのだが、そのマイムのような演技ときたら、私たちを古き良きフィルム・ダールの時代へと逆戻りさせる体のものだ。

映画とは、どんなアクションも空間的に自由であり、そのアクションを見る視点も自由に移動できることだとすれば、演劇を映画に撮るのは、舞台では物理的に再現できない奥行きや現実性をセットに与えることになるだろう。それはまた、観客を肘掛け椅子から解放することであり、ショットの切り換えによって俳優の演技を際立たせることでもある。そのような「演出」を前にしたとき、演劇映画に対するどんな批判もその通りだと思えてくるのは仕方がない。ただしそれは、それがまさしく「演出」とはいえないものであるからだ。そこにあるのは、演劇にむりやり映画的要素を注入するやり口にすぎない。その結果、原作のドラマ、いわんやせりふは否応なく変質させられている。演劇の筋の時間感覚は、映画の時間感覚とは明らかに異なったものだ。また、演劇ではせりふが重視されるとしても、映画ではカメラが背景にもドラマ的要素を付加することがあるため、せりふの重要性は相対化される。そしてとりわけ、演劇の舞台装置が示すある種の人工性、過度の象徴表現は、映画に本来備わっているリアリズムとはまったく両立し得ないものである。モリエールのせりふが意味をもつのは、書き割りの森の中でこそなのだ。俳優たちの演技も同じである。フットライトの光は秋の太陽の光とはまったくの別物だ。極言すれば、薪拾いの場面は幕の前で演じることはできても、本物の木の根元ではありえないのである。

『いやいやながら医者にされ』の失敗は、演劇映画の大きな誤りといえるものの典型を示している。つまり「映画にしよう」とする配慮だ。多かれ少なかれ、ヒットした戯曲の映画化の主眼はそこにある。物語がコートダジュールで展開されるのであれば、恋人たちにはバーの片隅でおしゃべりさせるよりも、背景にスクリーンプロセスで合成したアンティーブ岬の岩々を映し、アメリカ車でコルニッシュ街道〔ニースとジェノヴァの間の崖を走る道路〕を走らせて、キスをさせるといった具合だ。カット割り《デクパージュ》はどうなるかといえば、たとえば『天国の乞食たち』〔ルネ・ル・エナフ監督、一九四五年〕で、レーミュ〔第5章訳注4参照〕とフェルナンデル〔第5章訳注5参照〕の契約条件が対等であるがゆえに、観客はふたりのクローズアップをかわるがわる、まったく同じ回数だけ見せてもらえるという次第だ。

そもそも、観客の思い込みが、映画作家たちの思い込みを後押ししている面もある。観客は、映画について大したことを考えているわけではない。映画といえば単に、大がかりなセットや、現実にロケした景色、派手なストーリー展開を思い浮かべるのである。戯曲にわずかでも「映画」が付加されていないと、彼らは騙されたと思うだろう。映画は必ずや演劇よりも「豪華」でなければならないというわけだ。出演する俳優は有名でなければならず、金がかかっていないように見えたり、予算をケチっているように思われたりしたら失敗のもととなるのは、よくいわれるとおりだ。こうした点について、観客の偏見に監督やプロデューサーが立ち向かうためには相当な勇気が必要となる。とりわけ彼らが企画に自信をもっていないのであれば、なおさらである。このように、演劇映画が異端視されるそもそもの理由には、演劇に対する映画の両義的なコンプレックスがある。映画は、より古くからある、より文学的な芸術としての演劇に劣等感を抱いている。そしてその劣等感を、映画に備わった技術的「優越性」によって過剰なまでに穴埋めしようとする。それを美学的な優越性と混同してしまうのである。

缶詰にされた演劇か、超＝演劇か〔8〕

演劇映画のこうした誤りに対する反証が必要だろうか。『ヘンリィ五世』と『恐るべき親たち』という二つの成功作が、その明確な反証を与えてくれる。

『いやいやながら医者にされ』の監督が森のなかの移動撮影から作品を始めたのは、不出来な薪拾いのシーンを——糖衣でくるまれた薬を飲ませるがごとく——観客に信じ込ませ鵜呑みにさせようという、愚直な、おそらく無意識の期待があってのことだ。周囲に少しばかり現実味を与えようとしているわけで、さながら観客を舞台に乗せようと階段をしつらえているようなものである。だが、不手際なやり口のために、不幸にも監督の意図とは逆の結果になっている。つまり、登場人物やせりふの非現実性をどうしようもなく際立たせてしまっているのだ。

それに対して、ローレンス・オリヴィエは『ヘンリィ五世』において、いかにして映画的リアリズムと演劇的な約束事の対立を解消することができたのか、見ていくことにしよう。この作品もやはり移動撮影で始まっているのだが、それはむしろ、演劇の空間、すなわちエリザベス朝時代の宿屋の中庭に観客を入り込ませようとしてのものだ。演劇の約束事を忘れさせようとしてはおらず、反対にそれを強調している。つまり、ここで直接映画化されているのは『ヘンリィ五世』の原作ではなく、その上演の模様なのである。そのことは明白である。なぜなら作品は今日の劇場ではなく、まさしくシェイクスピアの時代に上演されているものとして設定されているからであり、しかも観客や舞台裏まで私たちに見せているのだ〔9〕。その点に誤解の余地はなく、見せ物を楽しむために、上がっていく幕を前にして演劇の観客として信仰の誓いを立てなければならないわけでもない。私たちは実際にその芝居のなかに入り込んでいるわけではなく、エリザベス朝

演劇的錯覚に対立する映画のリアリズムという障害を取り除いてしまえば，ローレンス・オリヴィエは背景を絵画的にデフォルメすることも，戦いをリアリズムで表現することもできるのである．

時代の演劇に関する歴史映画のなかにいるのである。歴史映画であれば、それは真っ当な、私たちにもおなじみの映画ジャンルだろう。しかし私たちが見て楽しんでいるのは、やはり例の戯曲にほかならず、そこで得られる楽しみは歴史的な記録映画がもたらす楽しみとはまったく異なるものであり、シェイクスピア作品の上演がもたらす喜びそのものなのである。それはローレンス・オリヴィエの美学的な戦略が、舞台の幕がもつ魔術的な力を巧みに避けようとすることにあるからだ。演劇作品を映画化するにあたって、オリヴィエは演劇の演技や約束事を隠そうとするのではなく、それらを最初からさらけ出すことで、演劇的錯覚に対立する映画のリアリズムという障害を取り除いたのである。こうして、観客との暗黙の了解において心理的な土台が築かれたことで、ローレンス・オリヴィエはアジャンクールの戦いを写実的に表現しながら、背景をあえて絵画的にデフォルメすることができた。観客の想像力にはっきりと訴えかけるシェイクスピアの戯曲の力によって、オリヴィエはそうするように促されたのである。そこにもまた申し分のない口実があった。このような映画的な展開は、この作品が『ヘンリィ五世』の再現にすぎなかったら認めがたいものだが、戯曲そのもののうちにアリバイを見出している。もちろん、問題はそうした困難な企図を押しとおすことができるかどうかだった。ご存知のように、それは見事になしとげられたのである。ひとつだけ付け加えると、この作品ではカラーが――カラーとは、本質的にリアリズムに反する要素であるということが明らかになるかもしれないが――想像力の世界への移行を助け、さらにはその想像力の世界のなかでも、模型で作られたアジャンクールの戦いを「写実的」に再構成することを助けてもいる。いかなるときでも、『ヘンリィ五世』は「撮影された演劇」とはまったく異なるものであって、映画は演劇の上演のこちら側にも向こう側にも、つまり観客席にも舞台裏にも身を置いている。しかしながらシェイクスピアはその中にとらえられている。そして彼の演劇もまた、映画によって四方から囲まれているのだ。

現代の大衆演劇は、『ヘンリィ五世』[10]で示されるほどはっきりと舞台の約束事に拠っているわけではないようだ。「自由劇場」、およびアンドレ・アントワーヌ〔一八五八―一九四三年。フランスの俳優、演出家〕[8]の理論は、「写実的」演劇、すなわち一種の前=映画《プレ・シネマ》の可能性を感じさせるものだった。だがそれは、今日となってはだれも騙されることのない錯覚だった。演劇のリアリズムが存在するとしても、それは秘かで目立たないながら、やはり厳格な演劇の約束事の体系に従ったものにすぎないからだ。「人生の断面」[11]は演劇には存在しない。あるいは少なくとも、舞台にさらすことで、その

ローレンス・オリヴィエ監督『ヘンリィ五世』のローレンス・オリヴィエ．シェイクスピアも演劇も映画の囚われ人となり，映画によって四方を囲まれている．

断面は実人生から切り離され、試験管のなかの現象に変わってしまう。部分的には生の本性を留めていても、それを観察するための条件によって、それ自体が根底的に変えられてしまっているのである。アントワーヌなら舞台に本物の肉の塊を置くこともできるかもしれないが、映画のように家畜の群れを歩かせるわけにはいかない。木を一本植えようというのなら、根を切って持ってこなければいけないのだし、いずれにしても本物の森を見せるのは諦めなければいけない。それゆえ、舞台上の木は依然としてエリザベス朝時代の書き割りの同類なのであり、シェイクスピア劇の舞台にあった標識と同じなのである。こうしたほとんど疑いようのない事実を思い起こすなら、『恐るべき親たち』のような「メロドラマ」の映画化にしても、古典的な演劇の映画化の場合とそれほど異なった問題を提起しているわけではないことがわかるだろう。この作品の場合の「リアリズム」とは、戯曲と映画を同一平面に位置づけるものではまったくないし、逆にフットライトを厄介払いするものでもない。ただ、演出が従っている約束事の体系が、そしてそれゆえにせりふまわしが、いわば第一級のものとしてあらわにされているのである。フランス古典悲劇の約束事や、作り物っぽい装飾、アレクサンドラン〔十二音節の詩形でとりわけ悲劇に用いられた〕のせりふなどは、古代劇の仮面や厚底靴〔古代ギリシア・ローマの悲劇俳優が舞台で用いた〕さながら、演劇を支える根本的な約束事を際立たせている。

『恐るべき親たち』の映画化にあたって、ジャン・コクトーはその点をよく理解していた。彼の戯曲は一見するとじつに写実的ではあったが、映画作家としてのコクトーは、映画化に際して舞台の装飾に何ひとつ手を加えてはいけないということ、映画では舞台よりも装飾を増やすのではなく、強調すべきであることを理解していた。舞台上の一室が映画でアパルトマンに変えられるなら、スクリーンの効果やカメラ技術によって、舞台上の一室よりも狭苦しく感じられることだろう。この場合、本質的なのは共同生活と窮屈さというドラマチックな事柄であって、ここに電灯以外の光、わずかな日光でも差し込もうものなら、この脆く悲しげな共同生活は崩壊してしまっただろう。それゆえ、満員の「家馬車」の面々が、パリの反対側にあるマドレーヌのアパルトマンを訪ねる場面にしても、私たち観客はイヴォンヌのアパルトマンの前で彼らと別れたかと思うと、今度はマドレーヌのアパルトマンの前でふたたび彼らと出会うのである。これは、もはや古典的なものとなったモンタージュによる省略ではなく、演出上の積極的な行為である〔原作、舞台ではこの場面で幕となり、つぎの場面から第二幕となる〕。映画では必ずしもそのような演出が求められるわけではないが、コクトーはこうした演出によってこそ、演劇での表現の可能性を映画において超えることができた。演劇の場合、それは舞台の制約上やむを得ない演出だったのだから、そこから映画と同じ効果を引き出すことは望め

『恐るべき親たち』(マルセル・アンドレとガブリエル・ドルジア). 舞台上の一室が映画でアパルトマンに変えられるなら, スクリーンの効果やカメラ技術によって, 舞台上の一室よりも狭苦しく感じられることだろう.

ない。セットや小道具の演劇らしい特徴をカメラがありのままに写し、ただその効果が増すように——ただし、それら装飾と登場人物の関係性を変えてしまうことなく——努めている場面が、この映画にはおびただしく含まれている。ただし、舞台上では難しかったことが、映画だとそうではなくなっている場合もある。たとえば、それぞれの部屋を順々に見せ、しかもその都度、幕を下ろさなくてはいけないという舞台上の制約に、映画が従う必要はない。時間と空間の真の統一性、それはカメラの可動性によってこそ導入される。上演時のねらいがとうとう制約なく表現されるには、そして『恐るべき親たち』がアパルトマン――そこではベッドの上の会話よりも、細目に開いた扉こそが重要な意味をもちうる――の悲劇にほかならないことをはっきり示すには、映画が必要だったのである。だがそれは、コクトーが自分の原作を裏切ったということではない。彼はあくまで戯曲の精神に忠実であり、コクトーは戯曲の制約の本質的な部分と偶発的、副次的な部分を見分けることができるからこそ、本質的制約のほうはいっそう尊重しているのである。映画はこの場合、舞台が余白として残した細部を写し出す現像液として作用しているにすぎない。

舞台装置の問題は解決しても、もっとも難しい問題が残っていた。デクパージュの問題である。コクトーはまさにこの問題において、創意あふれる想像力を発揮した。この映画では「ショット」という概念は消え去っている。「フレーミング」だけは残っているが、それは、周囲に存在していることが絶えず感じ取れる現実の一時的な結晶化といったものである。コクトーは自分の映画を「十六ミリフィルム」で撮ることを考えていたと繰り返し述べている。しかし、それは「考えていた」だけの話だ。実際に十六ミリで撮るのはかなり難しかったはずである。彼の映画において重要なのは、自分は出来事に完全に立ち会っているのだと観客が実感することである。それはもはや、ウェルズ

（あるいはルノワール）の映画における画面の深さによってではなく、これまで存在したことのない、私たちの気持ちの動きそのものと一体化したような巧妙なまでに素早い視線の動きをとおしてもたらされるのである。

おそらく、優れたデクパージュとは必ずやそうした効果を考慮に入れたものだろう。伝統的な「切り返しショット」は、対象への関心という基本的な流れに沿って対話シーンをカットに割る。深刻な場面で鳴った電話がクローズアップで写れば、そこに人物の関心が集中していることを意味する。しかし、このような一般的デクパージュは、現実を分析する三つのシステムを折衷させたもののように思える。つまり第一に、もっぱら論理的で描写的な分析（死体のそばにある凶器）。第二に、作品に内在する心理的な分析。これはあるシチュエーションのなかでのひとりの登場人物の視点に合致したものだ（『汚名』〔アルフレッド・ヒッチコック監督、一九四六年〕でイングリッド・バーグマンが飲まなければならない、グラスに入った――ひょっとしたら毒入りの――ミルク。[12] あるいは『疑惑の影』〔アルフレッド・ヒッチコック監督、一九四二年〕でテレサ・ライトがはめた指輪）。[13] 第三に、観客の関心に沿った心理的な分析。観客がおのずと関心を抱く場合もあれば、そうした監督の手口によって関心をかきたてられる場合もある。たとえば、自分ひとりしかいないと信じて疑わない犯人の背後でドアノブが回転するような場面（人形芝居を見ている子どもたちならば、警官が不意をついて捕らえようとするギニョル（人形芝居の主人公）に「危ない！」と叫ぶだろう）。

ほとんどの映画では、こうした三つの観点が組み合わさって出来事を映画的に統合しており、それらはただひとつの観点として受け止められている。だが実際には、そこにはさまざまな人物の心理や物理的な不連続性が含まれている。それは実のところ、保守的な小説家が行っていること――人も知るとおり、その点でフランソワ・モーリヤックはジャン＝ポール・サルトルの激しい批判を浴びた[14]――と同じなのである。オーソン・ウェルズやウィリアム・ワイラーが画面の深さや固定ショットに重きを置いたのは、そのような恣意的な切り貼りを拒否したからにほかならない。彼らは恣意的な編集よりも、どこからでも均一に何かを読み取ることができ、観客たちに目のつけどころを自分で選び取らせるような映像を選んでいる。

コクトーは、技法的には古典的なデクパージュに忠実でありながら（彼の映画は平均的映画のカット数を超えるカットを含んでいる）、実際には先に述べた三つめのカテゴリーに属すショット――つまり、観客の視点、あらゆるものを見通す洞察力をもった観客の視点からのショット――のみを使うことで、古典的なデクパージュに独自の意味を与えている。論理的で描写的な分析ショットも、登場人物の視点と合致したショットも排除され、もっぱら目撃者の視点があるばかりだ。かくして「主観カメラ」が実現されているのだが、それは通常とは違ったやり方による。つまり、『湖中の女』〔15〕のように、カメラを媒介にした観客と登場人物の安易な同一化によるのではなく、反対に、目撃者の徹底した外在性によっているのだ。カメラとは観客であり、観客以外の何者でもない。それでこそ、ドラマは完全にスペクタクルとなる。映画とは鍵穴から覗き見た出来事であるといったのもコクトーだった。ここでは鍵穴から家の中にまで侵入したような印象、「見ること」のほとんど猥褻ともいえる感覚が残るのである。

　こうした外在性への執着を示す、非常に象徴的な一例を挙げてみよう。『恐るべき親たち』の最後のほうの一場面で、毒をあおったイヴォンヌ・ド・ブレ〔一八八七―一九五四年。フランスの女優〕は、幸福そうなマドレーヌを囲む面々のにぎやかな様子を眺めながら自室へとあとずさりして遠ざかっていく。後退する移動撮影《トラヴェリング》によって、カメラは彼女に付き従う。だが、このカメラの動きは「ソフィー」〔イヴォンヌ・ド・ブレ演じるヒロインの愛称〕の主観的な視点とは決して一体化しない——普通はそうしたくなるものなのだが。確かに、もし私たちがこの女優になり代わり、その視線から見たのなら、移動撮影のインパクトはさらに高まっていただろう。だがコクトーはそんな過ちは犯すまいと努め、イヴォンヌ・ド・ブレの肩越しに光景をとらえつつあとずさりしていく。このシ

『恐るべき親たち』(イヴォンヌ・ド・ブレ). コクトーによる映画. 鍵穴から覗かれた事件.

ョットが映し出すのは、彼女が見ているものでも、彼女の視線でさえもない。それは彼女が見ているさまを見せるショットなのである。肩越しのショットとは確かに、映画にのみ許された特権かもしれないが、しかしコクトーはその特権を演劇にも与えてやろうとしているのである。

コクトーはこのようにして、観客と舞台の関係性の原理そのものに立ち戻った。映画においては複数の視点からドラマをとらえることができたにもかかわらず、コクトーはあくまで観客の視点だけを選び取った。それこそは舞台とスクリーンの唯一の共通点なのである。

かくしてコクトーは、映画化作品の中にも原作戯曲の本質的な演劇性を残している。他の幾多の映画監督たちとは違い、コクトーは映画の中に演劇的な性格を溶解させようとはせず、カメラのもつ可能性によって、むしろ演劇的な構造や、そこから生じる心理的な効果を際立たせ、強調し、堅固なものにしているのである。映画ならではの新しさは、ここでは演劇性の増加として定義しうるのではないだろうか。

こうした点において、コクトーはローレンス・オリヴィエ、オーソン・ウェルズ、ウイリアム・ワイラー、ダドリー・ニコルズらとの共通性を示している。『マクベス』、『ハムレット』、『偽りの花園』、『喪服の似合うエレクトラ』〔ダドリー・ニコルズ監督、一九四七年。原作はユージン・オニールの戯曲〕といった作品を分析すればそのことがわかるだろう。さらにはクロード・オータン＝ララが『ヘンリィ五世』のローレンス・オリヴィエにも似たやり方で大衆演劇を扱った、『アメリーを頼む』〔一九四九年。原作はジョルジュ・フェドーのヴォードヴィル劇〕のような作品もある。ここ十五年ほどのかくも意義深い成功作は、いずれも、映画における演劇的なせりふと構造の尊重というパラドックスを例証している。もはや何らかのテーマを「脚色」するのではない。映画によって戯曲そのものを上演しているのだ。素朴に、あるいは臆面もなく映画が演劇を「缶詰」にしていた時代から、近年の成功に至るあいだに、演劇映画の問題は根本から一新されたのである。そうした変化がいかになされてきたのか、私たちは見定めようとしてきた。さらに欲を出せば、その変化の理由を語ることができるだろうか。

Ⅱ

演劇映画を蔑視する者たちがライトモチーフのように繰り返す意見、彼らの最終的な、そして一見すると反駁しがたい論拠とは、演劇には俳優の身体的存在と結びついた、他には代えがたい喜びがあるというものである。アンリ・グイエは『演劇の本質』〔一九四三年〕で、「演劇に特徴的なのは、俳優と筋立てを切り離せないことである」と述べている。さらには、「舞台はあらゆる錯覚を取り込むが、俳優の存在に関わる錯覚だけは別である。衣装に身を包んで登場し、別の人物の魂や声を装ってはいても、舞台には俳優その人がいるのであって、それゆえ舞台空間は彼の存在の主張を認め、存在の厚みを持続として認める」とも述べている。逆にいえば、あらゆる現実を取り込むことができても、俳優の身体的存在という現実だけは取り込むことができないのが映画だということになろう。このように、俳優の存在にこそ演劇的事象の本質があるという見方に立つと、映画が演劇的な本質をわがものにする可能性はまったくないということになる。演劇においては生身の俳優の魂や存在を受け入れるべく、せりふの文体や言葉づかい、ドラマの構成が厳密に考えられているのだとすれば、映像ないしは影でもって人間の代わりにしようとする試みはまったくの徒労だということになる。こうした議論に反論の余地はない。そうだとすれば、ローレンス・オリヴィエ、オーソン・ウェルズ、ジャン・コクトーの成功は反駁すべきものであるか(ただしそのためには悪意が必要だろうが)、説明がつかないものだということになる。それは美学や哲学者への挑戦ということになるのだ。それゆえ、彼らの成功の秘密を明らかにするためには、「他には代えがたい、俳優の存在」という演劇批評の常套句を問い直さなければならない。

存在という概念

まずはじめに、「存在《プレザンス》」という概念の意味について考察しておきたい。というのも、映画がまさに問い直したのは、写真が出現する以前に受け入れられていた「存在」の概念であると思われるからだ。

写真的な――そしてとりわけ映画的な――映像は、その他のさまざまなイメージと同一に扱うことができるものなのか。そしてそれらのイメージと同じように、対象の存在と切り離して考えうるものなのだろうか。存在とは当然ながら、時間および空間との関係で定義されるものである。だれかと「対峙している《アン・プレザンス》」というのは、その人物と時間を共有していることを自覚し、私たちの感覚(映像なら視覚、ラジオなら聴覚)が自然と及ぶ範囲にその人物がいると認めることである。写真が生まれ、その後、映画が誕生するまでは、具体的な存在と不在のあいだを媒介することができたのは、造形芸術の中でもとりわけ肖像画だけだった。その理由は類似にあり、肖像画は類似によって想像力をかきたて、記憶を助けたのである。ところが、写真は肖像画とはまったくの別物である。それは事物や人間のイメージではなく、より正確にいえばその痕跡である。それが自動的に生成するイメージである点が、他の複写技術と写真を根本的に隔てている。写真家はレンズを介して、まぎれもなく光の痕跡を写し取る。それは型取りによる複製なのである。こうして写真家は単なる類似を超えた、ある種の同一性《イダンチテ》を手に入れるのだ(身分証《イダンチテ》は写真が到来しなければありえないものだった)。だが写真はその瞬間性ゆえに、一瞬の時間しかとらえることができず、その意味では不完全な技術だ。対象の時間を型取りしつつ、さらにその持続の痕跡までもつかみ取るという異様なパラドックスを実現したのが映画なのである。

十九世紀は視覚と音響の複写という客観的技術によって、イメージの新たなカテゴリーを出現させた。それらのイメージと、イメージの元となった現実との関係を厳密に定義する必要があるだろう。イメージの新しいカテゴリーの出現に直接由来する美学的な問題をしかるべく提起するには、議論の前提として哲学的な定義づけが求められるというだけではない。古くからある美学的な問いを、それに関係する諸カテゴリーが絶対的に新しい現象の出現によって何の影響も受けていないかのごとく論じようとするのは、いささか軽率なことである。おそらく、常識を備えた人々——彼らこそがこうした事柄をもっともよく見抜くものだ——は、そのことをよく理解したのであり、それゆえ、演劇における俳優の存在を強調するために、「生身の」という言い回しを生み出した。そしてポスターにその表現を書き加えたのである。それは彼らにとって「存在」の語が、今日では誤解の余地のある「生身の存在」なる冗語的な言い方も映画の時代にあっては余分ではないということだ。今や、存在と不在のあいだにはいかなる中間状態もありえないという考えは、それほど確かなものではなくなった。そしてまた映画の有効性の起源もまた、こうした存在論的なレベルにある。スクリーンには観客に俳優の「存在」を感じさせることはまったくできないというのは誤りで、スクリーンは鏡(鏡はそこに映るものの存在を受け渡すと考えられるだろう）のように俳優の「存在」を観客に感じさせる。ただしそれは裏面に貼られたアマルガムにイメージを留め、遅れて反射させる鏡なのである。[9] 確かに、モリエールが舞台の上で死を迎えるというようなこともありうるし〔モリエールは自作『病は気から』に出演中、気分が悪くなり、終演後に逝去した〕、観客には俳優の人生の時間をともに生きるという特権がある。だが、映画『マノレーテ』[16]を見るとき、私たちはこの名高い闘牛士の本物の死にまさしく立ち会う。あの歴史的な瞬間に闘牛場に居合わせたのとまったく同じ衝撃を受けるわけではないにしても、その衝撃の本質は同じものだ。私たちは直接の目撃者でなければ感じえないものを、カメラのズームアップによる人工的な近さのおかげで補っているのではないだろうか。一切はいわば、存在を定義する時間・空間のパラメーターのうち、時間の持続に関しては映画は実際のところ、弱められ、切り詰められた――ゼロにまでは減らないにせよ――形でしか再現できないとしても、空間的な要素の増大によって心理的な方程式の平衡は保たれるかのようだ。

少なくとも、存在という概念だけにもとづいて映画と演劇を対立させることはできないだろう。そのためにはまず、スクリーン上に残っている存在、哲学者や美学者がいまだほとんど明らかにしていないその存在について、あらかじめ考察しておかなければなるまい。とはいえ、ここでそれを試みようというつもりはない。というのも、たとえばアンリ・グイエが使っているような古典的な意味においてさえ、この「存在」が、結局のところ演劇の核となる本質をはらんでいるとは思えないからである。

対峙と同一化

演劇と映画がもたらす楽しみ、その楽しみの中にある知的というよりは直接的な部分とは何かを、自分の胸に率直に尋ねてみよう。すると、幕が下りたあと舞台が私たちに残す喜びには、いい映画を見たあとで得られる満足感よりも、もっと私たちを鼓舞するような、そしてはっきりいってしまえばより高尚な——あるいは、より道徳的なというべきかもしれない——何かがあることを認めざるをえなくなる。それは、私たちが演劇によって良心を高めるということかもしれない。ある意味では、観客にとってあらゆる演劇はコルネイユ的〔コルネイユの劇では主人公たちが徳の高さを競い合う〕なのである。こうした観点からすると、いかに優れた映画であってもそこにはつねに「何かが欠けている」ということになるだろう。あたかも映画においては必ずや電圧の低下、美学的なショートともいえる事態が起こり、何といっても舞台に固有のものである緊張感を私たちから奪うかのようなのだ。どれほど取るに足らぬものであれ、そうした違いは慈善公演の下手な演技と、ローレンス・オリヴィエの映画における見事な演技のあいだにさえ存在する。こうした事実確認はなんら目新しいことではなく、映画の誕生から五十年たったあとでも、あるいは〔演劇は映画に取って代えられるという〕マルセル・パニョルの予言がなされたあとでも演劇が生き残っていることが、その実地にもとづく十分な証拠となっている。

映画を見たあとでやってくる幻滅の根本には、おそらく観客の脱人格化という過程を指摘できるだろう。ローゼンクランツは、一九三七年〔正しくは一九三四年〕に書かれた当時としてはきわめて独創的な記事[10][17]の中で、「スクリーンの登場人物たちは、ごく自然に同一化の対象となる。それに対し、舞台上の登場人物たちはむしろ心理的に対峙する対象である。なぜなら、舞台上での実体的な存在感は、観客に対して客観的な現実性をもたらすからである。彼らを想像的な世界の対象に置き換えるには、観客が積極的に意図して、俳優たちの肉体の現実性を抽象化しようとしなければならない。ただしこうした抽象化とは、十分に自覚的な観客にしか求めようのない知性の働きの産物なのである」と述べている。映画の観客の場合は、客席が「群衆」と化し、感情が画一化するような心理的なプロセスによって主人公と同一化するという傾向がある。つまり「代数では、二つの数値のそれぞれが第三の数値と等しい場合、その三つの数値が等しいように、二人の人間のそれぞれが第三の人間と同一化するなら、二人は互いに同一化しあう」ということである。わかりやすい例として、舞台とスクリーンのそれぞれにコーラスガールが現れた場合を考えてみよう。スクリーンでは、彼女たちが登場すると無意識の性的な欲求が満たされる。主人公が彼女たちに近づいていけば、観客が主人公に同一化しているかぎり、観客の欲望も満たされるのである。舞台では、コーラスガールたちは観客の官能を呼び覚ます――現実にコーラスガールたちがそうしているように。しかも主人公との同一化は起きず、主人公は嫉妬や羨望の対象となるのである。それゆえ、「ターザン」は映画でしか考えられないものだ。映画は観客の渇望を癒すのに対し、演劇は観客の欲望をかきたてる。演劇は、観客のもっとも卑しい、本能的な欲望に訴えかけるときでさえ、それでもやはり、群衆としてのメンタリティが形成されるのをある程度まで妨げ(11)、心理学的な意味における集団表象を妨げるのである。というのも、映画が観客に受け身の参加を求めるだけであるのに対し、演劇は一人一人の積極的な意識を必要とするからである。

以上のような見解は、俳優に関する問題に新たな照明を投げかけるだろう。問題を存在論から心理学の次元に移し替えるのである。映画はまさに、主人公への同一化のプロセスを促す点で演劇と対立している。そう考えるなら、問題は必ずしも解決不可能なものではなくなるだろう。というのも、映画は観客に受動性を促すような演出方法だけでなく、逆に観客の意識を刺激するような演出手段も備えているのだから。それに対し、演劇は観客と主人公との心理的な対立をやわらげようとすることもできる。そうなると、演劇と映画はもはや乗り越えがたい美学的な隔壁によって分かたれているわけではなくなり、両者ともに観客に向かって二つの態度を引き起こそうとするだけであって、それについては演出家による裁量が大きいということになるだろう。

演劇がもたらす楽しみとは、それを仔細に分析してみるなら、映画だけでなく、小説のもたらす楽しみとも対立することがわかるだろう。真っ暗な映画館の観客が心理的に孤独であるのと同じように、小説の読者は身体的に孤独であり、登場人物たちに同一化する(12)。だからこそ読書に浸りきったあとでは、読者は映画館の観客よろしく、主人公への得体の知れない共感によって陶酔を味わうのである。明らかに小説の楽しみには、映画同様、自己満足や孤独への傾倒が、つまり社会的な責任を拒絶し、行動に背を向けるようなところがある。

こうした現象の分析はまた、精神分析的な観点からも容易になされうるだろう。精神科医がアリストテレスから借りたカタルシスという語を用いるのは、象徴的なことではないだろうか。「サイコドラマ」[18]に関する最近の教育学的な研究は、演劇においてカタルシスが起こる過程についての優れた洞察を示している。そこでは実際、被験者が即興的な演技を通じて自らの苦しんでいる抑圧から解放されるよう導くため、子供時代にはなお残っている演技と現実の観念の曖昧さが利用されている。結局のところこうした技法は、演技でありながら嘘がなく、俳優が自分の演技の観客でもあるような、一種の不確かな演劇を作り出しているのだ。そこで繰り広げられるアクションはフットライトによって現実世界から切り離されてはいない。明らかにフットライトこそは、観客と舞台とを切り離す検閲の具体的なシンボルなのである。観客はフットライトという光の壁の向こう側で、自分たちの代わりとして振る舞ってくれるようオイディプスに役割を託す。その光の壁は、向こう側ではディオニュソス的な怪物を生かすのと同時に、手前側の観客をその怪物から守りもする、現実界と想像界のあいだで燃え上がる境界線なのだ[13]。聖なる猛獣たちは、この光の帯を踏み越えてくることはないだろう。その光の外に出てしまえば、彼らは突飛で冒瀆的な存在にしか見えないのだから(俳優がまだメイキャップをしたままでいるうちは燐光のような威光に包まれていて、楽屋に赴いた私たちは畏敬の念と威圧感を覚えるのである)。演劇にフットライトがあるとはかぎらないとはいわないでいただきたい。ここでいうフットライトとはあくまで象徴的なものであって、それが存在しなかった昔でも、半長靴や仮面をはじめとして、別のシンボルはいくつもあったからだ。十七世紀に若い公爵たちが舞台上に陣取っていたのも、フットライトを否定するというより、むしろ、特権的な人間がいわば舞台を侵犯することで、フットライトの役割を裏づけていたようなものだ。同様に、今日、ブロードウェイでオーソン・ウエルズが客席に俳優たちを散らばせて観客に向けてピストルを「発砲」させたのも、フットライトを無化したわけではなく、その向こう側に飛び越えたのである。ゲームの規則は破られるためにも存在するわけで、違反することを期待されるプレーヤーもいるのだ(14)。

したがって、存在に論拠を置いた異議、その点のみに関しては、演劇と映画は本質的に対立するわけではないということになる。両者のあいだで問題なのは、むしろスペクタクルの二つの心理的なあり方である。演劇とは、観客と俳優が互いに存在している──ただし、演技をしているという前提で──という意識のもとに作り上げられる。私たち観客がフットライトを飛び越えて、あるいはまたその検閲に守られて、遊戯的にストーリーに参加していくことで、演劇は私たちに働きかけてくる。それとは逆に、映画では、真っ暗な部屋に隠れた私たちは、ブラインドのすき間越しに、私たちのことなど関知しない、世界の一部であるような光景を見つめるのである。そのとき、私たちが眼前に展開される世界に想像のうえで一体化するのを妨げるものは何もない。それは「世界」そのものとなるのだ。詳しく分析すべきなのはもはや、肉体的に現前している俳優の動きについてではなく、観客が積極的に参加することを拒むような「演劇的な演技」のあらゆる状況についてである。以下に見るとおり、そこで問題になるのは俳優やその「存在」よりも、人間および舞台装置《デコール》＝背景なのである。

舞台装置＝背景の裏側

演劇は人間がいなければありえないものだが、映画におけるドラマは俳優なしでも成り立ちうる。パタンと閉じる扉や風に舞う木の葉、浜辺に打ち寄せる波、これらはそれだけでドラマチックな力をもちうるのだ。映画の傑作には、人間を付随的な存在としてしか用いていないものもある。つまり端役、あるいは真の主役である自然の添え物という存在である。『極北の怪異(極北のナヌーク)』(ロバート・フラハティ監督、一九二二年)や『アラン』(同監督、一九三四年)のように人間と自然との戦いが作品の主題であっても、その戦いは演劇的な筋立てとは比べようもないものだ。それらの作品では、ドラマの基軸は人物ではなく事物の中にこそあるのだから。確かジャン＝ポール・サルトルがいって

アンドレ・マルロー監督『希望　テルエルの山々』．演劇では俳優からドラマが生じるが，映画ではドラマは背景から人物へと進んでいく．

いたように〔サルトルが一九四四年に行った講演「演劇の様式」を指すか〕、演劇では俳優からドラマが生じるが、映画ではドラマは背景から人物へと進んでいく。ドラマの流れがこのように逆になっているのが決定的に重要なのは、それが演出の本質そのものと関わってくるからである。

そこに写真的なリアリズムのひとつの帰結を見なければならない。確かに、映画が自然を扱うのは、映画にその力があるからだ。カメラは顕微鏡および望遠鏡としてのあらゆる性能を監督に提供する。だからこそ、まさに切れようとしているロープの繊維も、丘を駆けのぼって攻撃しようとする全軍も、私たちの手の届くところにある出来事となるのである。カメラの目にとって、ドラマの原因と結果のあいだにもはや物理的な境界線はない。ドラマはカメラによって、時空間に生じる偶然性を排除できるようになる。しかし、このような明白なドラマ的能力の解放は、人物よりも背景に価値が置かれるという逆転現象の美学上の二次的な理由でしかなく、その逆転現象を根本的に説明してくれるものではない。というのも、映画が舞台装置や自然の背景の使用をあえて自らに禁じる場合——すでに見たとおり『恐るべき親たち』がまさにその例だった——もあるのに対し、演劇では反対に、観客に遍在の錯覚を与えようと複雑な舞台の転換装置を用いるものだからである。全篇がクローズアップからなり、ジャン・ユゴーによる舞台装置(それも演劇的なもの)がほとんど目につかないカール・ドライヤーの『裁かるるジャンヌ』は、『駅馬車』よりも映画的ではないといえるだろうか。そんなはずはない。つまり、舞台装置の占める割合や、演劇の舞台装置との類似などは、映画的かどうかに関わる問題ではないのである。美術担当者は、『椿姫』の舞台となる部屋を、演劇と映画で極端に違ったふうに表現しはしないだろう。確かに、映画であればおそらくヒロインの血のついたハンカチがクローズアップで写し出される。とはいえ舞台でも、巧みな演出であれば、やはり咳とハンカチを用いるだろう。実際、『恐るべき親たち』のクローズアップはすべて、演劇において観客が思わず登場人物たちに注目してしまう場面で用いられている。映画の演出と演劇の演出との違いが、映画では舞台装置にいっそう間近に迫ることができ、かつまたそれをいっそう合理的に使えるということにしかないのであれば、もはや演劇を続ける理由はなくなってしまうだろう。すなわち、パニョルの予言のとおりになってしまう。だが、そうはなるまい。なぜなら、たとえば『死の舞踏』〔ストリンドベリの戯曲〕の上演のためにジャン・ヴィラール〔一九一二―一九七一年。演出家、俳優〕が作らせたわずか数メートル四方の舞台装置が、マルセル・クラヴェンヌ〔一九〇八―二〇〇二年。フランスの映画監督〕による素晴らしい映画化作品〔一九四六年〕が撮影された島に劣らず、ドラマに対して重要な役割を果たしているのはだれの目にも明らかだろうから。

　こうしたことが意味するのは、問題は舞台装置＝背景そのものではなく、その性質や役割の違いにこそあるということだ。私たちはいまや、とりわけ演劇的なひとつの観念、すなわちドラマが演じられる場の観念を解明していくべきだろう。

　大聖堂の広場であれ、ニームの円形劇場[19]であれ、ローマ法王の宮殿であれ、旅芸人の芝居小屋であれ、クリスチャン・ベラールが熱狂的な装飾を施したかのようなヴィチェ

マルセル・クラヴェンヌ監督『死の舞踏』でのエリッヒ・フォン・シュトロハイム．問題は背景自体(ここでは島)ではなく，その性質や役割の違いにこそある．

ンツァの半円形劇場にしろ、大衆演劇のロココ調の劇場にしろ、建物なくして演劇は成り立たないだろう。遊びであれ儀式であれ、演劇はその本性からして自然とは相容れないものだ。無理に演劇を自然のなかに溶け込ませようとしたら、それはもはや演劇ではなくなるだろう。その場にいる役者と観客の相互的な意識にもとづく演劇は、それ以外の世界と対立しなければならないのだ。演技が現実と、観客との協力関係が他の人々の無関心と、儀礼性が卑俗な有用性と対立しているように。衣装や仮面、化粧、独特の言葉づかい、そしてフットライトなどは、多少なりともこうした現実との差異化に寄与しているが、もっとも明白な違いは舞台にこそある。舞台はその建築的な構造をさまざまに変化させせながらも、実際にであれ象徴的にであれ、自然とは違う特権的な空間であることを示し続ける。ドラマが展開する舞台という限られた場所があって初めて、舞台装置は意味を持つ。舞台装置はひとえに、多少ともその場所を他から区別し、際立たせるためにある。ただしどんなものであろうとも、舞台装置は、客席に向かって開かれた三面からなる空間――それが舞台だ――の壁面をなす。そこにある人工の風景、建物の外面、植え込みなどは、布と釘と木材からなる裏面をもっている。「自分の部屋に引きあげる」――つまり、上手か下手に立ち去る――俳優が、実際には楽屋へ行って化粧を落とすのだということはだれでも知っている。光と錯覚に包まれた数メートル四方の空間は舞台装置と舞台裏に囲まれたものであり、舞台裏の隠されてはいるもののよく知られた迷路は、約束に則って鑑賞する観客の楽しみをいささかも妨げはしない。

舞台の構造の一要素にすぎない舞台装置とは、ゆえに物理的に閉ざされ、限定され、仕切られた場所なのである。そのうち「背景」をなす部分は、私たちの想像力の協力によって成り立っている。その外面は劇場の内側を向いて、観客とフットライトに向かい合う。舞台装置は裏側から支えられつつ、彼方の不在によって存在している。それは絵画が額縁によって存在しているのと同じである。(15) 絵画が、そこに描かれた風景と混同されることなく、また壁面に開けられた窓でもないのと同様に、アクションが繰り広げられる舞台および舞台装置は、世界に無理やりはめ込まれた、しかしまわりを取り囲む「自然」とは本質的に異質な、美学的小宇宙《ミクロコスモス》なのである。

それに対し、映画では事情が異なる。映画の原理はアクションのあらゆる境界線を否定する。演劇的な場の概念は、スクリーンの観念とは異質であるどころか、本質的に対立する。スクリーンとは絵画における額縁のような枠ではなく、出来事の一部しか見せることのない、いわばマスク〔合成画面を作る際にネガフィルムの不要部分を隠す紙〕なのである。登場人物がカメラのフレームからはずれると、私たちはその人物が視野から消えたのだと理解はするが、その人物はセットの別の場所、私たちからは隠された場所にそのまま存在し続けているのである。スクリーンには舞台裏がない。舞台裏をもつならば、ピストルや表情のクローズアップを世界の中心そのものにしてしまうような映画に固有の魔術を否定することになる。舞台の空間とは対照的に、スクリーンの空間は遠心的なのである。

演劇が必要とする無限性は空間的なものではありえない。それゆえ、演劇は人間精神の無限性を求めるほかないのである。閉ざされた空間に囲まれて、俳優は二つの凹面鏡の焦点にいるようなものだ。客席、そして舞台装置から、観客の意識というおぼろげな光とフットライトの光が俳優に向かって集まる。だが、彼の身を焦がすその光は、彼自身の情熱の光であり、俳優という焦点においてこそ生まれる光でもある。つまり、俳優は観客の一人一人に共犯の炎を灯すのだ。貝殻に耳をあてると大洋の響きが聞こえるように、演劇的な空間の内側では人間の心の無限のドラマがとどろき、反響する。だからこそ、こうした作劇法《ドラマツルギー》は本質的に人間的であり、人間はその作劇法の原動力にして主体となるのである。

それに対してスクリーン上では、人間はドラマの焦点であることをやめ、(はからずも)世界の中心に位置することとなる。映画では、俳優のアクションがもたらす衝撃はその波紋を無限に広げることができる。彼を取り囲む背景は世界の厚みを帯びているのだ。だからこそ俳優という存在が不在になることも可能なのである。なぜなら動物や森に対して、人間が最初から何らかの特権に浴しているわけではまったくないからだ。しかしながら、人間こそがドラマの主要な唯一の原動力となること(ドライヤーの『裁かるるジャンヌ』におけるように)が許されないわけではいささかもなく、その場合、映画は演劇とまさしく重なり合うだろう。『フェードル』や『リア王』も筋立ては映画的でもあれば演劇的でもある。『ゲームの規則』〔ジャン・ルノワール監督、一九三九年〕でウサギの死を目の当たりにしたとき、私たちはアニェス〔モリエール『女房学校』のヒロイン〕の子猫の死がせりふで語られたときと同様の衝撃を受けるのだ。

だが、ラシーヌやシェイクスピア、モリエールの芝居をただ録画、録音しただけで映画館にかけるわけにはいかないのは、それらにおける筋立ての扱い方やせりふの文体が、劇場という場所での効果を狙って考えられたものであるからだ。それらの悲劇が持っている演劇特有の性質とは、筋立て自体よりも、ドラマのエネルギーに与えられた人間的な、それゆえ言語的な優越性にある。

演劇映画に関する問題は、少なくとも古典的な作品を扱う場合、「筋立て」を舞台からスクリーンに移すことよりも、作劇法のシステムに則ったせりふを、その効力を保ちつつ映画という別のシステムに移すことにある。映画化を容易ならざるものにしているのは、本質的には演劇作品の筋立てではなく、筋の諸相——それをスクリーンにそれらしく翻案するだけなら、おそらく容易なことだろう——を超えた、美学的な偶然や文化的な偏見によって尊重を強いられるせりふの形式なのである。そしてそれこそが、スクリーンの窓に収まることを拒むのだ。「演劇とはシャンデリアである」とボードレールは書いている。[20] シャンデリアという透明に光り輝く複雑で円形の人工物——その中心で光は反射し合い、私たちをその光輪のとりこにしてしまう――に、別のシンボルを対置させるならば、映画とは映画館の案内嬢の小さなランプであるといっておこう。それは私たちの白昼夢の中を、つまりスクリーンを取り囲む、形も境界もない茫漠たる空間を、不確かな彗星のごとく横切っていくのである。

したがって、演劇映画の失敗と近年の成功の歴史とは、劇のエネルギーを、それを映し出す場に移し替えるか、あるいは少なくとも、映画の観客にもそれが感じ取れるように反響させる方法について、監督たちの手腕が熟達していった歴史だといえるだろう。つまりそれは俳優よりも背景やデクパージュに関するひとつの美学の歴史なのである。

それゆえ、演劇映画がつまるところ多少なりとも舞台の上演の実写でしかないのなら、最初から失敗が宿命づけられていることが理解できるのである。カメラが私たちにフットライトや舞台裏の存在を忘れさせようとするときでさえも、いやむしろそのようなときこそ失敗は免れえない。その場合、せりふの劇的エネルギーは俳優に帰属することなく、映画のエーテルの中にむなしく雲散霧消するだろう。せりふを尊重し、本物らしい舞台装置を背にして巧みな演技が繰り広げられてもなお、元の芝居が台なしになってしまったと感じることがある理由もそれでわかるだろう。格好の例でいえば、『荷物のない旅行者』がまさにそうだった。戯曲は一見するとそのままの形で私たちの前にあるのだが、目に見えないアースによって放電した蓄電池のように、すべてのエネルギーは失われてしまっていたのである。

だが、舞台とスクリーンにおける舞台装置の美学以上に、結局のところ問題となるのはリアリズムの問題である。いずれにせよ映画について語るとき、私たちはいつでもこの問題に引き戻されてしまうのである。

スクリーンと空間のリアリズム

映画の写真的な性質から、映画のリアリズム的性格という結論を引き出すのは確かに容易なことである。映画における不可思議や幻想性の存在は、映像のリアリズムを打ち砕くどころか、そうしたものの存在こそ、まさにそのもっとも確かな検証材料を与えてくれる。映画において幻想的な場面は、演劇の場合のように観客との暗黙裡の約束によって成立しているわけではなく、観客に示される事物の打ち消しようのないリアリズムにもとづいているのである。映画のトリックは物理的に完璧でなければならない。「透明人間」はパジャマ姿で煙草を吹かしてみせるのだ。

しかし、こうしたことから映画は現実の表象でしかないと結論すべきなのだろうか。

ありのままの現実ではないにしろ、少なくとも、観客が自分の慣れ親しんだ現実に等しいと認めるような、作り物ではない現実の表象であると。ドイツ表現主義が相対的にいって美学的に失敗しているという事実は、そうした考えを裏づけるものかもしれない。『カリガリ博士』〔ロベルト・ヴィーネ監督、一九二〇年〕が、演劇や絵画の影響のもと、舞台装置のリアリズムから逃れようとしたものだったことは確かである。だがそれだけでは、より緻密な答えを求める問題に対して、あまりに単純化した解決を示すことになる。映画の映像と私たちの生きる世界のあいだに共通点がありさえすれば、スクリーンは人工的な世界にも開かれていると認めるべきだろう。私たちにとって空間の経験こそが、世界を知覚するための下部構造となるからだ。アンリ・グイエの述べた定式「舞台はあらゆる錯覚を取り込むが、俳優の存在に関わる錯覚だけは別である」を言い換えて、「映画の映像からはあらゆる現実を取り除くことができるが、空間の現実だけは別である」ということができるだろう。

あらゆる現実、とはおそらくいいすぎである。なぜなら、自然界に存在するものに一切頼らず空間を再構成することは不可能だろうから。スクリーン上の世界は、私たちの生きる世界と同時に存在することはできない。スクリーンの世界は必然的に私たちの生きる世界に取って代わらざるをえない。世界という概念そのものが空間的にいって排他的なものだからだ。しばしのあいだ、映画はひとつの「宇宙」、「世界」、ないしは「自然」となる。捏造した自然や人工的な世界を、私たちの経験する世界の代わりにしようとした映画は、どれもが成功したわけではない。『カリガリ博士』や『ニーベルンゲン』〔フリッツ・ラング監督、一九二四年〕が失敗であるとして、『吸血鬼ノスフェラトゥ』〔F・W・ムルナウ監督、一九二二年〕と『裁かるるジャンヌ』の議論の余地のないほどの成功は何によるのか（成功といえる根拠は、この二作品がまったく古びていないことにある）。ただし、一見したところいずれの作品も演出法は同じ美学的系統に属しているように思えるし、個性や制作時期の違いはあるにせよ、四作品とも「リアリズム」ではなくある種の「表現主義」に分類できるように思われる。だが、より注意深く見てみれば、そこには本質的な差異があることに気づくだろう。ロベルト・ヴィーネとムルナウには、明らかな違いがある。『カリガリ博士』が照明や舞台装置によるデフォルメによって幻想性を生み出そうとしているのに対し、『吸血鬼ノスフェラトゥ』はほとんど自然の背景のなかで繰り広げられているのである。ドライヤーの『裁かるるジャンヌ』に関しては、より微妙である。一見すると、そこには自然なものは存在していないように思われるかもしれない。控えめではあっても、ジャン・ユゴーの舞台装置は『カリガリ博士』にも劣らず人工的かつ演劇的であり、一貫して使用されているクローズアップや奇抜なアングルはまさに自然の空間を解体していくものだ。だが、シネクラブの常連であれば『裁かるるジャンヌ』の上映の前には、役に合わせてファルコネッティ〔ジャンヌ・ダルク役の女優〕の髪が実際に切られたというよく知られた話や、俳優たちがメイキャップをしていないことが必ず話題に上ることを知っているだろう。こうした事実は、ふつう逸話的な興味の域を出ないものだが、『裁かるるジャンヌ』の場合、そういったところにこそ映画の美学的な秘密が、それも、この作品を不朽なものにしている秘密が隠されているように思われる。そうした事実によってこそ、ドライヤーのこの作品は演劇と袂を分かち、さらにいうならば人間と袂を分かつのである。ドライヤーはもっぱら俳優の表情だけに頼ったが、そうするほどに、彼は表情を自然へと変容させなければならなかった。間違えないでおこう、全篇が顔の映像からなるこの驚くべきフレスコ画は俳優の映画とはまさに正反対である。それは表情のドキュメンタリーなのだ。俳優がうまく「演じている」かどうかは重要でないが、コーション司教のいぼやジャン・ディードのそばかすこそが映画のアクションに欠かせない要素となっている。顕微鏡で見たようなこのドラマでは、自然全体が皮膚の毛穴ひとつひとつの下でふるえている。皺の動き、唇をすぼめるさまは、さながら地震の揺れであり、人間の表皮で起きる潮の流れ、満ち干である。だが私は、ドライヤーの映画的知性の極みを、彼以外の監督であれば必ずやスタジオで撮影したはずのシーンをドライヤーが野外で撮影している点に見出したい。大道具は確かに演劇や細密画の中世を想起させる。墓地での裁判や跳ね橋つきの城門ほど現実味を欠いたものもないだろう。だが、すべては太陽の光に照らされており、墓掘り人は穴の中にシャベルで本物の土を放り込んでいる。[16] 作品の美学とは一見すると対立する、こうした「瑣末」な細部こそが、この作品の映画としての性格を決定づけている。

映画のもつ美学的なパラドックスが具体性と抽象性の弁証法のうちに存し、スクリーン上では現実的なもののみを媒介に表現しなければならないという点にあるとすると、自然な現実味という印象を強める演出上の要素と、そうした印象を破壊する要素を見分けることがますます重要になってくる。とはいえ、現実感は事実の積み重ねによって生じると考えるのはいささか乱暴だろう。たとえば『ブーローニュの森の貴婦人たち』においてはすべてが、あるいはほとんどすべてが様式化されているが、それにもかかわらずきわめてリアリズム的な作品だとみなすことができる。すべてとはいっても、ワイパーのささいな音や、滝の流れる音、花瓶が割れて土がこぼれるかすかな音などは別であり、映画の筋立てとは無関係であるために慎重に差し挟まれたこうした物音こそが、映画の迫真性を保証しているのである。

映画とは本質的に自然の作劇法である以上、世界に含み込まれるのでなくそれに取って代わるような開かれた空間の構築なくして、映画は存在しない。スクリーンはその空間感覚の錯覚を、ある程度自然に依拠しないことには私たちにもたらしようがないだろう。だがそのためには、背景や建物、広い空間の構築といった問題以上に、美学的な触媒を取り出すことが重要である。演出にごく少量加えるだけで、その演出が完全に「自然」と化して沈殿するような触媒が必要なのだ。コンクリートでできた『ニーベルンゲン』の森は無限に広がっていくように見せかけてはいるが、私たちはその空間を信じることはできない。だが、太陽の光の下、白樺の枝が風に揺れるだけで、世界のすべての森を想起させることは可能なのだ。

こうした分析が正当なものだとしたら、演劇映画についてのもっとも重要な美学的な問題とは、まさしく背景の問題であることがおわかりいただけよう。映画監督が挑み続けなければいけないのは、内側のみを向いている空間――演劇的な演技のための閉じられた因習的な場所――を、世界に開かれた窓へと転換することなのである。

演出による改変によって、せりふが余計なものと感じられたり、迫力が弱まったと感じられることがあるが、ローレンス・オリヴィエの『ハムレット』も、ましてやオーソン・ウェルズの『マクベス』の場合もそうではない。逆説的なことだが、ガストン・バティ〔一八八五―一九五二年。コメディ・フランセーズで舞台演出家として活躍〕の舞台演出にお

『マクベス』より．張りぼての岩を使うことによって，オーソン・ウェルズは自然なリアリズムを尊重しながらも，背景にドラマとしての不透明さを付与することに成功した．

いてこそ、そのように感じられることがある。そうした事態が生じるのは、まさにバティが演劇の舞台上に映画的な空間を作り出そうとして舞台背景の裏側を否定しようとするとき、またその結果、せりふのもつ響きが共鳴箱を奪われて――弦だけのヴァイオリンさながら――単なる俳優の声のふるえでしかなくなってしまうときだ。演劇の本質がせりふであることは否定しようがないだろう。

だからこそ、舞台上での人間中心的な表現として考え出され、それのみの力で自然を補う役割を与えられたせりふは、ガラスのように透明な空間で発せられるとき、その存在意義を失わずにはすまないのである。したがって、映画作家に課されている問題とは、自然なリアリズムを尊重しながらも、背景＝装飾にドラマとしての不透明さを付与することにある。空間に関するこうしたパラドックスさえ解消されれば、映画監督は演劇の約束事やせりふの絶対性をスクリーンに持ち込むことを恐れるどころか、それらの約束事を踏まえて自由に振る舞えるのだ。そうなれば、「演劇らしさ」を避けることはもはや問題ではなくなる。それどころか「演劇らしさ」を強調することさえありうるだろう。それが映画的な安直なやり方を拒んだ『恐るべき親たち』におけるコクトーや『マクベス』におけるウェルズの場合であり、演劇的な部分をいわばイタリック体で明示した『ヘンリィ五世』でのローレンス・オリヴィエの場合である。私たちが十年来、目にしてきた演劇映画への明らかな回帰は、本質的に、背景とデクパージュの歴史のなかに位置づけられる。それはリアリズムの獲得への道である。それはもちろん題材や表現方法のリアリズムではなく、動く写真が映画となるために欠かせない空間のリアリズムである。

演技のアナロジー

演劇映画のこうした発展は、演劇と映画の対立が、存在感という存在論の範疇ではなく、演技における心理学の問題としてとらえられたからこそ可能になったものである。それは絶対的なものから相対的なものへ、二律背反から単なる矛盾への変化である。映画には演劇におけるような一体感を観客にもたらすことはできないとしても、ある種の演出上の巧みさによって最終的には――それこそが決定的な要素となるのだが――せりふのもつ意味や効力を保たせることができる。演劇のせりふを映画的背景の上に移植することは、今日では成功可能な操作となったのだ。なお残るのは、演劇の観客と俳優とのあいだの、互いが積極的に対峙しているという意識――それこそが演劇の演技を構成するもの、劇場建築が象徴しているものにほかならない――である。しかしこうした意識にしても、映画の心理学に還元できないものではない。

実際、対峙と同一化をめぐるローゼンクランツの議論には重要な訂正が必要だろう。その理論には曖昧な部分があり、当時の映画の状況では目立たなくても、今日の進展とともに問題は明らかになる一方だからだ。ローゼンクランツは同一化の概念を、受動性や現実逃避と当然のごとく同一視しているように思える。だが、現実には神話的な映画、夢想的な映画は、今となってはしだいに少数派となりつつあるジャンルでしかない。偶発的かつ歴史的な社会条件と、避けがたい心理の働きを混同してはならない。両者は一点に集中しながらもひとつになることのない、観客の意識の二つの動きに対応している。すなわち、私はターザンに同一化するときと同じように田舎司祭〔ロベール・ブレッソン監督『田舎司祭の日記』の主人公〕に同一化するわけではないのだ。この二人の主人公を前にしたときの私の態度に共通するのはただ、彼らの存在を実際に信じているということ、そして映画に加わろうというのであれば、彼らの身に起こる出来事に自分も巻き込まれることを拒むわけにはいかず、彼らの世界、それも比喩的にではなく、空間的に実在している「世界」の内部で、彼らとともにその出来事を体験することを拒むわけにはいかないということのみである。ただしそうやって内部に入るとはいえ、田舎司祭の場合、その人物とは異なった私自身の自意識がなくなるわけではないのに対し、ターザンの場合は自意識をなくすことに同意しているのである。受動的な同一化をさせなくするのは、観客の感情に起因するこうした要素だけではない。たとえば『希望　テルエルの山々』〔アンドレ・マルロー監督、一九三八―一九四五年〕や『市民ケーン』〔オーソン・ウェルズ監督、一九四一年〕のような作品は、観客に対し、受動性とは正反対の理知的な注意深さを求めている。せいぜい主張しうるのは、映画の映像が作り出す心理は、受動的な同一化をその特徴とするような、主人公の社会的状況へと自然に流されていく傾斜を生み出すということぐらいだろう。しかし、芸術においては人間の精神と同じように、傾斜とはそれに逆らう動きを作り出すものでもある。現代の演劇人は、相対的なリアリズム演出によって、演技の意識を弱めようとする傾向があるが（だから、グラン・ギニョル座〔十九世紀末から二十世紀半ばにかけてパリに存在した大衆芝居の見せ物小屋〕のファンは恐怖を楽しみながら、恐さの絶頂にあってもなお、自分が騙されているという意識を心地よく味わっているのだ）。それに対し映画監督は、観客の意識を刺激するとともに、彼らの内省をも促す方法を発見しつつある。登場人物への同一化のただなかに対立を生じさせるようなやり方だ。このような私的な意識の領域、錯覚の真っ最中での「我関せず」的態度は、観客ひとりひとりに一種のフットライトを作り出す。だから、演劇映画において自然と対立するのはもはや舞台という小宇宙ではなく、自己を意識する観客なのである。映画においては、『ハムレット』や『恐るべき親たち』であっても、こうした映画的な知覚の法則から逃れることはできず、また逃れるべきではないのだ。エルシノア〔『ハムレット』の舞台となるデンマークの街〕や家馬車〔『恐るべき親たち』の舞台となる家〕は現実に存在するのであり、姿の見えない私はその中を歩きまわって、ある種の夢がもたらすものに

『マクベス』でのオーソン・ウェルズ．演劇本来の効果は直接的にはほとんどもたらされない．ここではそれは誇張にもとづく複合的な美学的メカニズムのおかげで伝達されるのである．

も似た曖昧な自由を満喫する。私は「歩む」、ただし一定の距離は保ちつつ。

確かに、心理的同一化のただなかにおいてもこのように知的意識を保つことは可能だとしても、それを演劇を構成する観客の側の意志の働きと混同してはならないだろう。だからこそ、パニョルのように舞台とスクリーンを同一視しようとしても無駄なのである。映画がどんなに私を意識的に、また理知的にすることができたとしても、映画は私の意志に訴えかけてくるのではない。せいぜい私の好意に訴えるにすぎない。映画が私の努力を必要とするのは理解され、味わわれるためであって、映画が存在するためにではない。しかし、経験に即していうなら、映画によって可能となるこうした意識の余白によって、純粋に演劇に固有の喜びに相当するだけのものを十分生み出すことができるように思われる。あるいはいずれにせよ、戯曲の芸術的な価値の本質を保つことはできるのではないか。映画が舞台での上演に完全に取って代わるとはいえなくても、少なくとも映画は演劇に対して芸術的にまっとうな形での存続を保証し、舞台と類似の喜びを私たちに提供することができる。実際、そこでは複合的な美的メカニズムしか問題になりえない。そのメカニズムにおいては、演劇本来の効果は直接的にはほとんどもたらされないが、仲介のシステム（たとえば『ヘンリィ五世』〔舞台の場面と映画的場面を、ナレーションを介してつなぎ合わせている〕）や誇張のシステム（たとえば『マクベス』）、誘導のシステム、競合のシステムを駆使することによって、演劇的な効果は保たれ、再構成され、伝達されるのである。真の演劇映画とは蓄音機ではなく、オンド・マルトノなのだ。[21]

教訓

このように、演劇映画の(確かな)実践と(ありうべき)理論とによって、かつての失敗の理由は明らかになった。演劇を単に動く写真によって記録するのは幼稚な過ちであり、そのことは三十年来認識されているのだから、ここで強調するには及ばない。映画への「翻案」のほうは、それが誤ったやり方であることがあらわになるまでにより多くの年月を要したわけであり、なおも人々の目を欺き続けるだろうが、その行き着く先は私たちにはわかっている。それは演劇にも映画にも属さない美学的な冥界、映画の精神に反する罪として正当にも非難されたあの「撮影された演劇」に通じているのである。ようやく垣間見えてきた真の解答とは、演劇作品のドラマ的要素——これはある芸術から他の芸術に交換可能——をスクリーンに移し替えるのではなく、逆に、ドラマの演劇性を移し替えるべきなのだと理解することにあった。脚色すべきなのは、戯曲の主題ではなく、その舞台的特性における戯曲それ自体なのである。ようやく明らかになったこうした真実のおかげで、最後に以下の三つの命題を提示することができるだろう。それらは一見したところ互いに矛盾しているように思われるが、よく考えてみるならば当然の命題となる。

一　映画を助ける演劇

第一の命題、それは正しく構想され撮影された演劇であれば、映画を退廃させるどころか、もっぱら映画を豊かにし、高めるということである。それはまず、作品の中身について当てはまる。今日の演劇作品と比べてではないにしろ(というのも、そこにはジャン・ド・レトラ〔一八九七—一九五四年。大衆演劇の劇作家〕やアンリ・ベルンステン〔一八七六—一九五三年。軽演劇の劇作家〕らの作品まで含まれるのだから)、少なくとも現在まで命脈を保っている演劇の遺産と比べるなら、映画作品の平均的レベルが知的にきわめて劣っているということは残念ながらあまりに確かである——たとえそれが、演劇の遺産の古さゆえのことでしかないとしても。私たちの世紀は、十七世紀がラシーヌやモリエールの世紀であったように、チャップリンの世紀である。とはいえ、映画の歴史は半世紀でしかないのに対し、演劇の歴史は二十五世紀に及ぶのである。映画のようにここ十年の作品だけに限るとしたら、フランスの演劇は今日、どうなってしまうだろう。映画が主題不足を経験しつつあることを否定するのは難しいのだから、シェイクスピアや、あるいはジョルジュ・フェドー〔一八六二—一九二一年〕でさえも脚本家として雇い入れたところで別段、危険を冒すことにはならない。これ以上は主張するまでもないだろう。事情はあまりにも明らかだ。

映画の形式に関しては、事情はそれほど明らかとは思えないかもしれない。映画も演劇と同じように独自の規則や言語をもつ立派な芸術である以上、他の芸術の規則や言語に従うことで何が得られるというのか？　だが、多くのことが得られるのだ。それもまさに、映画が幼稚でむなしいまやかしの手段とは縁を切り、真の意味で演劇に従い、演劇に仕えようとする場合に限ってである。このことを十全に証明するには、芸術における影響というものの美学的な歴史の中に、映画と演劇の事例を位置づけてみる必要があるだろう。その歴史をたどれば、少なくとも諸芸術の発展の途次において、互いの技法のあいだに生じる決定的な交流のさまが明らかになるはずだ。「純粋芸術」に関する私たちの先入見は、比較的最近の批評概念である。だが、こうした先行例を引き合いに出すこと自体、さほど必要ではない。私たちが右に何本かの偉大な作品を通してそのメカニズムを解明しようとした映画的演出の芸術こそが、私たちの理論的な仮説以上に、監督の側における映画的言語への理解と、それに匹敵するだけの演劇的事象への理解を示しているのだ。「芸術映画《フィルム・ダール》」が失敗に終わったのに対しローレンス・オリヴィエやコクトーが成功したのは、オリヴィエやコクトーがはるかに進歩した表現手段を使える時代にあったからだが、その表現手段を自分たちの同時代人よりもはるかに巧みに実際に使いこなすことができたからでもある。『恐るべき親たち』は素晴らしい作品かもしれないが、演劇的な演出に一歩一歩従っているだけだから「映画ではない」というとしたら、それはじつに馬鹿げた批評である。なぜなら、そうであるからこそ、この作品は映画になっているのだから。むしろ、映画ではないのは、マルセル・パニョルの最新版の『トパーズ』〔22〕のほうで、それはこの作品がもはや演劇ではないからだ。オリジナル脚本にもとづいて撮られた映画作品の九割には求め得ない映画らしさ、偉大な映画らしさが『ヘンリィ五世』たった一本のなかにある。コクトーが強調したとおり、純粋詩とは何も意味しないものではいささかもない。ブレモン神父〔23〕が示した例はどれも、その逆を例証している。「ミノスとパジファエの娘〔24〕」は戸籍簿としての意味をはっきりと持っている。あいにくまだ実現されてはいないが、この詩句をスクリーン上で唱えるすべもあるだろう。その作品は純粋映画ということになるはずだ。なぜなら、そのような手法は詩句の演劇的な力を可能なかぎり巧みに尊重するだろうから。映画がせりふに、そしてせりふの演劇的な要求に忠実であろうとすればするほど、必然的に映画自身の言語を深めていかなければならないだろう。最高の翻訳とは、二つの言語の精髄ともっとも深くつながりつつ、双方をもっとも自在に操る能力にもとづくものである。

二　演劇を救う映画

それゆえ、映画は演劇から得たものを、今後惜しむことなく演劇に返すことになるだろう。もし、すでにそれを返していなければの話だが。

　というのも、演劇映画の成功が映画の形式について弁証法的な進歩をもたらすとしたら、その成功は逆に、そして当然ながら、演劇的な事象の再評価にもつながるからだ。映画は演劇を缶詰にすることで、演劇に取って代わろうとするだろうというマルセル・パニョルによって広められた考えは、完全に誤りである。ピアノがチェンバロを駆逐したようにスクリーンが舞台に取って代わることはありえない。

　まず、「演劇に取って代わる」のはだれのためだろうか。ずっと前から舞台を見捨てたはずの、映画の観客のためではありえない。私の知るかぎり、民衆と演劇との乖離は、一八九五年のグラン・カフェでの上映会〔リュミエール兄弟による、世界初の映画の上映会〕に始まるわけではない。ならば、今日の劇場で常連となっている、少数の文化的、経済的な特権階級のためなのか。だが、ジャン・ド・レトラは破産などしていないし、パリにやってきた田舎の人でもスクリーンで見たフランソワーズ・アルヌール〔25〕の胸とパレ・ロワイヤル劇場で見るナタリー・ナティエ〔26〕の胸――こちらはブラジャーに隠されてはいる――の区別がつかないわけでないこともいうまでもない。ただしあえていうなら、ナティエの乳房こそが「生身である」。ああ、かけがえのない俳優の存在よ！　マリニー座やフランス座のような「真面目な」劇場となると、その常連の大半は映画館には行かないだろうが、その他の人々は、演劇の楽しみと映画の楽しみを区別したうえで、どちらにも足を運ぶことのできる観客たちばかりなのは明らかだろう。本当のところ、演劇映画が侵した領土があるとすれば、それは今なお存在している演劇スペクタクルの領域ではなく、それよりもはるかに、今はなき大衆演劇の諸形態がとうの昔に立ち去ってしまった跡地なのである。映画は演劇と正面から競合するわけではないというだけでなく、演劇が失ってしまった観客に演劇的な嗜好や感覚を取り戻させようとしているのである。(17)

確かに「缶詰にされた演劇」は、一時期、劇団の地方ツアーが姿を消す原因となったかもしれない。マルセル・パニョルは『トパーズ』を撮影したとき、自らの意図を隠さなかった。それは、「パリ級の」配役による芝居を、映画館の席料で地方の客に提供することにあった。大衆演劇の場合、事情はしばしばそうしたものだった。ロングランの成功が終わると、その芝居を見られなかった人たちに映画が配給されるのである。かつてバレ一座が冴えない配役で巡業に出かけた場所で、映画はもっと低料金で、初演時と同じ俳優と、より豪華なセットを提供したのである。だが、こうした錯覚がはっきりと威力を示したのは、数年のあいだにすぎない。今日では、経験に学び改善された地方巡業が復活している。戻ってきた観客たちは、映画のせいで配役や演出の豪華さには慣れっこになってしまっており、その結果よくいわれるように、見方が変わった。彼らは演劇にそれ以上、あるいはそれ以下のものを期待しているのだ。巡業の主催者としても、かつては映画という競争相手がいなかったがゆえに地方巡業には多少質を落として臨んだとしても、そういうやり方はもはや許されなくなったのである。

だが、パリで成功した作品を地方に広めることは、演劇再興の精華というわけではないし、それが映画と演劇の「競争」がもたらした最大の功績だというわけでもない。むしろ、地方巡業の質が改良されたのは、悪しき演劇映画のおかげだとさえいえる。観客の一部はいつしか演劇映画の欠点にうんざりさせられ、劇場に戻ってきたのである。

かつては、写真と絵画のあいだでも同様の事態が起こった。写真の登場によって絵画は、美学的にもっとも非本質的な部分を捨て去ることができた。すなわち類似と逸話的興味である。そして写真の完璧な再現性、経済性、そして容易さは、結局のところ絵画の価値を高めることになったし、絵画にしかない特質をより堅固にすることにもつながったのである。

しかし、写真と絵画の共存がもたらした恩恵はそれだけではなかった。写真家は画家の中の最下層民という地位に留まらなかった。絵画は写真によって自己をより意識するようになったのと同時に、写真を自らのうちに取り入れたのだ。写真という現象を（そして予言的に、映画という現象さえも)その内側から本質的に理解したのは、ドガやトゥールーズ＝ロートレック、ルノワールやマネだった。写真と向き合ったとき、彼ら画家は、唯一の有効なやり方で、つまり絵画技術を写真技術との弁証法によって豊かにすることで写真に対抗したのである。彼らは写真家たち以上に、そして映画作家たちよりもはるか以前に、新しい映像の法則を理解した。そして彼らこそがその法則をいちはやく創作に適用したのだ。

だが、これでもまだすべてではない。写真はさまざまな造形芸術に対して、さらに決定的な役割を果たしている。各造形芸術の領域はいまやはっきり認知され、境界の定まったものではあるが、機械によって生成する映像は、絵画的なイメージについての私たちの認識を豊かにし、一新しつつある。アンドレ・マルローはこの点に関し、正しい指摘をしている。絵画がもっとも個人的で骨の折れる芸術、あらゆる妥協からもっとも遠く、しかも、もっとも近づきやすい芸術になりえたのは、カラー写真のおかげであるというのだ。

演劇に関しても同じプロセスが当てはまる。つまり、出来の悪い「缶詰にされた演劇」は、真の演劇が自らの法則を自覚するのを助けたのである。映画は演劇における演出の概念を刷新するのにも貢献したのだ。これらはいまや疑いの余地ない成果である。

だが、良き演劇映画が垣間見させてくれる第三の成果がある。それは大衆の演劇に関する教養は、興味の広がりという点でも理解の深まりにおいても飛躍的に進歩しうるという可能性だ。『ヘンリィ五世』のような映画とは、つまるところ何なのだろうか。だれにとっても、まずはシェイクスピアの作品だ。だがそれに加え、何といっても、この映画はシェイクスピアのドラマの詩情を照らし出すまばゆい光である。それは演劇の教育にもっとも有効な、もっとも輝かしい光なのである。輪をかけてシェイクスピア的なものとなった物語から、新たなシェイクスピアが生まれ出ることになる。演劇作品の映画化は、小説の映画化が出版社の懐を潤すのと同じく、潜在的な演劇の観客を増やすだけに留まらない。観客はそれまでよりもはるかに演劇を楽しむ心がまえができるのである。ローレンス・オリヴィエの『ハムレット』は、ジャン＝ルイ・バロー〔一九一〇―一九九四年。舞台俳優、演出家。映画俳優としても活躍〕の演出する演劇『ハムレット』の観客を必ずや増やすことになるだろうし、また観客の批評的な感覚を鋭敏にもするだろう。絵画作品の現代における最高級の複製と、原画を所有することとのあいだには如何ともしがたい差異が存在するのと同様、スクリーンで『ハムレット』を観ることは、たとえばイギリス人の学生劇団による上映だとしても、舞台でシェイクスピアを観る体験に取って代わるわけにはいかない。しかし、アマチュアによる「実際」の上演がもつ優位性を認めるには、つまり彼らの演技に加わるには、演劇についての真の教養が必要なのである。

こうして、演劇映画が成功を収め、演劇的な事象を深く究めて演劇に貢献すればするほど、スクリーンと舞台のあいだの解消しがたい差異が浮き彫りになる。それとは反対に、一方では「缶詰にされた演劇」、他方では凡庸な大衆演劇はともに演劇と映画の一致という誤解を温存させようとする。だが『恐るべき親たち』のような作品は人々を騙すことがない。どの場面も舞台で演じられる以上に効果的なものとなっているが、同時に、どの場面も実際に上演に立ち会ったならば味わえただろう得もいわれぬ楽しみを暗黙のうちに伝えてもいるのだ。真の演劇にとって、良き演劇映画にまさる宣伝はありえないだろう。こうした真実はいずれももはや異論の余地のないものであり、この点について長々と論じたのは、「撮影された演劇」の神話が、今なお偏見や誤解、紋切り型としてまかり通っているさまをあまりにしばしば目にするからにすぎないのである。

三　撮影された演劇から映画的な演劇へ

私の最後の命題は、確かに、より大胆なものであるだろう。これまで私たちは演劇を美学的絶対性としてとらえ、映画はそれに満足のいくやり方で接近することはできるにせよ、結局のところせいぜいその控えめな下僕にしかなれないと考えてきた。しかしながら、本稿の第一部ではすでに、笑劇やコメディア・デラルテのようなほとんど消え去った演劇ジャンルがドタバタ喜劇映画のなかで息を吹き返した次第を明らかにすることができた。ある種の演劇的なシチュエーションや、時代とともに退化したある種の技法は、存続に必要な社会学的養分を映画に見出したのち、さらには、舞台においては宿命的に衰えていくほかないその美学が十全に発展を遂げるための条件をも、映画のうちに見出したのだった。空間に登場人物に劣らぬ役割を割り当てることで、映画は笑劇の精神を裏切りはしない。映画はただ、たとえばスカパンの棒きれ[27]に込められた形而上的な意味に現実の大きさ、つまり「宇宙」の大きさを与えるのである。ドタバタ喜劇映画とは、なかんずく物事の騒乱状態を劇的に表したもので(も)ある。チャップリン以上にキートンは、そこから「物」の悲劇を作り出すことができた。しかしながら、喜劇的様式が演劇映画の歴史のなかで、一個の独立した問題を形作っているのも事実である。なぜならばおそらく笑いによって、映画館の観客は全体としての自意識を形成し、それを支えとして演劇における舞台と観客の対峙に似たものを作り出すことができるからだろう。いずれにせよ、そしてこの点について論考をそれ以上進めなかったのもそのためなのだが、映画と喜劇の接合は自然に生じたのであり、また両者の接合はあまりに完璧だったから、その成果はつねに純粋に映画的な作品として受け止められたのだった。

映画が喜劇以外の演劇をも、裏切ることなしに受け入れることができるようになった今では、映画はそれら演劇のもつ潜在能力を発揮させることで演劇を変革することができると考えるのを妨げるものは何もない。これまで見てきたように、映画とは演劇的演出のひとつの逆説的様態でしかありえないし、またそうでなければならないのだが、舞台に固有の構造もまた映画にとって重要であり、『ジュリアス・シーザー』〔シェイクスピアの戯曲〕を円形劇場で演じるかアトリエ劇場で演じるかは、どうでもいい問題ではない。しかるに、ある種の、それも重要な演劇作品が、この三十年、五十年来、必要な演出方法と今日の嗜好とのあいだの食い違いに悩まされるという事態が起こっている。私が考えているのはとりわけ悲劇作品のことである。そこでとりわけ障害となっているのは伝統的な悲劇俳優がいなくなってしまったことであり、ムネ＝シュリ〔一八四一―一九一六年。伝説的な悲劇俳優〕やサラ・ベルナールのような俳優は今世紀初頭、中生代末期に恐竜が絶滅したごとく消えてしまった。運命の皮肉によって、化石となった彼らの遺骸を「フィルム・ダール」の中に保存する役回りを担ったのは映画だった。こうした伝統的俳優の消滅を、重なり合う二つの原因ゆえに映画のせいだとすることが常套句となっている。ひとつは美学的な、もうひとつは社会的な原因だ。美学的な原因とは、映画が実際、演技における真実味についての私たちの感覚を変えてしまったことにある。サラ・

ベルナールやル・バルジー[28]の出演している短篇映画をひとつでも見てみれば、彼らのような俳優は依然として、実質的には大昔の半長靴や仮面をまとって演技をしていたことがわかるだろう。だが、クローズアップの映像が私たち観客に滂沱の涙を流させる力をもつ今日では、仮面など馬鹿げた代物でしかないし、どんなに弱々しい声もマイクで意のままに拡大できる時代に、メガホンを使うのは滑稽である。かくして私たちは、自然な状態で表現される内面性に慣れてしまったため、舞台俳優にはもはや限られた様式化の自由しか残されておらず、それを越えると真実らしくなく思えてしまうのである。社会的な要因のほうは、おそらくより決定的なものだ。ムネ＝シュリが成功し、力をもっていたのは、確かに彼の才能によるものではあっただろうが、好意的な観客の称賛に支えられていたからでもある。それはつまり、今日ではほぼ完全に映画界に移行してしまった「聖なる怪物」〔元来は偉大な舞台俳優に対し用いられた表現〕という現象なのであった。国立高等演劇学校《コンセルヴァトワール》の選抜試験がもはや悲劇俳優を生み出していないというのは、サラ・ベルナールのような俳優はもはや生まれないということを意味するわけではなく、時代と彼らの才能とがもはや合致しなくなったというだけのことである。たとえば、ヴォルテールはさんざん苦労して十七世紀の悲劇を模倣した。それは彼がラシーヌただ一人が死んだと思っていたからだが、実は悲劇そのものがすでに滅びていたのである。今日、私たちにはムネ＝シュリと田舎の大根役者の違いも区別できないかもしれない。それを認識する力がなくなっているのだ。今日の若者が「フィルム・ダール」を見たなら、そこに怪物はともかく、聖なるものはもはや見出せないだろう。

こうした状況では、とりわけラシーヌの悲劇が陰りを見せているのも驚くべきことではない。コメディ・フランセーズには、その保守主義的な方針ゆえに、幸いラシーヌ作品をまずまずの形で存続させることはできているとはいえ、それが大成功を収めることはもはやない(18)。しかもその存続とは、伝統的な価値観が興味深い濾過のプロセスを経て、今日的な嗜好に巧みに適合させられた結果にすぎず、現代という時代に根ざして原作がラディカルに一新させられているわけではない。古代悲劇についていえば、それが私たちを改めて感動させることもあるのは、逆説的にもソルボンヌ大学と学生たちの考古学的な熱意のおかげである。だが、まさしくそうした素人たちによる実験のうちに、私たちはプロの俳優たちの演劇に対するもっとも根本的な異議申し立てを見なければならないのだ。

だが、悲劇が舞台において糧としてきた「聖なる怪物」の美学と社会学を、映画が完全に奪い取ってしまったのであれば、逆に演劇がそれらを映画に求めてきたとき、映画はそれらを演劇に返してやることができるはずではないか。『アタリー』〔ラシーヌの悲劇』がイヴォンヌ・ド・ブレの主演、コクトーの監督で映画化されたなら、どんなものになったろうと夢想してもかまわないのである。

しかしながら、映画によって新たな存在理由を見出すのは、悲劇の演技様式だけではないだろう。私たちは、それに対応するような演出の革新、演劇の精神に忠実でありながら今日的な嗜好にも適合した、そしてとりわけ巨大な大衆に見合うだけの新たな構造を演劇に提供する演出の革新を考え出すことができるはずだ。演劇映画は、そこから映画的演劇を作り出すジャック・コポー〔29〕のような人物の登場を待っているのである。

このように、演劇映画はいまや権利としても事実としても美学的に根拠あるものとなっているし、私たちは舞台空間を映画の演出の構想に合わせて変換できさえすれば、どんなスタイルの戯曲であれ映画化できないものはないということをいまや知っている。しかしそれだけでない。ある種の古典的な劇作品を、演劇的かつ現代的に演出することは、もはや映画にしか可能ではないとさえいえるのかもしれない。現代の偉大な映画作家の幾人かが、偉大な演劇人でもあるのは偶然ではない。オーソン・ウェルズやローレンス・オリヴィエが映画界にやってきたのは、冷やかしや気取り、野心からではなく、またパニョルのように自らの演劇活動を大衆に広めるためでもない。彼らにとって映画とは、演劇を補足する一様式にほかならない。それは彼らが感じ、望んでいるような現代的な演出を実現するための可能性なのである。

(1) 初出「エスプリ」誌、一九五一年六月号、および七・八月号。

(2) ただしトーキー映画の黎明期における不思議な例外として、忘れがたい『お月さまのジャン』(マルセル・アシャールの同題戯曲のジャン・シュー監督による映画化作品、一九三一年)があった。

(3) スター・システムの創始者であるアドルフ・ズーカーは、映画界での五十年間の思い出を綴った『大衆はいつも正しい』(一九五三年)の中で、フランス以上にアメリカにおいて、生まれたばかりの映画がいかに意識的に演劇を剽窃しようとしたかを述べている。当時、スペクタクルの名声や栄光は、舞台にこそあったというのである。映画の商業的な将来性が題材の質と俳優たちの魅力にかかっているとわかっていたズーカーは、映画化権を買えるだけ買いあさり、当時の演劇界のスターたちを引き抜いた。だが、ズーカーの提示した当時としては高額の契約金も、いかがわしい未知の業界へ足を踏み入れることにためらっていた俳優たちの不安を取り除くのに十分とはいえなかった。しかし、たちまちのうちに演劇界出身の俳優たちの中から「スター」という特殊な存在が生まれ、大衆もまた演劇出身のスターの中から自分のお気に入りを見つけようとした。かくして選ばれた者たちは、またたく間に舞台とは比べものにならない栄光を手にすることができたのである。こうした動きと並行して、当初の演劇的なシナリオは見捨てられ、映画的な神話に沿うように脚色された物語に道を譲ることとなった。とはいえ、演劇の模倣も踏み台としては役に立ったのである。

（4）次章「パニョルの立場」を参照。

（5）オルダス・ハクスリー『幾夏を過ぎて』〔一九三九年〕を参照。「人間は早産で生まれた猿にすぎない」。

（6）『文学の技術』〔一九四一年〕。

（7）ルノワールはプロスペル・メリメ原作『サン＝サクルマンの四輪馬車』に対しても、同じように自由な態度で映画化をした〔『黄金の馬車』一九五三年〕。

（8）ここで注釈を付すのも無駄ではないだろう。まず確認しておきたいのは、メロドラマや正劇《ドラム》〔十八・十九世紀の演劇革新運動から生まれた、悲劇と喜劇の要素をあわせもち、日常性、写実性を備えた演劇〕が、演劇にリアリズム的革命を取り入れようと努めたことだ。芝居に夢中になった観客が、舞台上の裏切り者に発砲するというスタンダール的理想もそれに由来する（その反対にオーソン・ウェルズはブロードウェイの芝居で、一階席に向けて銃を放ってみせるだろう）。それから一世紀後、アントワーヌはせりふのリアリズムから出発して、演出にもリアリズムが必要だと考えた。のちにアントワーヌが映画制作に乗り出したのも偶然ではない。つまり歴史を少々さかのぼってみれば、「映画的演劇」の壮大な試みが、「演劇的映画」に先立って存在していたことを認めないわけにはいかない。マルセル・パニョルの前に、小デュマ〔アレクサンドル・デュマ・フィス、一八二四―一八九五年〕やアントワーヌの存在があったのだ。また一方で、アントワーヌに端を発する演劇の刷新は、映画の存在によって大いに助けられたということもできる。映画がリアリズムという異端の道を引き受けたおかげで、アントワーヌの理論は象徴主義に対する健全で意義のある反発という範囲に限定されたのである。自由劇場による改革を受け継いだヴィユー・コロンビエ座〔フランス現代演劇のパイオニア、ジャック・コポーが一九一三年に創設〕の選択(リアリズムはグラン・ギニョル座にまかせる)は舞台の約束事の意義を再確認するものとなったが、それもおそらくは、映画という競争相手なしではありえなかったことだろう。映画こそが演劇にとって格好の競争相手だったのだ——いずれにせよ映画のおかげで、演劇的なリアリズムはまったく取るに足らないものとなったのである。今日ではもはや、どんなブルジョワ的なブールヴァール演劇でさえ、ありとあらゆる演劇的な約束事に依拠していることを否定する者はいないだろう。

(9) 当然ながらテレビは、写真に端を発する科学的な複写技術のもたらした「疑似—存在」に新たなバリエーションを加えている。テレビの小さな画面においては、「生放送」の場合、俳優は時間的にも空間的にも確かに存在している。ただし、俳優—観客という相互的な関係はこの場合、一方的なものになってしまう。視聴者は見られることなしに見るのであり、視線が返ってくることはない。したがって、テレビで放映される演劇は、演劇でも映画でもあるといえるだろう。視聴者にとって俳優が確かに存在しているという点では演劇に、俳優にとって観客が存在しないという点では映画に似ているのだ。とはいえ、この場合の「存在していない」というのは真の不在とは異なる。というのも、テレビの俳優は電動式カメラが潜在的に示している何百万人もの目や耳を意識せざるをえないからである。このように観客が抽象的に存在している状態は、俳優がせりふに詰まったときにこそ顕著なものとなる。劇場で見ていてもつらい出来事ではあるが、テレビでは耐えがたい。というのも、視聴者は失敗した俳優のために何もしてやることができず、俳優の自然に反した孤独さが浮き彫りになるからだ。舞台では、そのような場合にはある種の共感が観客とのあいだにできあがり、それが俳優への助けとなる。こうした相互的な関係はテレビではありえないものだ。

(10)「エスプリ」誌〔一九三四年五月号〕に掲載。

(11)群衆と孤独感は矛盾するものではない。映画館の客席は、孤独な個人の集まりからなる群衆である。それゆえここでは、群衆は、自らの意志で集まった組織的な共同体と対立する概念として理解されたい。

(12)クロード＝エドモンド・マニー『アメリカ小説時代――小説と映画』〔一九四八年〕。

(13)ピエール＝エメ・トゥシャール『ディオニュソス』〔一九三八年〕参照。

(14)俳優の存在こそが演劇を作り上げているといえるのは、その演劇が演技によって成り立っている場合に限られるということを示す例を最後に挙げておこう。自らの苦い経験として、あるいは他人を通じてということもあるだろうが、だれしも知らぬ間に、またはただ意に反して人から観察されてしまう状況を体験したことがあるはずだ。公衆ベンチでキスをする恋人たちは、通りがかりの人にとって格好の見せ物となるが、彼らはそのことを気にかけないものだ。言葉のセンスのあるわがアパルトマンの管理人は、恋人たちを見て「映画館にいるみたいだ」といったものである。公衆の面前で意に反して滑稽な動作をしなくてはならない状態に置かれた経験はだれしもあるだろう。そんなときは恥ずかしくも腹立たしい気持ちに襲われるが、そうした事態は演劇とは正反対のものである。鍵穴から中を覗く者は、劇場にいるのではない。コクトーは『詩人の血』（一九三〇年）で、すでに映画館にいることを見事に示してみせた。とはいえ、そこにあるのは見せ物であり、登場人物は私たちの前に確かにいるのだが、見ている側、見られている側のいずれかはそれを知らないか、あるいは不承不承その事態を受け入れているのである。つまり、「それは演技ではない」。

（15）劇場建築についてのこのような理論を、舞台と舞台装置との関係において演劇史のなかでもっとも鮮やかに証明しているのは、アンドレーア・パッラーディオ（一五〇八―一五八〇年。後期ルネッサンスの建築家。ヴィチェンツァをはじめ、各地に独特の建築遺産を多数遺している）によるヴィチェンツァのあの並外れたテアトロ・オリンピコである。天井にただの騙し絵として開け放たれた空を描くことで、パッラーディオは古代風の階段劇場を作り上げた。その劇場は入り口までもが、建築の本質の一部をなしている。市から提供された昔の兵舎の内部に一五九〇年に建設されたテアトロ・オリンピコは、外側は赤レンガの質素で大きな壁面を見せているだけだ。まったく実利的な建築物なのであり、「無個性《アモルファス》」――化学者が、物体の非結晶《アモルファス》の状態と結晶した状態を区別するために使っているような意味において――といってもよいだろう。絶壁にあいた穴を通るようにして劇場に足を踏み入れた観客は、とつぜん彫刻の施された洞窟に迷い込んだかと思うと、その洞窟が半円形の劇場になっているのを見て、自分の目が信じられなくなるだろう。外側からは粗野な石の塊に見えても、その内部では、澄んだ結晶が入り組み、密やかに内側に向かっていく水晶やアメジストの晶洞さながらに、ヴィチェンツァの劇場はもっぱら中心に向かう美学的で人工的な空間の法則に則って着想されたのである。

(16) したがって私は、『ハムレット』での墓地の場面とオフィーリアの死の場面はローレンス・オリヴィエの重大な失敗だと考えている。エルシノア〔『ハムレット』の舞台となるデンマークの街〕のセットに合わせて本物の太陽や大地を取り入れることもできたはずだ。ハムレットの独白のあいだに実際の海の映像を用いたとき、監督はそうすることの必要性を漠然と理解していたのだろうか？　そのアイデア自体は素晴らしいが、テクニックとして十分に生かされてはいない。

(17) TNP〔フランス国立民衆劇場〕のケースは、映画が演劇を支援する、思いがけない逆説的な一例を示している。ジャン・ヴィラール〔一九五一年から六三年までTNPを指揮〕自身、映画でのジェラール・フィリップの知名度が劇場復興の企ての際に重要な助けとなったことを否定しないだろう。しかもそうやって、映画は四十年ほど前に演劇から借りた資本の一部を返しているにすぎない。その草創期、まだ一人前とはいえず世間から蔑視されていた映画産業は舞台の有名人たちに芸術性の保証や威光を求めた。映画が真剣に受け取られるためには、それが必要だったのだ。以来、時代が変わったことは確かだ。両大戦間のサラ・ベルナールというべき女優はグレタ・ガルボであり、今では演劇のほうが映画スターの名前をポスターに掲げてご満悦なのである。

(18) 一方、『ヘンリィ五世』こそはカラー映画のおかげで大成功を収めることができた。『フエードル』に映画的な潜在能力が含まれているとしたら、それはどこに見出されるだろうか。「テラメーヌ」の語りである〔イポリートの養育係であるテラメーヌは、主君のアテネ王テゼーに王子イポリートの最期の様子を物語る〕。これはからくりに満ちた悲喜劇をせりふで描き出そうとするものであり、劇の中では場違いな文学的断章と考えられているが、映画の中で視覚的に演出されることで、新たな存在理由を得ることだろう。

〔1〕『子狐たち』は一九三九年初演、一九四一年に映画化（邦題『偽りの花園』）。ヘルマン自身が映画化のための脚本を担当した。

〔2〕アンドレ・デード演じる人気シリーズで、一九〇六年から一九一三年にかけて多数制作された。

〔3〕ジャン・デュラン監督のシリーズ、一九一二年から一四年ごろに多数制作。

〔4〕アルフレッド・ド・ミュッセ（一八一〇―一八五七年）の『肘掛け椅子で見る芝居』（一八三二年）を指す。

〔5〕エドモン・ロスタン作の戯曲だが、マイケル・ゴードン監督作品（一九五〇年）をはじめ多数の映画版が存在する。

〔6〕モリエール『タルチュフ』第三幕第二場で偽聖職者タルチュフの発するせりふ「見るにたえないその胸を隠してください」にかけている。

〔7〕ショットの長さを少しずつ縮めながらその数を増やしていくことで、次第に速度を増していく印象を与えるモンタージュ。第7章「映画言語の進化」（一〇六ページ）も参照のこ

と。

〔8〕映画化によって演劇をフィルム缶に収めて保存するということ。演劇人にして映画監督だったマルセル・パニョルが用いた表現とされる。

〔9〕映画『ヘンリィ五世』では、上演中の舞台を観客席の側からとらえると同時に、その舞台裏も映し出している。

〔10〕自然主義の影響下、フランスのアンドレ・アントワーヌが創設（一八八七年）した劇場。民衆演劇をめざし会員制の公演を行った。

〔11〕自由劇場におけるアントワーヌの同志ジャン・ジュリヤンが『生きた演劇』（一八九二年）で述べた自然主義的演劇のモットー。

〔12〕一九一五―一九八二年。スウェーデン出身の国際的な女優。第27章参照。

〔13〕一九一八―二〇〇五年。アメリカの女優。

〔14〕サルトルは論文「フランソワ・モーリヤック氏と自由」（一九三九年）の中で、モーリヤックの小説で語り手が複数の登場人物の内面を行き来していることを、神の視点を取り、登場人物に自由を与えない書き方であるとして批判した。

〔15〕ロバート・モンゴメリー監督、主演、一九四七年。全篇にわたり、主人公の私立探偵フィリップ・マーロウの視点で撮られている。

〔16〕フロリアン・レイ監督、一九四八年。スペインの伝説的闘牛士マヌエル・ロドリゲス・サンチェス、愛称マノレーテに関するドキュメンタリー映画。

〔17〕ローゼンクランツ「映画と演劇」。なお、このローゼンクランツなる人物の詳細は不明。

『映画とは何か』の英語版(新版)訳者であるティモシー・バーナードは、ジークフリート・クラカウアーの筆名ではないかという説を唱えている。

(18) 演劇の枠組み、技法を用いた心理療法。即興的で自由な劇を演じさせ、その演技を通じて行動パターンや欲求を理解し、問題解決をしていく。精神科臨床や心理臨床だけでなく、教育や福祉などの領域でも応用される。

(19) 一九〇二—一九四九年。画家、舞台美術家。『恐るべき親たち』、『美女と野獣』など、ジャン・コクトー監督作の美術を担当。

(20) 「赤裸の心」に「子どものころから今に至るまで、私が劇場でもっとも美しいと思ってきたものは〈シャンデリア〉である」云々の記述がある。

(21) オンド・マルトノはモーリス・マルトノが一九二八年に発明した電子鍵盤楽器。音色を合成させ、複数の特殊スピーカーを用いることで独特な音響効果を発揮する。ここでは蓄音機を単なる「撮影された演劇」、オンド・マルトノをさまざまな演出的創意にもとづく演劇の映画化にたとえている。

(22) パニョルの脚本(一九二八年)による同作品にはいくつかの映画化ヴァージョンが存在するが、ここではパニョル自身の監督による一九五一年のものを指す。第11章「パニョルの立場」参照。

(23) アンリ・ブレモン、一八六五—一九三三年。詩人、聖職者。「純粋詩」の提唱者で、詩における「神秘」を称揚した。

(24) ギリシア神話のファイドラ(フェードル)のことで、ラシーヌの『フェードル』第一幕第一場にあるイポリートのせりふの一行。ロマン派以来、フランス詩でもっとも美しい一行とされる。ブレモンは『フェードル』を純粋詩の例として挙げている。

〔25〕一九三一年生まれのフランスの人気女優。

〔26〕一九二四—二〇一〇年。フランスの女優。美貌で人気を得たのち、映画から大衆演劇に転じた。

〔27〕モリエールの喜劇『スカパンの悪だくみ』で、下男スカパンは企みをめぐらせて憎い相手を袋に入れ、棒で打つ。

〔28〕一八五八—一九三六年。コメディ・フランセーズを中心に活躍した舞台俳優、のちに映画にも出演。

〔29〕一八七九—一九四九年。劇作家、俳優、劇団主宰者。保守的な国立劇場に飽き足らず、自ら劇団を立ち上げ、現代演劇を開拓した。

11　パニョルの立場

ラ・フォンテーヌ、ジャン・コクトー、そしてジャン＝ポール・サルトルにマルセル・パニョル〔第5章訳注6参照〕を加えるならば、平均的アメリカ人にとっての「アカデミー・フランセーズ」ができあがるだろう。ところが、パニョルの国際的な人気は逆説的なことに、何よりも作品の地域性に拠っているのである。フレデリック・ミストラル〔1〕によって蘇らされたプロヴァンス地方の文化は、依然として土地の言語や民間伝承に縛られてきた。確かに、アルフォンス・ドーデやビゼーのおかげですでに国民的な支持を得ていたとはいえ、両者はプロヴァンス文化を様式化することで、結局は真の本質を取り除いてしまった。のちには、ジャン・ジオノ〔二十世紀の小説家、南仏出身〕が厳めしくかつ官能的でドラマチックなプロヴァンスの一面を明らかにした。その両極のあいだで、南仏はもろもろの「マルセイユ物語」〔パニョルの主要作がそう総称される〕のたぐいを通して、不完全なかたちで描かれるのみだった。

要するに、パニョルは『マリウス』〔パニョルの戯曲、一九二九年〕とともにマルセイユ物から出発して自らの南仏的ヒューマニズムを構築し始めたのである。その後、ジオノの影響のもとでマルセイユからその近隣へと向い、『泉のマノン』[2]以降、着想を自在に展開する境地に達して、プロヴァンスに普遍的な叙事詩をもたらしたのだった。

他方、パニョルは映画版演劇の第一人者を自任することで、映画との関係を自ら曖昧にしてしまったふしがある。その観点から見るならば、パニョルの作品は擁護しようがない。実際、それは演劇の映画化の悪しき例を示している。舞台にいた俳優たちをただ単に屋外のセットに移して映画として撮影するのでは、せりふからその存在理由、魂そのものを奪うことにしかならないのは確実である。演劇のせりふを映画へ移すことが不可能だというのではない。ただしそのためには一貫して細心の注意を払わなくてはならない。そして結局のところその目的は、作品の演劇性を忘れさせるのではなく、むしろそれを保つことでなければならない。劇場のフットライトに替えて南仏の太陽を用いるのがパニョルのやり方であるように思えるが、それではせりふは間違いなく、日射病にかかってしまうだろう。だが、『マリウス』[3]や『パン屋の女房』〔パニョル監督、一九三八年。ジオノの小説にもとづく〕を褒めながら、「映画的でない」のが唯一の欠点だとけちをつけるとしたら、古典悲劇の規則を盾にコルネイユを断罪したうるさ型の二の舞になっ

『泉のマノン』．山羊飼いの少女の驚くべき「寓話的」物語であるが，残念ながらジャクリーヌ・パニョルの演技はじつにわざとらしく，芝居がかっている．

てしまう。「映画」とは抽象概念ではないし、本質でもない。それは具体的作品をとおして芸術の域に達したものすべての総体である。だから、パニョルの映画のうちのいくつかだけが優れているとしたら、それは作者の落ち度にもかかわらずというわけではなく、うるさ型が見抜けなかった美点がそこにあったからなのだ。

『泉のマノン』は映画と演劇に関するこうした誤解をようやく一掃してくれる作品である。というのも、この作品のせりふは演劇では上演不可能なものであり、脚色しようと骨折ったところでろくなものにはならないからだ。舞台にかけてもせいぜい、「映画の演劇版」にしかならないだろう。だが、パニョルがこれまで映画のために書いたせりふはすべて、その気になれば舞台でも使えるものばかりではなかっただろうか。映画よりも演劇が先だとしても、それはたまたまそうなったというだけのことだ。『マリウス』がアレクサンダー・コルダ〔ハンガリー出身の映画監督、プロデューサー。フランス、イギリスで活躍〕によって映画化される以前に、テアトル・ド・パリで人気を博していたといっても、映画のほうがその本質的な表現形態であることは、いまや明白である。以後、どんな舞台化であれ、それは映画の演劇化でしかありえない。

主張すべきは、言葉による表現が視覚的アクションよりも優勢であるという一事によって、映画に対し演劇を定義づけるわけにはいかないということだろう。あまりに重大な問題であり、限られた紙幅で証明するのは難しい。ここではただ、演劇の言葉とは抽象的なものであり、舞台上のあらゆる仕組みと同じようにひとつの約束事であるとだけいっておこう。それはアクションを言語に変換した結果なのである。反対に、映画の言葉とは具体的な事実であり、映画に先立って存在するわけではないが、少なくとも自立したものとして存在している。アクションは言葉を引き継ぐが、言葉をほとんど貶めもする。映画にどうしてもうまく移せなかったパニョルの唯一の戯曲が『トパーズ』〔第10章訳注22参照〕であるのはそのためだろう。なぜなら、この作品は南仏物ではなかったからだ。

実際、パニョル作品での南仏訛りは風変わりな小道具でも、地方色を感じさせる色づけでもなく、せりふと不可分であり、さらには登場人物とさえ一体化している。登場人物たちは、黒人ならば肌が黒いように、自分の訛りをもっているのだ。訛りこそ彼らの言語そのものであり、言語のリアリズムなのである。だからこそ、パニョルの映画は演劇的なものの対極にあり、言葉によって映画のリアリズム的特性を示しているのである。南仏の実景を用いたのは、演劇の制約を映画的に置き換えただけのことではなく、それどころか演劇の制約こそが、ベニヤ板の大道具に替えて南仏の荒れ地を用いることを要請したのである。パニョルは映画に転向した劇作家ではなく、言葉《トーキー》を話す映画の偉大な作家なのだ。

『泉のマノン』は長い、延々と続く物語にほかならず、話の筋がないわけではないが、すべては言葉そのものの力によって引き起こされている。これは村人たちから疎まれ、ひそかな陰謀によって孤児となった山羊飼いの少女の、驚くべき「寓話的」な物語である。マノンの父と兄は隣家の策略〔マノン一家に水を与えるまいとして泉をセメントで塞いでしまう〕で死に、母は自分の貧しい農地の下を流れる水の秘密を知らないまま発狂してしまう。ところが村人たちはみな、その秘密を知っていたのだ。少女マノンはある日、村を潤している泉の秘密を老女から聞く。要所に石を置いてしまえば、吸水管は干上がり、村はカラカラに乾き、見捨てられ、死が訪れるのである。悲惨な事態となってようやく、村人たちは自分たちも加担していた罪の意識にめざめることになる。確かに、彼らが隣家の策略を見て見ぬふりをしていたせいで、「よそ者」のマノン一家はむざむざ命を落としたのだ。山羊飼いの少女と気のふれた母は、大勢の冷酷な村人たちにとって、いまやエウメニデス〔ギリシア神話、復讐の女神〕となった。遠回しに、ずる賢くほのめかすような言い方で、村人たちはしだいに罪を告白していく。泉をセメントで塞いだ男は首を吊ってしまう。村じゅうの人々が罪を償おうとマノンに贈り物を届けると、ようやく水がふたたび流れるようになる。罪の穢れは清められ、村は命を吹き返すのだった。

　この見事な物語には古代地中海風の壮大さがあり、聖書やホメロスを思わせるところがある。だが、パニョルはそれをできるだけ親しみやすい調子で語っている。村長、教師、司祭、公証人見習い、それにマノン自身も、現代に生きるプロヴァンスの田舎者として描かれているのだ。そこへ、アロン[4]の杖の下で岩から流れ出た水が厄介ごとを引き起こしたのである。

　ここで、観客をなにより驚かせたこの映画の長さについて述べておきたい。オリジナル版が五、六時間もの長さだったことはよく知られている。パニョルはそれを二時間ずつの二本の作品にしたが、配給会社側がそれを三時間十五分（途中で十分間の幕間を含む）の一本の作品にまとめた。この編集が作品のバランスを乱し、それゆえにむしろ

「冗長な」印象を与えてしまっているのは明らかだ。商業的に定められた映画の長さとはまったく恣意的なもので、もっぱら社会的、経済的な要因(空き時間や入場料など)によって決められているにすぎない。作品のもつ芸術的な要求はおろか、観客の心理状態ともまったく関係はないのである。観客が四時間以上の長さにだって十分耐えられることを証明する例もあるが、ただし残念ながらそうした作品はあまりに少なすぎる。プルーストに『失われた時を求めて』を二百ページで書いてほしいと頼むのはナンセンスな話だろう。プルーストとはまったく異なる、とはいえ同様にやむにやまれぬ理由から、パニョルは『泉のマノン』の物語に四、五時間かけないわけにはいかなかった。重要な出来事がたくさん起きるからというわけではないが、千夜一夜の語り手に途中で止めてくれというのは馬鹿げた話なのである。『泉のマノン』を見た観客が実際、退屈するかどうかはわからない。ただ、静かな時間、物語が緩和する場面は登場人物たちの言葉を反芻し理解するのに必要なものであり、それを退屈ととってはならない。それでもこの映画が退屈だと感じられるなら、やはりそれは編集でカットされたせいなのである。

　パニョルはトーキー映画のもっとも偉大な作家ではないにしても、トーキー映画の真髄を示す存在ではあるだろう。サイレント期のグリフィスやシュトロハイムを思わせる度を超えた饒舌さ〔グリフィス、シュトロハイムは上映時間が四、五時間を超える大作を撮った〕

を一九三〇年以後にも実践した、おそらく唯一の人物である。今日、パニョルに比べることのできる唯一の映画作家となるとチャップリンだろうが、それには明確な理由がある。チャップリンとパニョルだけが経済的に自由のきく作家＝プロデューサーなのである。パニョルは映画で稼いだ数億フランという大金を、自分の楽しみを求めて、計画性をもった合理的なプロダクションでは思いもつかないような怪物的映画に注ぎ込んでいる。ただしそれらのうちには、ルー・カラー方式とティノ・ロッシ〔フランスの人気歌手。『美しき粉挽き娘』に出演〕の結合から生まれたキマイラのような、どうにもならない代物もある。残念ながら、それこそがパニョルとチャップリンを隔てている点だ。『ライムライト』もまた怪物的に素晴らしい作品だが、それは画家や小説家のように、自らの制作方法について自分で判断を下す芸術家の熟慮の賜物であり、完全に自由な作品だからだ。ただしチャップリンの芸術においては、すべてが自己批評にさらされており、必然性や節度、厳密さを備えた印象を与えるのである。それとは反対に、パニョルにおいては何もかもが信じがたい混乱を生んでいる。批評的な感覚がこれ以上に欠けている例は思いつかないし、それは芸術創作にとってまぎれもない疾患である。このアカデミー会員は、自分がホメロスかブレフォール〔アレクサンドル・ブレフォール、フランスのジャーナリスト・作家・脚本家〕であるかもよくわかっていないのだ。そして、脚本はまだしも、演出には厄介な問題がある。『泉のマノン』がトーキー映画の叙事詩となるのにあと一歩及ばないとすれば、それはひとえに、作者に美学的な良識が欠けていて、自分のインスピレーションを操ることができないためである。姿勢は正反対とはいえ、しかしパニョルは彼をけなす連中と同様、愚かにも「映画は重要でない」と考えている。演劇の経験から、自らの才能のうちなる純粋に映画的な部分を引き出すことができなかったために、「撮影された演劇」を作っていればよいという地点に立ち戻ってしまっているのである。

なるほど、このように映画を軽んじているからこそ、パニョルの作品には思いがけない新しさがあるのだともいえるが（ユゴラン〔彼のしわざがもとでマノンの父は死に追いやられた〕がマノンへの愛を告白するシーンや、楡の木の下で自らの罪を自白するシーンなど）、映画への無知に根ざす彼の才能は、より深刻な誤りに陥りかねない。その最たる例はマノン（ジャクリーヌ・パニョルの演技はじつにわざとらしく、芝居がかっている）である。結局のところ、マノンのせりふだけが終始、空々しく響いているのだ。

トーキー映画のチャップリンとなるためにパニョルの才能に欠けているのは、自らの芸術に対する理解だけなのではないだろうか。

〔1〕一八三〇―一九一四年、フランス・プロヴァンス地方生まれの詩人。一九〇四年にノーベル文学賞を受賞。プロヴァンス語の再興に大きく貢献した。

〔2〕パニョルの脚本・監督による映画、一九五二年。のちにパニョルはこの映画にもとづく長篇小説も発表した。

〔3〕アレクサンダー・コルダ監督、一九三一年。パニョル原作の戯曲(一九二九年)の映画化。

〔4〕旧約聖書、モーセの兄。イスラエルの祭司の祖とみなされ、杖を振ることで奇跡や災いをもたらす。

〔5〕付加的な合成法による天然色映画の一方式で、現在は使われていない。パニョルの一九四八年の映画『美しき粉挽き娘』に採用された。

12　絵画と映画

美術映画、あるいは少なくとも映画による再構成のために芸術作品を用いる映画――ルチアーノ・エンメル〔第9章訳注10参照〕のいくつかの短篇、アラン・レネ〔第9章訳注11参照〕とロベール・エッサン、ガストン・ディール[1]の共作による『ヴァン・ゴッホ』〔一九四八年〕、ピエール・カスト[2]の『ゴヤ　戦争の惨禍』〔一九五一年〕、レネとエッサンの『ゲルニカ』〔一九五〇年〕のような――は、しばしば、画家や多くの美術批評家たちの声高な批判を招いている。『ヴァン・ゴッホ』の試写会のあとでは、全国教育視学総監までもが不満をもらしていた。

批判の骨子はおおむね次のようなことだ。それらの映画は、絵画を都合よく利用するために絵画を裏切っている、それもあらゆる点において裏切っているというのである。確かに、映画はドラマとしての流れや論理的一貫性によって架空の時系列やつながりを生み出し、制作年代からいっても画家の精神に照らしてもはるかに離れた作品を結びつけてしまうことがある。エンメルなどは『戦士たち』〔一九四二年〕で、何人かの画家の作品を混ぜて扱っているほどだが、その手のごまかしということでは、『ゴヤ　戦争の惨禍』のモンタージュのために「カプリチョス」〔3〕の一部分を用いたピエール・カストや、ピカソの各時代の順番を自由に入れ替えているアラン・レネもほとんど同罪ということになるだろう。

　だが監督がたとえ美術史の研究成果を正確に踏まえたとしても、その作品は美術とは相反する美学にもとづいて構築されることになるかもしれない。監督は本来、総合的に構成された芸術作品を分解し、統一性を壊したうえで、画家がめざしたものとは別の、新たな総合を試みるのである。それはいったいいかなる権利によるものなのかと問うに留めておくこともできよう。

　だがそれ以上に重大なことがある。画家を超えて絵画そのものが裏切られているのだ。なぜなら、観客は自分が目にしているのは絵画それ自体だと思っているのに、実は絵画の性質を根底から変えてしまうようなある造形的方法に従って絵画を見るように強いられているのだから。そもそも映画は、白黒で撮られているかもしれない。カラー作品だとしても満足のいく解決をもたらしてはくれまい。色を完全に忠実に再現できるわけではないし、絵画においては色彩間の関係はすべて個々の色調にもとづくものなのである。

他方、映画のモンタージュは、水平に、いわば地理学的に延びていく時間を再構成するのに対し、絵画の時間性——絵画に時間性を認めるとしての話だが——は、垂直に、いわば地質学的に深まっていくのである。そして何より(これはより微妙なめったに論じられない点だが、しかしもっとも重要な問題である)、スクリーンは絵画の空間そのものを根底から破壊するのである。演劇であればフットライトや舞台上のセットがあることでそうなるように、絵画の場合、絵画のまわりを囲む額縁があるために、絵画と現実そのもの、そしてとりわけ絵画が表現する現実とが対置される。実際、絵画の額縁に、装飾的、修辞的機能しか見ずにすますわけにはいかないだろう。額縁が画布に描かれた作品を際立たせるのは二次的な結果でしかない。それよりははるかに本質的なこととして、額縁には絵画というミクロコスモスと絵画が組み込まれる自然のマクロコスモスのあいだの異質さを「作り出す」とまではいかなくとも、それを「強調する」という任務がある。伝統的な額縁がバロック的な複雑さをもっているのはそのためであり、絵画と壁、つまり絵画と現実のあいだに科学的には定義しえない断絶を作り出す役目を額縁は負っていたのだ。オルテガ・イ・ガセット[4]が的確に述べているように、金箔貼りの額縁が主流になったのもそのためだろう。というのも「金はもっとも反射性の強い素材であり、その反射はそれ自体どんな形ももたない、不定形の純粋な色ともいうべき色調、光なのである」。

いいかえれば、絵画の額縁はその中で空間が方向を失うような場を作り出す。自然の空間や私たちの活動を外側から限界づける空間に対して、それは内側へと向かう空間を対置するのである。眺められるべき空間はただ絵画の内部のみに向けて開かれる。

一方、スクリーンの外枠とは、「フレーム」という専門用語がそう思わせるような映像の額縁にあたるものではない。それは現実の一部分の覆いを取ってみせるための「マスク」〔合成画面を作る際にネガフィルムの不要部分を隠す紙〕なのである。額縁が空間を内へと収斂させていくのとは反対に、スクリーンが私たちに見せる一切のものは、すべてが外の世界に際限なく延び広がっていくはずである。額縁は求心的でありスクリーンは遠心的なのだ。とすれば、絵画制作のプロセスを逆向きにして、額縁にスクリーンをはめ込むなら、絵画の空間はその方向性や境界を失い、私たちの想像力にとって無限の広がりを獲得するだろう。そのとき絵画は、造形芸術としての特徴を失うことなく映画の空間的な特性を与えられ、あらゆる方向に絵画の境界を越えていく仮想的な絵画空間となる。まさにこうした心理的錯覚にもとづいてルチアーノ・エンメルは絵画を美学的に再構築してみせたのであり、その見事な成果は多くの点で、今日の美術映画、とりわけアラン・レネの『ヴァン・ゴッホ』の出発点になっている。アラン・レネは『ヴァン・ゴッホ』でゴッホの全作品を一枚の長大な絵画として扱ってみせ、カメラはその上をどんなドキュメンタリー映画にもひけをとらないほど自由に移動していくのである。《アルルの街路》から出発して、私たちは窓から画家の家の「中」に「潜入」し、ベッド、赤い布団へと近づいていく。レネはさらに、家の中に入ってくる年老いたオランダ人農婦の「切り返しショット」まで撮っているのだ〔三二五ページ図版《ジャガイモをたべる人々》を参照〕。

*

こうした操作は絵画のあり方そのものを根本から変えてしまうものであり、そこまでしてゴッホの映画を撮るくらいならゴッホがこれほど多くの賛美者をもたず、その賛美者たちがゴッホの作品を大切に保つというほうがましだ、そもそも対象とする作品をいきなり破壊してしまうような文化普及などおかしいではないか――そんな風に主張することはむろんたやすい。

だがそのような悲観主義は、より本質的でない教育的な見地からの批判はもとより、美学的な見地からの批判によっても打破されてしまうだろう。

なぜなら、絵画を忠実に再現できていないといって映画の無能を非難する代わりに、おびただしい数の傑作への扉を開く魔法の言葉がついに見つかったことに私たちは感嘆できるはずではないか。実際、絵画の価値を理解し、美的な喜びを味わうためには、あらかじめ鑑賞の手ほどきを受け、絵の見方を教わることが不可欠だろう。そうした教育のおかげで、絵を見ながら抽象的思考を働かせることができるようになり、タブローの表面に描かれたものと外部の自然世界とがはっきり区別できるようになる。十九世紀までは、現実との相似というアリバイが写実という誤解を生み、門外漢も絵画の中に入っていけるような気になっていた。さらに、劇的な逸話や教訓が教養のない人々のための手がかりをさらに増やしていたのである。今日ではもはや事情が異なっていることはいうまでもないが、ルチアーノ・エンメル、アンリ・ストルク、〔5〕アラン・レネ、ピエール・カストの映画による試みにおいて決定的と思えるのは、それらがいわば絵画作品を日常的な知覚のうちに見事に「溶解」させるに至っていることで、その結果、絵画を見るためには視覚さえあればよく、どんな教養も手ほどきも必要なしに、絵画を即座に、さらにいうなら無理やり享受することができる。絵画は映画的映像の構造によって、自然現象のように、観客の精神に有無をいわさず押しつけられるのである。

画家の方々には、これが絵画の理想からの後退や作品への精神的な冒瀆、絵画を現実や逸話に結びつける見方への回帰ではいささかもないことをご理解いただきたい。というのも、映画による絵画の新たな大衆化は絵画の主題とはほとんど関係がないし、絵画の形式ともまったく関係がないからだ。画家は好きなように描き続けてよいのであり、映画の試みは絵画の外部に留まる。映画は写実的だとしても、それは絵画の抽象性にもとづく二次的なリアリズムである。あらゆる画家はその発見を喜んでいいはずだ。映画、そしてスクリーンの心理的特性のおかげで、入念に作り上げられ、抽象化された絵画の記号は、万人の精神にとって鉱物的な現実の明らかさと重みを取り戻すことができるからだ。とすれば、映画は他の芸術を貶めたり変質させたりするどころか、人々の関心を喚起することでその芸術を救おうとしていることは明らかだろう。現代のあらゆる芸術の中で、おそらく絵画は芸術家と世の大多数を占める門外漢の大衆との断絶がもっとも深刻なジャンルである。偏狭なエリート主義をよしとするのでもないかぎり、教養を身につける手間なしで芸術作品が大衆にも手の届くものとなる光景を見て喜ばずにはいられまい。それが文化の領域での人口抑止論者を憤慨させるのなら、彼らにはどうか考えてみてほしいものだ。こうした試みによって芸術上のひとつの革命、つまり「リアリズム」の革命をもなしですますことができるかもしれないということを。絵画を大衆のもとに届けるためにリアリズムとは別のやり方が選ばれるのだ。

アラン・レネの『ヴァン・ゴッホ』はゴッホの作品を改めて紹介するだけの映画ではない．映画それ自体がひとつの作品なのである．

教育的側面とは別の、美術映画に対する純粋に美学的な見地からの批判についていえば、それは明らかに誤解にもとづく批判であり、映画監督がめざすのとは違うものを暗に求めている。実際、『ヴァン・ゴッホ』や『ゴヤ 戦争の惨禍』は、画家の作品を改めて紹介するための映画ではない。あるいは少なくとも、それだけを目的としているのではない。映画はそこで画集の参考図版や講演中に映し出されるスライド写真のような従属的、教育的な役割を果たしているわけではまったくない。それらの映画はそれ自体が作品であり、独自の存在理由をもっている。そうした作品については、そこで取り上げられている絵画との関係のみから判断するのではなく、絵画と映画との出会いから生まれた新しい美学的存在として、その構造や成り立ちを踏まえて判断するべきである。右に私の試みた反論は、実際、絵画と映画の出会いから生まれた新たな法則の定義づけにほかならない。映画が登場したのは、絵画に「仕える」ため、あるいは絵画を裏切るためではなく、絵画に新たな在り方を加えるためなのだった。絵画映画がスクリーンとタブローの美学的共生であるのは、地衣類が藻類と菌類との共生生物であるようなものだ。そのことに腹を立てるのは、演劇と音楽の名においてオペラを糾弾するのと同様に馬鹿げている。

*

ただし、映画と絵画の共生という現象には確かに何か根本的な新しさがあり、こうした昔ながらの比較によってそれを説明することはできない。絵画映画はアニメーションではない。その逆説は、すでにすっかり完成し、それ自体で自立した絵画作品を用いるところにある。だがそれに対し、すでに美学的に洗練された題材をもとにした二次的なレベルの作品を置き換えるからこそ、映画はもとの絵画に新たな光を当てることができる。ひょっとしたら、映画そのものが完全にひとつの作品をなし、それゆえ絵画をひどく裏切っているように見えるときこそ、映画は絵画にもっともよく奉仕しているといえるだろう。私としては、『ヴァン・ゴッホ』や『ゲルニカ』の方が、ポール・エゼール〔一九〇一―一九七四年。ベルギーの映画監督〕の『ルーベンス』〔一九四八年。アンリ・ストルクとの共同監督〕や『ルノワールからピカソまで』〔一九四九年〕といったもっぱら教育的、批評的であることをめざした作品よりもずっと好みである。それは単に、アラン・レネの自由なやり方が真の芸術創造の曖昧さや多義性を保っているのに対し、ストルクとエゼールの批評的思考は、私が作品を把握することを保証しつつ制限しているからというだけではない。何よりもそれらの映画では創造こそが作品への最良の批評となっているからである。絵画作品を変質させ、額縁を壊し、絵画の本質そのものに攻撃を加えることで、映画は絵画にその数々の潜在的性質を明かすよう強いるのだ。はたしてレネ以前に、「黄色抜きの」ヴァン・ゴッホがどのようなものか私たちは知っていただろうか。もちろん、こうした企ては危なっかしいものであり、エンメルのもっとも出来の悪い作品にはその危険が見え隠れしている。つまり、皮相で薄っぺらなドラマ仕立てによって、絵にまつわる逸話が絵に取って代わってしまうという危険である。だがそれは、絵画映画の成功は監督の手腕と画家への理解の深さにもかかっているということだ。文学者による批評には、批評であると同時に再創造たりえているものがある。ボードレールのドラクロワ論、ヴァレリーのボードレール論、マルローのエル・グレコ論がそうである。人間の弱さや過ちばかりを映画の題材にするべきではないはずだ。驚きや発見をもたらす絵画映画の眩惑力が過去のものになったとき、絵画映画の値打ちはその作り手自身の値打ちに等しいということになるだろう。

〔1〕ロベール・エッサン(一九一五年生まれ)、ガストン・ディール(一九一二—一九九九年)はともに、レネの『ヴァン・ゴッホ』、『ゲルニカ』、『ゴーギャン』に製作、脚本で協力。エッサンの監督作品に、『トゥールーズ＝ロートレック』(一九五〇年)、『シャガール』(一九五三年)がある。

〔2〕一九二〇—一九八四年。フランスの映画監督、映画批評家。『ゴヤ　戦争の惨禍』の他、『ルーヴルの女たち』(一九五一年)、『呪われた建築家　クロード＝ニコラ・ルドゥー』(一九五四年)、『ル・コルビュジエ』(一九五七年)といった美術、建築についてのドキュメンタリーを撮った。

〔3〕「カプリチョス」、「戦争の惨禍」はともにスペインの画家ゴヤ(一七四六—一八二八年)に

よる連作版画集。前者は一七九七—九八年に制作され、後者は一八一〇年に制作が開始された。

〔4〕一八八三—一九五五年。スペインの哲学者。引用はエッセイ「額縁についての思索」(一九二一年)から。

〔5〕一九〇七—一九九九年。ベルギーの映画監督。『ポール・デルヴォーの世界』(一九四六年)、『ルーベンス』(ポール・エゼールと共同監督、一九四八年)などがある。

13 ベルクソン的映画、『ピカソ 天才の秘密』(1)

まず最初に注意すべきなのは、『ピカソ 天才の秘密』(アンリ=ジョルジュ・クルーゾー監督、一九五六年)は「何も説明しない」映画だということである。監督自身の発言や映画の前口上に耳を傾けるかぎりでは、絵画が描かれていく様子を見せれば、素人にも絵画が理解できるようになると彼は考えているようだ。だが本当にそう考えているとしたら、それは間違いだし、観客の反応がその証拠となっている。映画を見て、ピカソの称賛者が称賛の念をますます深めているのに対し、そうでない人はいっそう関心を失っているからだ。とはいえ『ピカソ』は、今日まで撮られてきた、多少ともあからさまに教育を目的とした美術映画とは一線を画している。実際、『ピカソ』はピカソを解説するのではなく、ピカソを見せるのである。この映画から引き出せる教訓があるとすれば、創作中の芸術家の姿を見せても、芸術家の天才についてはいうまでもなく、その芸術の秘密を解く鍵を与えることはできないということだろう。もちろん、芸術家の仕事ぶり

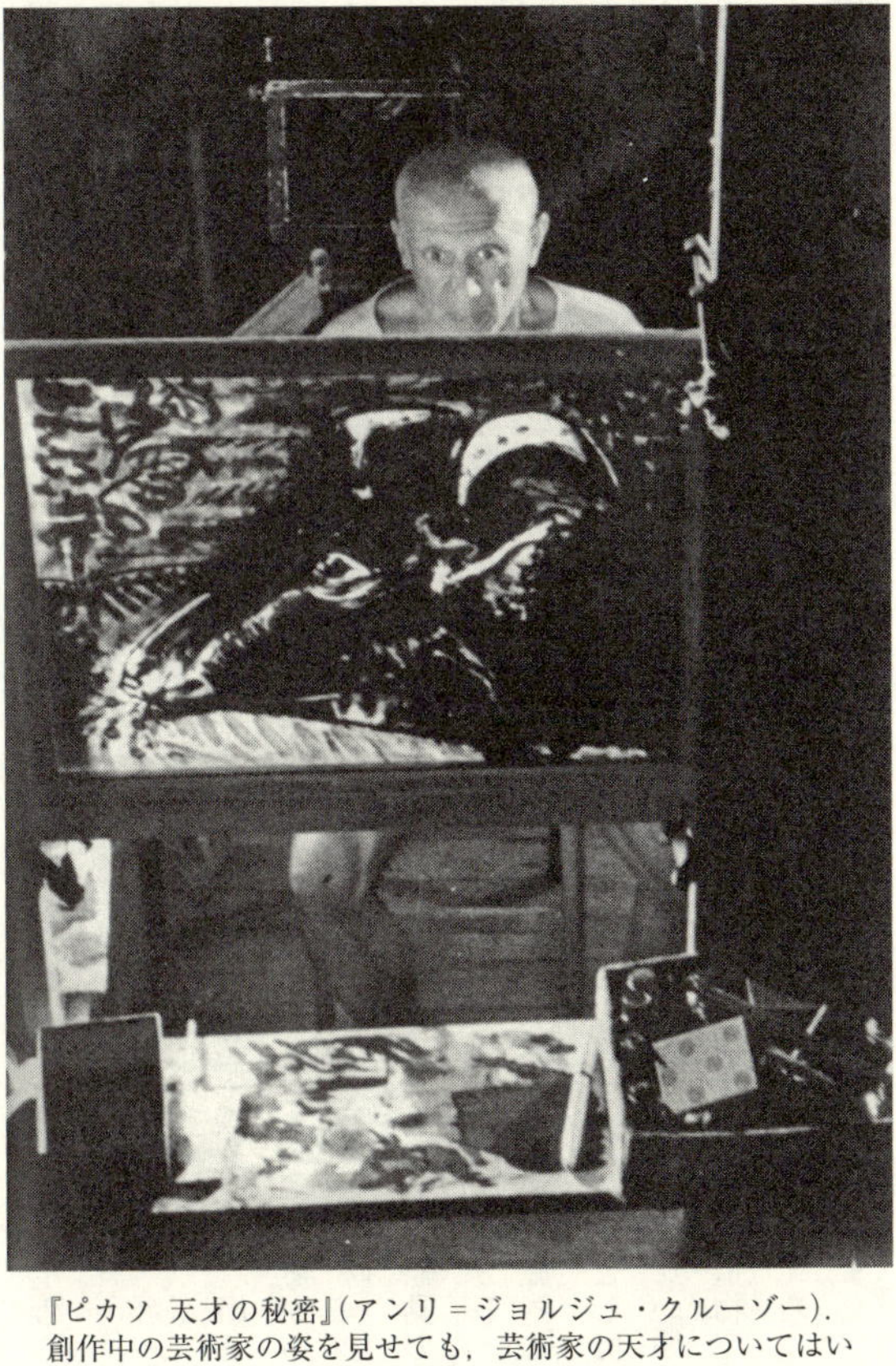

『ピカソ　天才の秘密』(アンリ＝ジョルジュ・クルーゾー).
創作中の芸術家の姿を見せても，芸術家の天才についてはいうまでもなく，その芸術の秘密をとく鍵を与えることはできない.

や創作過程をつぶさに観察することで、思考の道筋を浮き彫りにしたり職業上の秘訣を明らかにしたりはできるかもしれないが、しかしいずれにせよそれは取るに足らぬ秘密でしかない。フランソワ・カンポー〔一九〇六―一九八三年。フランスの映画監督、作家〕の短篇映画でマティスの絵筆のためらいをとらえたスローモーションがその例である。しかしピカソとなると、こうしたわずかな発見もありえない。「私は探さない、出会うのだ」というよく知られた発言で、ピカソは自身のすべてを語ってしまっているからである。この発言の正しさと深さをいまだに疑っている人がいるとしても、この映画を見た後ではもはやそれを疑うことはできないはずだ。何しろどんな描線もどんな絵具の点も、すべてがまるで予想のつかない形で現れるのである――「現れる」というのがぴったりの言い方だ。予想がつかないということは、逆にいえば、部分から全体の構成を説明することができないということである。だからこそ、この作品のスペクタクルとしての、より正確にいえば「サスペンス」としての原理の一切は、こうした絶え間のない期待感と驚きに要約されているといえる。ピカソによる描線はどれもがひとつの創造物であり、そこからさらに別の創造物が、原因が結果を伴うようにではなく、命が命を生むように導き出される。そのプロセスは、とりわけ絵画制作の初めの段階、ピカソがまだデッサンを描いているときに、はっきり見て取ることができる。といってもピカソの手やフェルトペンは画面に映されないので、非常にすばやく現れる描線や点の他には、画家の手やフェルトペンの位置を示すものはない。観客の精神はすぐさま、多少とも意識して次にどんな描線や点が現れるか見抜こうとするものの、ピカソの決断はつねに私たちの予測を完全に裏切る。右側に手があるかと思えば左側から描線が現れる。あるいは描線が引かれるものと思っていると色の着いた点が現れ、それが点のままに留まる、といった具合である。描かれる主題についても幾度も同じことが起こり、魚かと思ったものが鳥になり、その鳥が牧神になっていく。ところで、こうした数々の変身には、私がここから検討していこうとしているもうひとつの概念が含まれている。つまり絵画における持続という概念である。

『ピカソ』は実際、美術映画に第二の革命をもたらすものだ。〔1〕私は以前、ルチアーノ・エンメル、エンリコ・グラスの映画によって開始され、その後、アラン・レネによって見事に展開された美術映画の第一の革命の重要性を指摘しようとしたが（前章「絵画と映画」を参照）、その革命は絵画の額縁を消失させ、それによって絵画の空間と現実の空間とをひとつにするものだった。カメラはひとたび絵画の「中に」入り込むや、描写の時間、あるいはドラマの時間の流れに沿って私たちを導くことができていたといえよう。だが、そこでの本質的な新しさは時間的なものではなく、もっぱら空間的なものだった。カメラと同様に人間の目も絵画を分析的に見るし、絵画の前で一定の時間を過ごしはする。しかし実際に絵画の大きさや絵画と外界との境目を前にすると、時間の流れの外部で永久に結晶化した絵画の小宇宙の自律性に気づかされるのである。

『ピカソ』が明らかにしているのは、私たちもすでに知っているような創作の時間の流れではなく、創作の時間が作品そのものの一部となりうるという事実である。作品を補完するその奥行きのことは、いざ作品が仕上がるとあっさり忘れられてしまうのだ。より正確にいえば、私たちがこれまで知っていた「タブロー」とは、作者の判断だけでなく、偶然、あるいは病気や死によって半ば恣意的に断ち切られた創造的流れの垂直的な断面でしかなかった。それに対してクルーゾーがついに私たちに示しているのは「絵画」、すなわち時間の中に存在し、持続し、生き、そして——この映画の終盤に見られるように——死を迎えることもある一枚のタブローなのである。

ここでさらに詳しく説明しておく必要があるだろう。というのも、絵画についてのこうした考え方は、それと似て非なる考え方と混同されかねないからだ。つまり、画家がどうやって作品を完成させていくのかを見るのは、興味深く、教育的で、面白いものだ、という考え方である。作品の生成過程への興味は、出来不出来の差こそあれ、それ以前の多くの美術映画にも見られるものである。だがそういった興味は適切ではあっても月並みであり、美学的というよりは教育的な性格のものだ。もう一度いっておくなら、『ピカソ』では、制作途中の過程は最終的な完成に向かう道のりとしての、従属的な下位の段階ではなく、それ自体がすでに作品となっている。ただしそれは、画家が制作を止めようとするその瞬間まで、自らを食らい尽くすことを、あるいはむしろ変身を続けることを運命づけられた作品なのだ。それはピカソが映画の中で「絵の下にある絵を見せることができなくてはならない」と的確に述べているとおりである。ピカソは「下絵」といったり、「いかにして絵にたどり着くか」といったりはしないのである。それは実際、たとえ彼が完成の観念に導かれることがあるとしても（《ガループの海岸》〔『ピカソ』で最後に描かれる大作〕の場合がそうだ）、絵具で覆われ塗り重ねられていった制作途中の過程も、ピカソにとっては同じように絵画なのである。それをピカソは、きたるべき絵画のために犠牲にせざるをえなかったのだ。

こうした絵画の時間性は、いつの時代にも、とりわけスケッチブックや「習作」、版画の試し刷りといった人目につかないところに示されてきたものではある。だが現代絵画においては、潜在的とはいえ、より主張の強いものとして表れてきている。たとえばマティスが《ルーマニアのブラウス》を何度も描いたのは、間隔をおいて、つまり暗示された時間の中で、自らの創造的な着想をひと組のトランプカードを広げるようにして見せることにほかならなかったのではないか。この場合、絵の概念がより包括的な絵画の概念に場を譲っていることは明らかであり、一枚の絵は絵画のひとつの瞬間でしかないのである。ピカソにおいても——というより、ピカソにおいては他のどの芸術家にもまさって——「連作」が重要であることが知られている。たとえばあの有名な《雄牛》の変遷〔ピカソの連作リトグラフ〕を思い出していただきたい。だが連作の問題を根本的に解決することができたのは映画だけだった。つまり、絵画の連作は断続的で大雑把な近似を示すのみだったのに対し、映画はそこに、連続する映像の時間的なリアリズムをもたらし、ついに時間の持続そのものを見せることができたのだ。

もちろんこうした領域においてはただ一人の先駆者がいるわけではなく、クルーゾーの映画全体を支えているアイデア自体も決定的に新しいとはいえない。他の美術映画で似たような場面を目にすることもあるだろう。ただし私としては、部分的にではあれ、そのアイデアが『ピカソ』と同じく効果的に使われた例としては、フレデリック・デュランの『ブラック』での小石が削られるシークエンスしか知らないのだが。『ブラック』ではすでに、『ピカソ』と同じく、裏側に透ける絵画というアイデアが、ガラス〔透明ガラスあるいは曇りガラス〕の上に絵画を描くという仕掛けとして、簡単にではあるが試みられていた。クルーゾーの功績は、こうした手法とアイデアを実験的、エピソード的、あるいは萌芽的な段階から、スペクタクルとして完成された段階へと高めたことにある。私たちが今まで見てきたあらゆる美術映画と『ピカソ』とのあいだには単なる改良や程度の差に収まらないものがあるのだ。これまでは、制作途中にある芸術作品、「進行中の作品《ワーク・イン・プログレス》」を観察するといっても、作品の主題へのアプローチ法や鑑賞の視点を増やすための教育的な映画では、比較的短い挿話という扱いにすぎず、映画全体の長さも短篇ないし中篇に留まっていた。ところがクルーゾーは、まさにそうした短い挿話からまるごと一本の映画を引き出している。ドキュメンタリー映画という庭のあちらこちらに蒔かれた種が芽吹き、ついに森になったのだ。クルーゾーのやり方の並外れた大胆さを喧伝することが私の意図ではないが、とはいえ、その点について手短かに指摘しておいてもいいだろう。『ピカソ』は、五十分を超える映画をだれも撮ろうとしなかった美術映画の領域において長篇でありえているというだけではない。そこでは伝記的、描写的、教育的な要素がばっさりと削られた上で、これまでほんの数分間に収められてきたものが作品全体に展開されている。かくしてクルーゾーは、これほど難しい賭けにおいてはだれもが頼るであろう「多様性」という切り札を敢然と捨て去っているのだ。

それは、クルーゾーにとって芸術創造だけが真のスペルタクル、すなわち映画的スペクタクルを構成する要素であると思えたからである。なぜなら芸術創造とは本質的に時

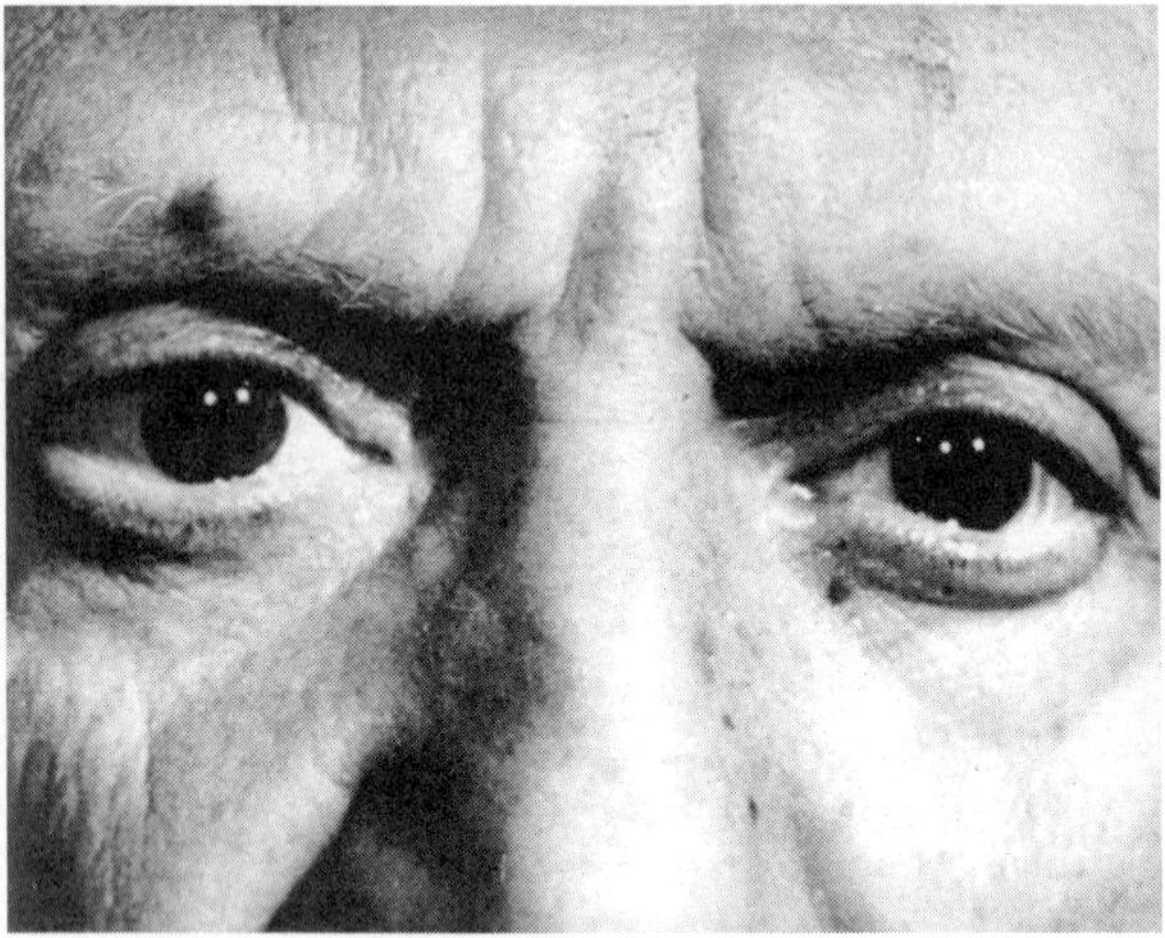

『ピカソ 天才の秘密』では伝記的，描写的，そして教育的な要素がすべて削られており，ピカソの視線の記憶だけが残されている．

間的次元のうちにあるものだからだ。芸術創造とは純粋状態における期待感や不確かさそのものである。それは「サスペンス」、すなわち主題の不在によって現れ出るがごときサスペンスなのだ。意識していたかどうかはともかく、それがクルーゾーを惹きつけたことは間違いない。『ピカソ』はクルーゾーの作品の中でも、もっとも啓示的な映画であり、極限まで突き進んだことによって監督の才能が純粋な形で示されている。実際、この映画における「サスペンス」を、ドラマの展開の仕方や筋の運び、盛り上がりや激しさといったものと混同するわけにはいかないだろう。この映画では文字どおり何も起こらず、絵画の時間の持続だけがある。そしてその持続とは、絵画の主題の持続でさえなく絵画そのものの持続なのである。『ピカソ』に筋立てがあるとしても、それは「三十六の劇的シチュエーション」〔2〕とは何の関係もない。それは純然たる変容《メタモルフォーズ》であり、結局のところ、芸術作品を通じて感じ取れる精神の自由を直接とらえたものなのだ。その自由が持続をなしていることもまた明らかである。とすれば、この映画のスペクタルとは、さまざまなフォルムが、自在に、生まれたばかりの状態で現れ出ることの魅惑そのものなのだ。

　クルーゾーによるこうした発見は、思いがけない形でアニメーション映画のもっとも興味深い伝統と結びついている。それはエミール・コール〔3〕によって（とりわけ『愉快な細菌』〔一九〇九年〕によって）先鞭をつけられながら、息を吹き返すまでにはオスカー・フィッシンガー〔4〕、レン・ライ〔5〕、そしてノーマン・マクラレン〔6〕を待たなければならなかったアニメーション映画の伝統である。そこには、それ自体で独立したデッサンに後から動きを与えることにではなく、デッサンそのものの変化、より正確にいえばデッサンの変容《メタモルフォーズ》にアニメーションの基盤を置くという考え方がある。その場合アニメーションとは、単なる空間の論理的変化ではなく、時間的な性格を帯びる。それは発生であり発芽なのだ。形態が別の形態を説明ぬきで生み出すのである。

したがって、『ピカソ』がしばしばマクラレンのアニメーション映画を連想させるのは不思議なことではない。アンドレ・マルタン〔7〕には申し訳ないが、『ピカソ』とともについに、コマ撮りされた映像を用いることのないアニメーション、デッサンのあり方が示されているのだ。動きのないデッサンを映写時の視覚的錯覚によって動かすのではなく、初めから画布がスクリーンの役割を果たすのであり、実際に絵が描かれている間、その画布を撮影していればよいのである。

もちろん、クルーゾーが芸術創造の時間を一見、自由に操作しているように思えることに異議を唱え、憤慨する向きもあるだろう。絵画制作のスピードを「速め」たり、あるいは実際に彼がやったようにモンタージュで巧みに処理して本来の出来事の時間を変えてしまったりする権利はクルーゾーにはないはずだ、という批判を私も耳にした。確かに、彼の大胆な方針は議論に値する。だが私としてはその正当さを示したいと思う。

制作のスピードを「速め」てなどいないとクルーゾーが述べているのはもっともである。実際、撮影は毎秒二十四コマの速度を保って行われているからである。ただし編集によって、何も起こらない時間帯や余計な部分が監督の思うままにカットされており、そのために、二本の描線がいっぺんに画面に現れることもあるのだ。こうしたことははたして、スピードを速めるのと同様に認めがたい操作なのだろうか。そうではない、と私は考える。なぜなら、編集による操作と事実の歪曲は別物だからである。第一に、クルーゾーは私たち観客を騙そうとしているわけではない。気が散っているかよほど愚かであるか映画のことを何も知らないのでもなければ、この映画で加速モンタージュが用いられていることに気づかないはずはない。しかも、念には念をいれて、クルーゾーはわざわざピカソにそのことを断らせてもいる。そして何より、編集された時間と撮影された時間は根本的に区別すべきものである。前者は抽象的、知的、想像的、スペクタクル的であるのに対し、後者は具体的である。あらゆる映画は編集によって自由に細分化された時間の上に成り立つものだが、モザイク状にちりばめられた時間の各断片は、毎秒二十四コマの現実的な時間構造を保っている。クルーゾーは――この点については彼を称えるほかないが――微速度撮影された科学映画の植物のように、その場で開花していく絵画＝花を見せることは決してしない。クルーゾーは演出家としてスペクタクル的な時間の必要を理解し、実感しており、そのために具体的な時間を利用しているが、とはいえ具体的な時間を変質させているわけではないのである。それゆえ、ドキュメンタリー作品だからといってこの映画の長所を認めまいとするのは馬鹿げている。『ピカソ』は『恐怖の報酬』〔クルーゾー監督、一九五三年〕にも劣らず巧みに撮られた映画である。そしておそらく大胆さにおいて『恐怖の報酬』にまさっている。狭義の教育的な「ドキュメンタリー」ではなく「真の映画」を撮ったからこそ、クルーゾーはスペクタクル的時間を考慮しえたのだし、また考慮しなければならなかったのである。ここでは映画とは、すでに外在する現実の単なる動画ではない。それは出来事としての絵画との美的な共存状態において、正当かつ緊密に構成されているのである。

もし私がカンヌ映画祭の審査員だったなら、クルーゾーの数々の独創のひとつを称えるためだけにでも『ピカソ』に一票を投じただろう(『ピカソ』は一九五六年のカンヌ映画祭で審査員特別賞を受賞した)。その独創だけで劇映画二、三本の成功に値するほどなのだ。すなわちクルーゾーの色の使い方のことである。色の使い方について、クルーゾーは偉大な監督ならではのアイデアをもっていた。それはためらいなく天才的と形容したくなるようなアイデアであり、大部分の観客はほとんど気がつかないだけに、いっそう驚くべきアイデアなのだ。実際『ピカソ』を見終えたばかりの観客に映画が白黒だったかカラーだったか聞いてみていただきたい。十人中九人までが少し考えた後で「カラー映画だった」と答えるのではないだろうか。それに対してこの映画の色彩がある信じがたい矛盾のうえに成り立っていたと答える人はほとんどだれもいないだろう。その矛盾がごく自然そのものの事柄だと受け止められたがゆえにである。ところが実際には『ピカソ』は、カラーフィルムに焼き付けられた白黒映画なのである。ただし、スクリーンに絵画が映し出されるときだけは例外なのだが。考えてみればそれは当然の選択といえるだろう。夜に昼が交替するようなものである。しかし映画で昼と夜を再創造するにはよほど力のある監督でなくてはならない。こうしてクルーゾーは現実世界が「絵画を除いては」白黒であることを自然な事実として認めさせているのである(ただしそのやり方があまりに控えめであるため、よく注意してみなければ気がつかない)。カラーのポジフィルムが化学的な一貫性を与えているため、作品全体に必要な物質的統一感がもたらされている。だからこそ、カラーで撮られた絵画のショットから白黒で撮られた画家のショットに切り替えられてもまったく違和感を覚えないのである。実際のところ、この点について突き詰めて考えていくと、この映画を白黒だとかカラーだとかいうこと自体が間違ったことだと思える。第二のレベルに達した最初のカラー映画であるととらえるほうがずっと正確ではないだろうか。それはこういうことだ。クルーゾーが全篇をカラーで撮ったと想像してみよう。すると絵画は、色彩的には画家の姿と同じ現実のレベルにあるということになる。つまり、スクリーンに映されたとき、絵画の青色は画家の目の青さと同じになり、赤色はクルーゾーのシャツの赤と同じものになるということだ。そうなると、画布に描かれた色彩の想像的ないしは美的なあり方を現実の色と対比させ、スペクタクルとして実感できるように見せるためには、さらに上のレベルで絵画の彩色を作り出し、赤や青といった色を自乗することができなければならない。こうした考えも及ばないような美学的演算をクルーゾーは大数学者のように優雅に解いてみせた。クルーゾーは、色を自乗することはできなくても、色を色そのもので割ることはできるということを理解したのである。そこで、自然な現実とは形に色をかけ合わせたものにほかならないという前提の上で、この映画では、逆に色の割り算が行われており、自然な現実は形だけ、すなわち白黒の状態に還元され、一方、現実世界にさらに色が塗られたものである絵画は、その美的な色合いをそのまま保つことになるのである。こうした対比に観客はほとんど気がつかない。なぜなら、現実にそうであるとおりの関係性が変えられているわけではないからだ。実際、絵画を鑑賞するとき、私たちは絵画の色彩を壁や画架の色とは本質的に異なったものとして見ている。つまりそのとき、私たちは絵画作品のために無意識的に自然の色を消し去っているのだ。クルーゾーはこうした心理的プロセスを観客のほとんど気づかないやり方で再現している。

つまり、『ピカソ』は「絵画だけを映す場面を除いて白黒で撮られた映画」なのではなく、本質的にはその反対に、絵画以外のものが映る場面では白黒に後退するカラー映画なのだといえよう。

この映画はクルーゾーではなくピカソの作品だと主張するのは、悪意ある者か見る目のない者だけだろう。この映画の根本にピカソの天才があることはいうまでもない。天才画家としての資質はもちろんのこと、この映画の構想と制作はピカソのもつもろもろの資質のおかげで実現可能なものとなったのである。とはいえクルーゾーの決定的な独創の果たした役割を明らかにすることがピカソを貶めることにはなるまい。ただし、ジョルジュ・オーリックによる音楽は受け入れがたいものであり、安易な心理主義的やり口の数々を驚くべき大胆さではねつけてきたクルーゾーが、ここでは逸話的要素、耳目を引く要素に譲歩したことを明白に示している。

（1）初出「カイエ・デュ・シネマ」誌第六〇号、一九五六年六月。

〔1〕一九一九―一九八一年。イタリアの映画監督。一九四〇年にエンメルとともに映画製作会社を設立し、共同で多くの美術ドキュメンタリーを手がけた。

〔2〕フランスの演劇理論家ジョルジュ・ポルティは同題の著作（一八九五年）であらゆる脚本の土台となる三十六のシチュエーションを分析した。

〔3〕一八五七―一九三八年。フランスのアニメーション作家。「アニメーションの父」といわれる。

〔4〕一九〇〇―一九六七年。ドイツの前衛芸術家、映像作家。音楽と連動した芸術性の高い抽象的アニメーションを制作した。

〔5〕一九〇一―一九八〇年。ニュージーランド出身、イギリスで活動したアニメーション作家。フィルムにじかに絵を描き込む「ダイレクト・ペインティング」と呼ばれる技法を考案した。

〔6〕一九一四―一九八七年。スコットランド出身、カナダで活動したアニメーション作家。レン・ライとも交流し、ダイレクト・ペインティングの技法を発展させた。

〔7〕一九二五―一九九四年。フランスの映画批評家。バザンが念頭においているのはおそらく「カイエ・デュ・シネマ」誌第四九号(一九五五年七月)に掲載されたマルタンの長文の論考「アニメーション映画」。

14 『ドイツ零年』(1)

理解できないものは私たちを恐れさせる。それゆえ子どもの顔は矛盾した欲求を引き起こす。個性的でいかにもあどけない様子をしていればいるほど、私たちはそんな子どもの顔に惹きつけられる。だからこそミッキー・ルーニー(1)は売れっ子になり、アメリカの年若い人気スターたちは競って頬にそばかすをこしらえたのである。シャーリー・テンプル(2)は演劇、文学、絵画的な美学を不当にも引き延ばしてきたが、彼女の時代は完全に終わった。子役俳優がよりによって陶器の人形やルネッサンス絵画の幼子イエスに似ていることは、いまやもう許されない。他方で、私たちは不可解なものを前にすると安心したいという気持ちを抱く。私たち大人が、子どもの顔に大人も持っているなじみ深い感情が現れるのを軽率にも期待してしまうのはそのためである。大人が子どもに求めているのは、互いにわかりあっていることを示すしるしなのだ。大人の何気ない感情を子役俳優がうまく表現すると、観客は恍惚となり、いきおいよくハンカチを引っぱりだす。つまり、大人は子どもに自分たちの姿を見出そうとするのであり、自分たちが失った純真さ、無邪気さ、あどけなさを求めているのだ。子どもの出る映画に感動するとき、大人は自分自身に対しても涙しているのはないだろうか？

ごくわずかな例外（たとえば皮肉があれほど重要な位置を占めている『新学期　操行ゼロ』〔ジャン・ヴィゴ監督、一九三三年〕）を除き、子どもを題材にした映画は、彼ら小さな人間に対して大人が抱くこうした曖昧な心理を徹底的に利用している。さらに考えてみると、そういった映画では、少年時代はまさに大人が知ったり共感したりできるものであるかのように描かれており、子どもも大人も同じ人間であるという意味での神人同形説《アントロポモルフィスム》に従っていることに気づかされる。たとえば、『ヨーロッパのどこかで』〔一九四七年〕もその規則を免れておらず、監督のゲツァ・フォン・ラドヴァニはそうした比喩を狡猾に使いこなしている。そのやり口を受け入れる限りにおいて、ラドヴァニの扇動的な演出は批判するまでもないだろう。だがあの映画を見て皆と同じようにさざめと涙を流すとしても、ハーモニカでラ・マルセイエーズを吹いているさなかに撃ち殺されてしまう十歳の少年の死は、その死に方が私たち大人の抱くヒロイズムの観念と重なるからこそ、あれほど胸を打つものとなっていることははっきりしている。それに対して、針金の輪を用いてのトラック運転手の無残な殺害は、その目的が取るに足らぬものだっただけに(飢えた十人の子どもたちのための、パン一切れとベーコン一片)、何か説明のつかない、予測のつかない何かをはらんでいる。それは子ども時代という解き得ない謎に由来するものなのだ。とはいえ、全体としてこの映画ではるかに重用されているのは、手に取るように理解できる子どもの感情に対する私たち大人の共感である。

ロベルト・ロッセリーニの深い独創性は、センチメンタルな同情を誘ったり神人同形説に頼ったりするどんなやり方にもきっぱりと背を向けたところにある。『ドイツ零年』のように主人公の年齢が十一歳から十二歳くらいである場合、シナリオと演技によって子どもの意識の秘密を私たち観客にわからせるのが簡単だろうし、多くの場合、当然とされるやり方でもあるだろう。だがこの映画では、少年が考え感じていることを観客が知ることがあっても、それは決して、少年の顔に見て取れる表情からではないし、少年の行動からでさえない。何しろ私たちが少年の心境を察するには、複数の情報を寄せ集め推測しなくてはならないのだ。確かに、「強者が生きるためには弱者は場所を譲るべきだ」とナチの教師にいわれたことが、役立たずの病人の毒殺を少年に決意させたといえよう。しかし、茶碗に毒薬を入れる場面での少年の表情に、注意深さと薬の分量への配慮以外のものを見出そうとしても無駄なことだ。その表情を少年の無関心さや残酷さ、少年をさいなんでいたかもしれない苦悩に結びつけることさえ私たちにはできない。教師が少年の前でちょっとしたことを口にし、その発言が少年の心に入り込み、ある決心へと導いていった。どのようにしてなのか、そしてどんな内心の葛藤と引き換えになのか。だがそれは、映画監督ではなく少年の側の問題である。ロッセリーニはあるトリックを用いることによってのみその問題についての解釈を私たちに示すことができた。つまり、まずロッセリーニ自身の解釈を少年に投げかけ、その解釈を少年が私たちのために映し出してくれたのである。

ロッセリーニの美学がいよいよその真価を発揮するのは、理解と賛同を求めて少年が街を歩き回るも社会から見放され、ついには自ら命を絶つという、映画の終盤の十五分間においてである。少年が最初に訪ねたナチの教師は、とばっちりを及ぼしかねない生徒の行動に対しあくまで責任逃れしようとする。街路に放り出されて、少年は歩き、ひたすら歩き、廃墟と化した街のあちらこちらを探し回る。だが人間たちも物もすべてが次々と少年を見捨てていくのだ。ガールフレンドは他の仲間たちと一緒にいるし、ボール遊びをしている子どもたちは少年が近づくと意地悪くボールを拾い上げてしまう。クローズアップがこの果てしない歩みにリズムを与えてはいるものの、映像が私たちに示すのは少年の表情のみである。不安げに考え込んでいるが何が心配なのか？　いったい何が？　闇市でのやりとりのことだろうか？　タバコ二本と交換したナイフのことだろ

ふざけているときも死を決意したときも，子どもの表情は同じように見える.

うか？　あるいは帰り道に袋叩きにあうかもしれないということか？　自殺という最後の行為だけが過去にさかのぼって疑問を解く鍵を与えてくれるだろう。つまりは、ふざけているときも死を決意したときも、子どもの表情は同じように見えるということなのだ。少なくとも、子どもの秘密を見抜く事のできない私たち大人にとって、それらは同じ顔つきに見えるのである。少年は爆撃によってうがたれた舗道のくぼみからくぼみへとけんけん跳びしていく。石とねじれたはがねの山の中から錆びた鉄の切れ端を拾った少年は、それを拳銃に見立て、廃墟となった建物にあいた銃眼から架空の的に向かって狙いをさだめる。パン、パン、パン。そしてまた同じように、まるでふざけているような自然さで少年は架空の銃身をこめかみにあてて見せる。そして自殺のとき。少年は家の向かいの建物の鉄筋がむき出しになった階段を登っていく。棺を運び出しに来た霊柩車らしき車が家族をあとに残して走り去る様子を少年は眼下に見つめる。上階では、鉄の梁が穴のあいた床面を斜めに貫通していて、すべり台のようになっている。少年は半ズボンの尻を下にしてすべり降り虚空に向かって身を投げる。いまや少年の小さな体は地面に落ち、舗道のはしに積み上げられた石の陰に投げ出されている。一人の女が買い物かごを置いて少年のそばにかがみこむ。がたがたと音を立てながら路面電車が通り過ぎる。女は石の山に寄りかかり、嘆きの聖母《ピエタ》の時代を超えた姿勢のまま力なく両腕を垂らす。

ロッセリーニが主人公の少年をこのように扱うことにした理由は明白である。心理を客観的に描くこうしたやり方は彼のスタイルの論理的帰結なのだ。ロッセリーニの「リアリズム」は、映画がこれまでリアリズムと称して見せてきたもの(ルノワールの映画は別として)とは何の共通点もない。それは主題におけるリアリズムとはまったく異なったスタイルにおけるリアリズムなのである。ロッセリーニは物語を演出上、その背景となる事柄とまったく同じひとつの平面上におきながらも、なお物語への興味を失わせずにいることのできる世界でただ一人の演出家だといえよう。ロッセリーニの映画から得られる感動がどんな感傷主義とも無縁であるとすれば、それは感動しながら自らの理解力を省みなければならないからである。私たちを感動させるのは俳優の演技でも出来事でもなく、私たちが映画から引き出してこなければならない意味なのだ。このような演出方法においては、精神的な意味やドラマのもつ意味は、現実の表面には決して現れてこない。だが、私たちが意識していれば、その意味が何なのかを見過ごすことはありえない。存在と物を相手にしてごまかしをすることなく観客の精神に参加を働きかけること――それこそは芸術におけるリアリズムの確かな定義なのではないだろうか。

(1) 初出「エスプリ」誌、一九四九年。

〔1〕一九二〇―二〇一四年。アメリカ生まれ。一九三〇年代から子役として多数の映画に出演。

〔2〕一九二八―二〇一四年。アメリカ生まれ。人気子役女優として一時代を築いた。

15 『最後の休暇』(1)

パリで暮らす何十人かの者たちにとって、つまり小説家、詩人、雑誌編集長、俳優、舞台の演出家、映画監督、批評家、画家、そして独立系の映画プロデューサーといった、オデオン座やバック通りからセーヌ川にかけての界隈でしょっちゅう顔を合わせていた連中(実存主義者たちによって占拠されるはるか以前、ドゥ・マゴがまだ文学の中心地で、ジャン・ルノワール、ポール・グリモー、ジャック・プレヴェールといった映画関係者に会うにはカフェ・ド・フロールへ行けばよかった頃の話だ)、要するに文学と芸術の都であり、友情の都でもあったパリで暮らすそれら何十人かの者たちにとって、ロジェ・レーナルト〔1〕はすでに大戦前から特別な存在だった。小柄で痩せ形、そして何やら観念上の重荷を背負っているかのように猫背のレーナルトは、フランスの文学と映画の境界で密やかに、特異な、格別の場所を占めていたのである。

そのうち何人かは、正当にも、レーナルトはトーキー映画のもっとも優れた批評家にして目利きの一人であり、時代に十年は先駆けていたのだと認めている(一九三七年「エスプリ」誌掲載の諸論文、同年のラジオ講演を参照のこと)。他の者たちにとって、レーナルトとは第一に、小説を最後まできちんと書き上げたことが一度もない小説家だ。あるいはまた、詩人肌の実業家という変わり種でもあろうか。何しろ彼は、コルシカ島でのレモンの集約栽培にリスクの大きい投機をして全財産を失った後、映画に対する思いもだしがたく、短篇映画のプロデューサーになったという人物なのである。私はといえば、レーナルトが映画を製作しているのも批評しているのも、それはただ自分が映画監督であることを認めたくないからなのだと思っている。何しろこの十年の間、彼は映画に粉をかけるかと思えば忘れたふりをし、ないがしろにするかと思うと償いの言葉をぽろりと洩らすといった風だったのである。話し上手の彼は、何気ない会話のおりふし、まるで猫が鼠をもてあそぶかのようにアイデアと戯れてみせるのだ。いつかレーナルトが「大作映画」に取り組んだり、彼のようなタイプの知性の持ち主にとってはいかにも失敗に終わりそうな力作に挑んだりすることがあるのだろうか、と疑問に思う向きもあった。ことレーナルトの場合、アイデアの湧き出る泉のようなこの人物が、実作に手を出したりするのは遺憾なことだとさえ思われかねなかった。

そもそも彼が友人のプロデューサー、ピエール・ジェランの提案を受け入れて映画を監督することにしたのは、レーナルトにとっては映画監督というのもまた、アイデアを試してみるためのひとつの方法だからなのではないか。つまり、何かを作り出すというアイデアである。それも、地中海の真ん中でのレモン栽培の一件に劣らず知的なやり方で試してやろうというわけだ。

『最後の休暇』〔一九四八年〕という作品について語る前に、ロジェ・レーナルトの人柄についてこうして長々と話したのは、彼の場合、ある意味では作品よりも人柄のほうが重要だと思えるからである。第一に、レーナルトの本質はいつも会話の中に現れ、その作品はたとえどれほど重要であっても、会話の副産物以上のものではない。実際、レーナルトの傑作とは、彼自身の製作・監督による短篇映画で担当したナレーションという控えめな形式のうちに求めるべきなのかもしれない。たとえば風をテーマとしたあのドキュメンタリー〔『風を求めて』一九四三年〕のことが頭に浮かんでこないだろうか。日に焼かれた荒れ地に浮かび上がるランザ・デル・ヴァスト〔一九〇一―一九八一年。イタリア出身の神秘主義哲学者、詩人、ガンジーの弟子〕の背の高いシルエットが思い出される。とはいえ私は、彼の書いたテクストについて語ろうとは思わない。『映画の誕生』〔レーナルト脚本・監督による短篇ドキュメンタリー映画、一九五一年〕の脚本は素晴らしいものだが、しかしレーナルトといって私が思い浮かべるのはもっぱら、彼をフランス映画界最良の解説者たらしめているあの語り口、声の響き、抑揚である。レーナルトのすべては、知的で歯切れのいいあの声のうちにあり、その美点はマイクを通しても損なわれることのないほどに精神の動きとひとつになっている。レーナルトとはなによりも語りの男なのだ。思考の論理をすくい上げ、そのエネルギーをひどく減じることなしに表現するだけのすばやさ、しなやかさ、奥深さは、彼の場合、話し言葉にのみ備わっているのであり、明晰さが情熱にあおられて打ち震えるあの曇りない語り口によってのみ、論理の息づかいが保たれるのである。

たとえ一度も偉大な作品を撮らなかったとしても、ロジェ・レーナルトはすでにしてフランス映画界でもっとも魅力的な、かけがえのない人物であっただろう。いわば、映画界の影の参謀役であり、ルイ・デリュックやジェルメーヌ・デュラックの世代のあとにフランス映画の良心というべき役割を担った数少ない人物の一人なのである。

それゆえ、レーナルトの人柄からして、創作や製作との境目にある自由地帯からあまり遠くまで危険を冒して出て行くことはあるまいと思われたし、何であれ好きなように話題にしていればいい、サン＝ジェルマン＝デ＝プレの半ば国際的な空間から、成功と金銭の掟によって宗教裁判のように裁かれる、シャン＝ゼリゼという冷酷で愚かな世界へ引っ越すはずはあるまいと思われたのだ〔シャン＝ゼリゼには大手映画製作会社のオフィスが集まっている」。

そのことは公正を期してしっかりと書き留めておきたい。ロジェ・レーナルトのために、セーヌの右岸から左岸へ、信頼と友情の橋を渡してくれたピエール・ジェランに感謝しなくてはならない。

今でこそいえる話だが、私たちはとても不安だった。レーナルトの映画が失敗に終わったなら、彼への評価は変わらなくても愛情にひびが入ることになりかねなかったからだ。しかしそれ以上に、レーナルトが何人かの先達に続いて、映画制作のもっとも難しい問題のひとつに挑もうとしていたことが私たちを不安にさせた。知識のうえで映画に精通し、短篇映画を製作、監督する経験があったとはいえ、レーナルトは撮影所の技術についてはまったく無知のまま、丸腰で映画の世界に飛び込んでいった。実際に俳優たちを演出したことは一度もなかったのだ。それがいきなり、手ごわい怪物たち相手にいうことを聞かせる役を担わなければならなくなったのである。ただしプロデューサー、さもなくば組合は、新米監督を手厚く保護するのが通例ではあるのだが。レーナルトが暗黙裡に答えなければならなかった問いとは、作家は映画において、自分のスタイルに向かってまっすぐ突き進むことができるのかという問いだった。つまり、何日かの手習いだけで、すべての技術を自らの意志や意図に従わせることが可能になるのか。長期にわたって専門的な訓練を積むことなしに、傑作であると同時に商業ベースにも乗るような作品を作ることができるのだろうか。私たちがレーナルトに期待していたのは「よくできた」映画ではなく、作家としての署名の入った作品であり、自らの内なる世界の一部をついに堂々たる形で具現化したといえるような映画だった。そのような映画は他に例はあるがその数は少ない。ジョルジュ・メリエスそしてルイ・フイヤードと同様に、フランスが誇ることのできる映画＝人間の一人といえるジャン・ルノワールの場合はまったく別のケースである。その他に、最初から自分のスタイルに技術を従わせることができたのはコクトーとマルローくらいのものだ。ハリウッドではオーソン・ウェルズの挑戦がいまだ記憶に新しい。ウェルズはスタイルに身をゆだねさせることで技術が手にしうる利益があることを証明している。となれば、フランス映画界でもっとも知的な男の要求に技術が応えなかったはずはあるまい。

レーナルトは用心深くも自らに最大限の困難を課そうとした。こうした状況では、最悪と思えるものこそが最善の策となるからである。それゆえレーナルトは（義兄にして親しい友人でもあった、今は亡きロジェ・ブルイユとともに）シナリオとせりふを書いた。作品のテーマ自体に小説のような繊細さが込められているがゆえに、演技にはほとんど解決不可能と思えるほどの困難が予想された。

そもそものアイデアはきわめてシンプルで美しく、ジロドゥ〔2〕の小説を思わせるようなものだ。十五、六歳の年頃では、精神的な成熟度で少女が少年にまさり、少年が少女に追いつくまでに数年かかるということがある。不動産購入のためにパリから若い建築家が下見にやってきたことで、ジュリエットは突然、女としての自己にめざめ、しばらくのあいだ、いとこのジャックから距離をとるようになる。子どもじみた嫉妬にとらわれたジャックは、ジュリエットが自分から離れて大人たちの側に移っていくこと、そして自分もまた――とはいえ、ジュリエットよりもゆっくりと、ジュリエット以上に苦しみながら――大人たちの世界への道を切り開いていかなければならないのだと感じ取る。この最後の休暇のおかげで、ジャックは母親から最後にくらった平手打ちのひりつく痛みと、大人の女から初めて平手打ちをくらわされたときの痛みがどう違うのかを理解するのだ。

そしてさらに、レーナルトは少年期の終わりというテーマをひとつの家族、ひとつの社会の終わりというテーマと緊密に結びつけた。それは、苦労して築いた財産による物質的な後ろ盾があったために、三代にわたって貴族のように暮らすことができたプロテスタントのブルジョワ家庭の終わりである。一九三〇年頃、第一次大戦のすぐ後からすでに凋落は始まっていた。子どもたちと大人たちそれぞれの恋愛は同じ舞台で繰り広げられる。つまり一族の所有地で繰り広げられるのだが、その土地はもはや相続するには重荷となり、ホテル業者に売却せざるをえなくなったのだ。

ジャックとジュリエットが初めての愛の授業を受ける大庭園は人間の手で綿密に作り上げられた場所でもある。人造石でできた噴水があり、広大な芝生からは干し草が刈り入れられ、竹の小道があり、南洋杉や蒼いヒマラヤ杉、大きな花をつけるモクレンなどの木々が茂っていて、セヴェンヌの荒れ地によく見られるものとしては、緑のコナラがあるだけだ。この庭園こそはフランスの田舎のいたるところに見られる、ブルジョワの所有地の精髄なのだ。閉ざされた場所、人工の楽園であり、ローマの廃墟を思わせる遺跡が点々と並ぶ焼けつく土地のただなかにあっては、ネリー伯母さん〔『最後の休暇』に登場する一家の長老、実際はデリー伯母さん〕のギピュール編み〔厚手のレース〕の服や真珠細工と同様に古臭く、稀有な代物でもある。三、四世代におよぶブルジョワ一家の象徴というわけだが、彼らの美点と偉大さは、ともかくも四分の三世紀のあいだに、生活様式と地所の様式を同時に作り上げたことにあった。ところがそのブルジョワ的な魅惑の産物は、そこで遊ぶ子どもたちの感じている以上に、親たちにとって頭の痛い時代遅れの財産となってしまったのである。

こうした「一家世襲の土地」というテーマは、フランス文学では『ドミニック』〔ウジ

『最後の休暇』子ども時代の終わり.

エーヌ・フロマンタン、一八六三年）から『グラン・モーヌ』（アラン＝フルニエ、一九一三年）に至るまで、いくつかの傑作を含む、名だたる小説をあまた生んできたにもかかわらず、これまでなぜ映画はこのテーマを見捨ててきたのだろう。さらに不思議なのは、ブルジョワジーの暮らしぶりや彼らの没落が、バルザックからプルーストに至るまで、偉大なフランス小説にたえず素材を提供してきたのに対し、映画監督たちはそのテーマにほとんど関心を示さず、『イタリアの麦わら帽子』（ルネ・クレール監督、一九二七年）から『ドゥース』（クロード・オータン＝ララ監督、一九四三年）、そして『肉体の悪魔』（クロード・オータン＝ララ監督、一九四七年）に至る諸作を考えても、結局のところ「ブルジョワ」映画として引き合いに出せるのは不滅の傑作『ゲームの規則』（ジャン・ルノワール監督、一九三九年）のみなのである。

物語の舞台を一九二五年から一九三〇年のあいだとしたことで、レーナルトが仕事をさらにどれだけ難しいものにしたのかについても簡単に指摘しておきたい。それは、さりげなくも大胆で興味深い挑戦だった。というのも、それによってレーナルトは、一九〇〇年までさかのぼっていかにも時代物という雰囲気に頼ることを避けたばかりか、より近い過去が舞台であるだけに、逆にいかにも古臭く見えたり滑稽な印象を与えたりもしてしまう衣装を用いるという難題に挑まなければならなかったのである。

演技の問題はさらに解決が困難だった。十五歳という年齢は映画にとっては扱いやすい年齢ではない（小説には打ってつけの年齢であるのだが）。その年齢ではもはや子ども時代の動物的な魅力をあてにすることはできないし、自然な演技のできるプロの俳優もほとんどいないからである。『肉体の悪魔』の場合、クロード・オータン＝ララはぎりぎりまで年齢を上げるという賭けに出た（主演のジェラール・フィリップは当時二十五歳で十七歳の少年役を演じた）。『最後の休暇』の脚本はそういったやり方を許さないものだったが、レーナルトの大胆さは報われたといえる。この作品でスクリーンデビューした若きオディール・ヴェルソワと、半ズボン姿に違和感のないミシェル・フランソワの演技は、ほぼ完璧だからだ。少なくとも、大人たちの演技をしのいでいる。逆に大人たちの演技はこの作品の主たる弱点となってしまっている。とりわけピエール・デュクスは、気弱なところがあっても根は善良で、子どものように陽気な楽天家という、脚本が求めていた人物像とはまったくかけ離れてしまっている。ベルト・ボヴィには素朴さが欠けているし、クリスチャンヌ・バリーは離婚した美しい従妹を演じるための十分な資質を持ち合わせていない。さらに、映画の終盤で調子が変わってしまっている点でレーナルトを責めることもできるだろう。もっぱらジャックとジュリエットの恋愛にあてられた前半の三分の二までは素晴らしい仕上がりである。ほとんど小説的だとさえいいたい。それに対してピエール・デュクスとクリスチャンヌ・バリーの恋愛の成り行きにアクセントが置かれた後半の三分の一は軽演劇すれすれの調子に堕している。ここまで来て、脚本家は大胆さを失い息切れしてしまったようだ。

とはいえ、ロジェ・レーナルトの脚本がそれ自体どれほど興味深く、大部分において斬新なものであったとしても、はるかに注目すべきは彼の演出スタイルのほうであると私には思える。彼の演出スタイルを表現力不足であるとか、ぎこちないと感じるベテランの映画スタッフはいくらでもいるだろう。観客もまた、それを技術的効果が切り詰められた結果としか感じず、どこまで意識的に判断するかはともかく、いずれにしても表現力不足とみなすだろう。だがそれは、映画におけるスタイルとは何なのか、だれもがもはやほとんどわからなくなっているか、あるいはまだわからずにいるためなのだ。実際、百本の映画があればそのうちのじつに九十八本でカット割り《デクパージュ》の技法はまったく同じであり、そこにはみせかけの「スタイル」があるだけだ。クリスチャン＝ジャックやデュヴィヴィエの作品でさえスタイルによって見分けがつくわけではない。常套的な技術が用いられている割合によって見分けがつくのみであり、監督たちはそこにいくらかの個人的な修整を加えているにすぎない。反対に、ほとんどの場合に良識を無視し、映画の文法を気にかけずにカット割りされたルノワールの作品はまさにスタイルそのものである。レーナルトは映画の形式や規則を無視するような人物ではないし、ときおりカット割りがぎこちなさを感じさせる場面があったことは私も否定しない。とはいえそれは、もう少し経験があれば解決できた問題だろうし、肝心なところではレーナルトは自らのスタイルと必要な技術を完璧に見つけ出している。レーナルトによる映画的文体には、控えめではあるが個性的な構文とリズムがあり、そのわかりやすさは彼の独創性を否定するものではない。シーンを具体的につなげることに対して素晴らしいセンスを持っているからこそ、レーナルトは全体の流れをおろそかにせずに、そこから意味のある細部をタイミングよく取り出すことができたのである。

小説家であったなら、レーナルトはモラリスト〔3〕だったに違いない。ここで映画的な文体《エクリチュール》は、いわば『クレーヴの奥方』〔ラファイエット夫人、一六七八年〕から『異邦人』〔アルベール・カミュ、一九四二年〕まで受け継がれてきたフランス小説の古典的伝統である明晰さの構文を、あくまで映画的な手法によって見つけ出している。確かに、描写という側面から見ると、『最後の休暇』のカット割りは稚拙に見えるかもしれない。だが、彼のカット割りは何よりも思考の動きなのであって、そこではレーナルトという人間に備わったもっとも驚くべき矛盾が美学的に解消されているのである。文学の代わりに美術の分野にたとえを求めるならば、『最後の休暇』の最高のシーンはエッチングに比べられるだろう。つまり輪郭を描き出す直線の揺るぎなさゆえに、そこからは細部の意味と価値が明確に汲み取れるのだ。ところどころルノワールの影響を感じさせつつも（レーナルトのカメラは、生体解剖のメスのようでありながら、シーンの息の根を決して止めずにおく術を心得ている）、レーナルトは――ルノワールを否定するのではないが――ルノワールと袂を分かつ。というのも、レーナルトは出来事を完全に理解することを諦めず、出来事に裁きを下すことを避けようとしないのである。レーナルトが受け継いだプロテスタンティズムは、脚本の題材そのものやセヴェンヌ地方という物語の舞台に現れているだけでなく、カット割りに意味を与え、さらにそこにルノワールにはまったく欠けているモラルを――とはいえそれがルノワールの魅力なのだが――課しているのだ。

脚本、演出のどこをとっても人目を引く華々しさがなく、わずかな製作費で作られたこの地味な作品は、そのせいでふさわしい評価を得られないのではないかと懸念される。少なくとも、一九四七年に開催されたどの国際映画祭もこの作品に対して冷たく門を閉ざし続けたという状況を見ると、そう思えてしまう。

そういう事態が生じるのもこの作品の美学的性質が本質において小説的なものだからだろう。レーナルトは、彼が書きえた小説を映画にしたのだ。逆説的なことだが、これが小説を脚色した映画だったとしたら、観客ばかりか批評家の評価もはるかに好意的なものになっていただろう。『最後の休暇』は、あまりに自然に小説の伝統に溶け込んでいるために、それが映画として存在することで持ちえた斬新さや深い独創性が見逃されてしまっているのだ。レーナルトのほかに文学作品にもなりえる映画作品という両義性を感じさせてくれたのは、根本的に異なったタイプの小説ではあるがマルローの場合くらいである。ただし誤解しないでいただきたい。映画『希望　テルエルの山々』は、小説からの脚色とは正反対のものだ。映画『希望　テルエルの山々』と小説『希望』は、ひとつの創造的な企てが異なったふたつの表現形態に分岐したものであって、拠って立つ美学的基盤は同一である。たとえマルローが『希望』(この小説は映画『希望　テルエルの山々』の後で完成された)(『希望』は一九三七年刊行であり、映画の完成が先だったというのはバザンの思い違い)を書かなかったとしても、一篇の小説になりえた何かをスクリーン上に見ることができただろう。『最後の休暇』が私たちに与える印象もそのようなものである。ところで、ここ十年の世界の映画のうちで、『ゲームの規則』から『市民ケーン』、『戦火のかなた』に至る真に重要な作品は、いずれも映画であることを選んだ長篇小説(あるいは中篇小説)だったのではないだろうか。そして、このような美学的な変換——もう一度いうが、それは脚色でも翻案でもない——があってこそ、ここ十年に見られた映画言語のもっとも明らかな進歩が可能になったのではないだろうか。

（1）一九四八年六月「ルヴュ・ド・シネマ」誌に「文は人なり」として掲載された。

〔1〕一九〇三―一九八五年。フランスの映画批評家、映画監督、プロデューサー。アンドレ・バザンに多大な影響を与えた。

〔2〕一八八二―一九四四年。フランスの小説家、劇作家、外交官。女性を主人公とし、恋愛や若さを物語の核に据えた作品を多数書いた。

〔3〕モンテーニュ、ラ・ロシュフーコー、パスカル以来フランス文学の一系譜をなす、人間精神の観察、探求家たち。

映画《えいが》とは何《なに》か（上）〔全2冊〕
アンドレ・バザン著

2015年2月17日　第1刷発行
2016年5月16日　第3刷発行

訳者　野崎《のざき》　歓《かん》　大原宣久《おおはらのりひさ》　谷本道昭《たにもとみちあき》

発行者　岡本　厚

発行所　株式会社　岩波書店
〒101-8002　東京都千代田区一ツ橋2-5-5

案内　03-5210-4000　販売部　03-5210-4111
文庫編集部　03-5210-4051
http://www.iwanami.co.jp/

印刷・三秀舎　カバー・精興社　製本・中永製本

ISBN 978-4-00-335781-1　　Printed in Japan

読書子に寄す

――岩波文庫発刊に際して――

岩波茂雄

真理は万人によって求められることを自ら欲し、芸術は万人によって愛されることを自ら望む。かつては民を愚昧ならしめるために学芸が最も狭き堂宇に閉鎖されたことがあった。今や知識と美とを特権階級の独占より奪い返すことはつねに進取的なる民衆の切実なる要求である。岩波文庫はこの要求に応じそれに励まされて生まれた。それは生命ある不朽の書を少数者の書斎と研究室とより解放して街頭にくまなく立たしめ民衆に伍せしめるであろう。近時大量生産予約出版の流行を見る。その広告宣伝の狂態はしばらくおくも、後代にのこすと誇称する全集がその編集に万全の用意をなしたるか。千古の典籍の翻訳企図に敬虔の態度を欠かざりしか。さらに分売を許さず読者を繋縛して数十冊を強うるがごとき、はたしてその揚言する学芸解放のゆえんなりや。吾人は天下の名士の声に和してこれを推挙するに躊躇するものである。このときにあたって、岩波書店は自己の責務のいよいよ重大なるを思い、従来の方針の徹底を期するため、すでに十数年以前より志して来た計画を慎重審議この際断然実行することにした。吾人は範をかのレクラム文庫にとり、古今東西にわたって文芸・哲学・社会科学・自然科学等種類のいかんを問わず、いやしくも万人の必読すべき真に古典的価値ある書をきわめて簡易なる形式において逐次刊行し、あらゆる人間に須要なる生活向上の資料、生活批判の原理を提供せんと欲する。この文庫は予約出版の方法を排したるがゆえに、読者は自己の欲する時に自己の欲する書物を各個に自由に選択することができる。携帯に便にして価格の低きを最主とするがゆえに、外観を顧みざるも内容に至っては厳選最も力を尽くし、従来の岩波出版物の特色をますます発揮せしめようとする。この計画たるや世間の一時の投機的なるものと異なり、永遠の事業として吾人は微力を傾倒し、あらゆる犠牲を忍んで今後永久に継続発展せしめ、もって文庫の使命を遺憾なく果たさしめることを期する。芸術を愛し知識を求むる士の自ら進んでこの挙に参加し、希望と忠言とを寄せられることは吾人の熱望するところである。その性質上経済的には最も困難多きこの事業にあえて当たらんとする吾人の志を諒として、その達成のため世の読書子とのうるわしき共同を期待する。

昭和二年七月

《音楽・美術》〔青〕

- ベートーヴェンの生涯　ロマン・ロラン　片山敏彦訳
- 音楽と音楽家　シューマン　吉田秀和訳
- モーツァルトの手紙 —その生涯のロマン　全二冊　柴田治三郎編訳
- バッハの生涯と芸術　フォルケル　柴田治三郎訳
- ドビュッシー音楽論集 —反好事家八分音符氏　平島正郎訳
- レオナルド・ダ・ヴィンチの手記　全二冊　杉浦明平訳
- ゴッホの手紙　全三冊　硲伊之助訳
- ワーグマン日本素描集　清水勲編
- 河鍋暁斎戯画集　山口静一・及川茂編
- うるしの話　松田権六
- ドーミエ諷刺画の世界　喜安朗編
- 河鍋暁斎　ジョサイア・コンドル　山口静一訳
- デューラー ネーデルラント旅日記　前川誠郎訳
- デューラー 自伝と書簡　前川誠郎訳
- 蛇儀礼　ヴァールブルク　三島憲一訳
- セザンヌ　ガスケ　與謝野文子訳
- 日本の近代美術　土方定一
- 迷宮としての世界 —マニエリスム美術　全二冊　グスタフ・ルネ・ホッケ　種村季弘・矢川澄子訳
- 日本洋画の曙光　平福百穂
- 江戸東京実見画録　長谷川渓石画　進士慶幹・花咲一男注解
- 映画とは何か　全二冊(既刊一冊)　アンドレ・バザン　野崎歓・大原宣久・谷本道昭訳
- 胡麻と百合　ラスキン　石田憲次・照山正順訳
- 建築の七灯　ラスキン　高橋枀川訳

《哲学・教育・宗教》〔青〕

- ソクラテスの弁明・クリトン　プラトン　久保勉訳
- ゴルギアス　プラトン　加来彰俊訳
- 饗宴　プラトン　久保勉訳
- テアイテトス　プラトン　田中美知太郎訳
- パイドロス　プラトン　藤沢令夫訳
- メノン　プラトン　藤沢令夫訳
- 国家　全二冊　プラトン　藤沢令夫訳
- プロタゴラス —ソフィストたち　プラトン　藤沢令夫訳
- パイドン —魂の不死について　プラトン　岩田靖夫訳
- アナバシス —敵中横断六〇〇〇キロ　クセノポン　松平千秋訳
- アリストテレス ニコマコス倫理学　全二冊　高田三郎訳
- アリストテレス 形而上学　全二冊　出隆訳
- アリストテレス アテナイ人の国制　村川堅太郎訳
- アリストテレス 弁論術　戸塚七郎訳
- アリストテレース 詩学・ホラーティウス 詩論　松本仁助・岡道男訳
- アリストテレース 動物誌　全二冊　島崎三郎訳
- 物の本質について　ルクレーティウス　樋口勝彦訳
- エピクロス —教説と手紙　出隆・岩崎允胤訳
- 生の短さについて　他二篇　セネカ　大西英文訳
- 怒りについて　他二篇　セネカ　兼利琢也訳
- エピクテートス 人生談義　全二冊　鹿野治助訳
- マルクス・アウレーリウス 自省録　神谷美恵子訳
- 老年について　キケロー　中務哲郎訳
- 友情について　キケロー　中務哲郎訳
- 弁論家について　全二冊　キケロー　大西英文訳
- エラスムス 痴愚神礼讃　渡辺一夫訳

方法序説 デカルト 谷川多佳子訳
哲学原理 デカルト 桂寿一訳
精神指導の規則 デカルト 野田又夫訳
情念論 デカルト 谷川多佳子訳
知性改善論 スピノザ 畠中尚志訳
スピノザ エチカ（倫理学） 全二冊 畠中尚志訳
スピノザ 国家論 畠中尚志訳
君主の統治について ―謹んでキプロス王に捧げる トマス・アクィナス 柴田平三郎訳
エミール 全三冊 ルソー 今野一雄訳
孤独な散歩者の夢想 ルソー 今野一雄訳
人間不平等起原論 ルソー 本田喜代治・平岡昇訳
ルソー 社会契約論 桑原武夫・前川貞次郎訳
学問芸術論 ルソー 前川貞次郎訳
道徳形而上学原論 カント 篠田英雄訳
啓蒙とは何か 他四篇 カント 篠田英雄訳
純粋理性批判 全三冊 カント 篠田英雄訳
カント 実践理性批判 波多野精一・宮本和吉・篠田英雄訳

判断力批判 全二冊 カント 篠田英雄訳
永遠平和のために カント 宇都宮芳明訳
プロレゴメナ カント 篠田英雄訳
哲学入門 ヘーゲル 武市健人訳
歴史哲学講義 全二冊 ヘーゲル 長谷川宏訳
学問論 シェリング 勝田守一訳
人間的自由の本質 シェリング 西谷啓治訳
ブルーノ シェリング 服部英次郎・井上庄七訳
自殺について 他四篇 ショウペンハウエル 斎藤信治訳
読書について 他二篇 ショウペンハウエル 斎藤忍随訳
知性について 他四篇 ショーペンハウエル 細谷貞雄訳
唯心論と唯物論 フォイエルバッハ 船山信一訳
不安の概念 キェルケゴール 斎藤信治訳
死に至る病 キェルケゴール 斎藤信治訳
シュヴェーグラー 西洋哲学史 全二冊 谷川徹三・松村一人訳
世界観の研究 ディルタイ 山本英一訳
眠られぬ夜のために 全二冊 ヒルティ 草間平作・大和邦太郎訳

幸福論 全三冊 ヒルティ 草間平作・大和邦太郎訳
悲劇の誕生 ニーチェ 秋山英夫訳
ツァラトゥストラはこう言った 全二冊 ニーチェ 氷上英廣訳
道徳の系譜 ニーチェ 木場深定訳
善悪の彼岸 ニーチェ 木場深定訳
この人を見よ ニーチェ 手塚富雄訳
プラグマティズム W・ジェイムズ 桝田啓三郎訳
宗教的経験の諸相 全二冊 W・ジェイムズ 桝田啓三郎訳
純粋経験の哲学 W・ジェイムズ 伊藤邦武編訳
ケーベル博士随筆集 久保勉訳編
デカルト的省察 フッサール 浜渦辰二訳
愛の断想・日々の断想 ジンメル 清水幾太郎訳
創造的進化 ベルクソン 真方敬道訳
笑い ベルクソン 林達夫訳
思想と動くもの ベルクソン 河野与一訳
道徳と宗教の二源泉 ベルクソン 平山高次訳
時間と自由 ベルクソン 中村文郎訳

- 認識の対象　リッケルト　山内得立訳
- ラッセル幸福論　安藤貞雄訳
- 存在と時間　全四冊　ハイデガー　熊野純彦訳
- 哲学の改造　ジョン・デューウィ　清水幾太郎　清水禮子訳
- 学校と社会　デューイ　宮原誠一訳
- 民主主義と教育　全二冊　デューイ　松野安男訳
- 我と汝・対話　マルティン・ブーバー　植田重雄訳
- アラン　幸福論　神谷幹夫訳
- 四季をめぐる51のプロポ　アラン　神谷幹夫編訳
- アラン　定義集　神谷幹夫訳
- 言語　—その本質・発達・起源　全二冊　イェスペルセン　三宅鴻訳
- 文法の原理　全三冊　イェスペルセン　安藤貞雄訳
- 日本の弓術　オイゲン・ヘリゲル述　柴田治三郎訳
- ギリシア哲学者列伝　全三冊　ディオゲネス・ラエルティオス　加来彰俊訳
- 饒舌について　他五篇　プルタルコス　柳沼重剛訳
- 似て非なる友について　他三篇　プルタルコス　柳沼重剛訳
- 夢の世界　ハヴロック・エリス　藤島昌平訳

- ヴィーコ　学問の方法　上村忠男　佐々木力訳
- 人間　—シンボルを操るもの　カッシーラー　宮城音弥訳
- 食卓の賢人たち　アテナイオス　柳沼重剛編訳
- 比較言語学入門　高津春繁
- プラトン入門　R・S・ブラック　内山勝利訳
- ギリシア宗教発展の五段階　ギルバァト・マレー　藤田健治訳
- ロドリゲス　日本語小文典　全二冊　池上岑夫訳
- ソクラテス以前以後　F・M・コーンフォード　山田道夫訳
- 連続性の哲学　パース　伊藤邦武編訳
- 論理哲学論考　ウィトゲンシュタイン　野矢茂樹訳
- 自由と社会的抑圧　シモーヌ・ヴェイユ　冨原眞弓訳
- 根をもつこと　全二冊　シモーヌ・ヴェイユ　冨原眞弓訳
- 全体性と無限　全二冊　レヴィナス　熊野純彦訳
- 啓蒙の弁証法　—哲学的断想　M・ホルクハイマー　T・W・アドルノ　徳永恂訳
- 共同存在の現象学　レーヴィット　熊野純彦訳
- 種の論理　田辺元哲学選Ⅰ　藤田正勝編
- 懺悔道としての哲学　田辺元哲学選Ⅱ　藤田正勝編

- 哲学の根本問題・数理の歴史主義展開　田辺元哲学選Ⅲ　藤田正勝編
- 死の哲学　田辺元哲学選Ⅳ　藤田正勝編
- 統辞構造論　付「言語理論の論理構造」序論　チョムスキー　福井直樹　辻子美保子訳
- 言語変化という問題　—共時態、通時態、歴史　E・コセリウ　田中克彦訳
- 快楽について　ロレンツォ・ヴァッラ　近藤恒一訳
- 人間精神進歩史　全二冊　コンドルセ　渡辺誠訳
- 隠者の夕暮・シュタンツだより　ペスタロッチー　長田新訳
- 旧約聖書　創世記　関根正雄訳
- 旧約聖書　出エジプト記　関根正雄訳
- 旧約聖書　ヨブ記　関根正雄訳
- 旧約聖書　詩篇　関根正雄訳
- 新約聖書　福音書　塚本虎二訳
- 新約聖書　使徒のはたらき　塚本虎二訳
- 文語訳　新約聖書　詩篇付
- キリストにならいて　トマス・ア・ケンピス　大沢章　呉茂一訳
- 聖アウグスティヌス　告白　全二冊　服部英次郎訳
- 新訳　キリスト者の自由・聖書への序言　マルティン・ルター　石原謙訳

現世の主権について 他二篇 マルティン・ルター 吉村善夫訳

マリヤの讃歌 他一篇 マルティン・ルター 石原謙 吉村善夫訳

聖なるもの オットー 久松英二訳

コーラン 全三冊 井筒俊彦訳

コリャード 懺悔録 大塚光信校注

エックハルト説教集 田島照久編訳

聖フランシスコ・デ・ザビエル書翰抄 全二冊 アルーペ神父 井上郁二訳

霊操 イグナチオ・デ・ロヨラ 門脇佳吉訳・解説

神を観ることについて 他二篇 クザーヌス 八巻和彦訳

《イギリス文学》〔赤〕

- ユートピア — トマス・モア 平井正穂訳
- 完訳カンタベリー物語 全三冊 — チョーサー 桝井迪夫訳
- ヴェニスの商人 — シェイクスピア 中野好夫訳
- ジュリアス・シーザー — シェイクスピア 中野好夫訳
- 十二夜 — シェイクスピア 小津次郎訳
- ハムレット — シェイクスピア 野島秀勝訳
- オセロウ — シェイクスピア 菅泰男訳
- リア王 — シェイクスピア 野島秀勝訳
- マクベス — シェイクスピア 木下順二訳
- ソネット集 — シェイクスピア 高松雄一訳
- ロミオとジューリエット — シェイクスピア 平井正穂訳
- リチャード三世 — シェイクスピア 木下順二訳
- 対訳シェイクスピア詩集 —イギリス詩人選(1) — 柴田稔彦編
- 失楽園 全二冊 — ミルトン 平井正穂訳
- ロビンソン・クルーソー 全二冊 — デフォー 平井正穂訳
- 桶物語・書物戦争 他一篇 — スウィフト 深町弘三訳
- ガリヴァー旅行記 — スウィフト 平井正穂訳
- トム・ジョウンズ 全四冊 — フィールディング 朱牟田夏雄訳
- ジョウゼフ・アンドルーズ 全二冊 — フィールディング 朱牟田夏雄訳
- トリストラム・シャンディ 全三冊 — ロレンス・スターン 朱牟田夏雄訳
- ウェイクフィールドの牧師 —むだばなし — ゴールドスミス 小野寺健訳
- 幸福の探求 —アビシニアの王子ラセラスの物語 — サミュエル・ジョンソン 朱牟田夏雄訳
- 対訳バイロン詩集 —イギリス詩人選(8) — 笠原順路編
- 対訳ブレイク詩集 —イギリス詩人選(4) — 松島正一編
- ブレイク詩集 — 寿岳文章訳
- ワーズワース詩集 — 田部重治選訳
- 対訳ワーズワス詩集 —イギリス詩人選(3) — 山内久明編
- アイヴァンホー 全二冊 — スコット 菊池武一訳
- 対訳コウルリッジ詩集 —イギリス詩人選(7) — 上島建吉編
- 高慢と偏見 全二冊 — ジェーン・オースティン 富田彬訳
- 説きふせられて — ジェーン・オースティン 富田彬訳
- エマ 全二冊 — ジェーン・オースティン 工藤政司訳
- シェイクスピア物語 全二冊 — チャールズ・ラム メアリー・ラム 安藤貞雄訳
- 対訳テニスン詩集 —イギリス詩人選(5) — 西前美巳編
- デイヴィッド・コパフィールド 全五冊 — ディケンズ 石塚裕子訳
- ディケンズ短篇集 — 小池滋 石塚裕子訳
- オリヴァ・ツウィスト 全二冊 — ディケンズ 本多季子訳
- アメリカ紀行 全二冊 — ディケンズ 伊藤弘之 下笠徳次 隈元貞広訳
- 大いなる遺産 全二冊 — ディケンズ 石塚裕子訳
- 鎖を解かれたプロメテウス — シェリー 石川重俊訳
- 対訳シェリー詩集 —イギリス詩人選(9) — アルヴィ宮本なほ子編
- ジェイン・エア 全二冊 — シャーロット・ブロンテ 河島弘美訳
- 嵐が丘 全二冊 — エミリー・ブロンテ 河島弘美訳
- クリスチナ・ロセッティ詩抄 — 入江直祐訳
- サイラス・マーナー — ジョージ・エリオット 土井治訳
- 教養と無秩序 — マシュー・アーノルド 多田英次訳
- ハーディ テス 全二冊 — 井上宗次 石田英二訳
- ハーディ短篇集 — 井出弘之編訳
- 緑の館 —熱帯林のロマンス — ハドソン 柏倉俊三訳
- 宝島 — スティーヴンスン 阿部知二訳

ジーキル博士とハイド氏　スティーヴンスン　海保眞夫訳
プリンス・オットー　スティーヴンスン　小川和夫訳
新アラビヤ夜話　スティーヴンスン　佐藤緑葉訳
若い人々のために 他十一篇　スティーヴンスン　岩田良吉訳
バラントレーの若殿　スティーヴンスン　海保眞夫訳
マーカイム・壜の小鬼 他五篇　スティーヴンソン　高松雄一・高松禎子訳
怪談 —不思議なことの物語と研究　ラフカディオ・ハーン　平井呈一訳
心 —日本の内面生活の暗示と影響　ラフカディオ・ハーン　平井呈一訳
サロメ　ワイルド　福田恆存訳
人と超人　バーナード・ショー　市川又彦訳
ヘンリ・ライクロフトの私記　ギッシング　平井正穂訳
ギッシング短篇集　小池滋編訳
闇の奥　コンラッド　中野好夫訳
対訳 イエイツ詩集　高松雄一編
月と六ペンス　モーム　行方昭夫訳
読書案内 —世界文学　W・S・モーム　西川正身訳
人間の絆 全三冊　モーム　行方昭夫訳

サミング・アップ　モーム　行方昭夫訳
モーム短篇選 全二冊　行方昭夫編訳
お菓子とビール　モーム　行方昭夫訳
ダブリンの市民　ジョイス　結城英雄訳
ロレンス短篇集　河野一郎編訳
荒地　T・S・エリオット　岩崎宗治訳
四つの四重奏　T・S・エリオット　岩崎宗治訳
悪口学校　シェリダン　菅泰男訳
パリ・ロンドン放浪記　ジョージ・オーウェル　小野寺健訳
動物農場 —おとぎばなし　ジョージ・オーウェル　川端康雄訳
対訳 キーツ詩集 —イギリス詩人選(10)　宮崎雄行編
深き淵よりの嘆息 —『阿片常用者の告白』続篇　ド・クインシー　野島秀勝訳
20世紀イギリス短篇選 全二冊　小野寺健編訳
イギリス名詩選　平井正穂編
中世イギリス英雄叙事詩 ベーオウルフ　忍足欣四郎訳
タイム・マシン 他九篇　H・G・ウエルズ　橋本槇矩訳
モロー博士の島 他九篇　H・G・ウエルズ　橋本槇矩・鈴木万里訳

トーノ・バンゲイ 全二冊　ウェルズ　中西信太郎訳
回想のブライズヘッド 全二冊　イーヴリン・ウォー　小野寺健訳
愛されたもの　イーヴリン・ウォー　中村健二・出淵博訳
ナイティンゲール伝 他一篇　リットン・ストレイチー　橋口稔訳
フォースター評論集　小野寺健編訳
白衣の女 全三冊　ウィルキー・コリンズ　中島賢二訳
夢の女・恐怖のベッド 他六篇　ウィルキー・コリンズ　中島賢二訳
対訳 英米童謡集　河野一郎編訳
灯台へ　ヴァージニア・ウルフ　御輿哲也訳
世の習い　コングリーヴ　笹山隆訳
夜の来訪者　プリーストリー　安藤貞雄訳
イングランド紀行 全二冊　プリーストリー　橋本槇矩訳
アーネスト・ダウスン作品集　南條竹則編訳
スコットランド紀行　エドウィン・ミュア　橋本槇矩訳
狐になった奥様　ガーネット　安藤貞雄訳
ヘリック詩鈔　森亮訳
たいした問題じゃないが —イギリス・コラム傑作選　行方昭夫編訳

真昼の暗黒　アーサー・ケストラー 中島賢二訳
英国ルネサンス恋愛ソネット集　岩崎宗治編訳
文学とは何か —現代批評理論への招待 全二冊　テリー・イーグルトン 大橋洋一訳

《アメリカ文学》〔赤〕

フランクリン自伝　松本慎一 西川正身訳
スケッチ・ブック 全二冊　アーヴィング 齊藤昇訳
アルハンブラ物語 全二冊　アーヴィング 平沼孝之訳
ウォルター・スコット邸訪問記　アーヴィング 齊藤昇訳
ブレイスブリッジ邸　アーヴィング 齊藤昇訳
完訳 緋文字　ホーソーン 八木敏雄訳
ホーソーン短篇小説集　坂下昇編訳
哀詩 エヴァンジェリン　ロングフェロー 斎藤悦子訳
黒猫・モルグ街の殺人事件 他五篇　ポオ 中野好夫訳
対訳 ポー詩集 —アメリカ詩人選(1)　加島祥造編
黄金虫・アッシャー家の崩壊 他九篇　ポオ 八木敏雄訳
ポオ評論集　八木敏雄編訳
森の生活（ウォールデン） 全二冊　ソロー 飯田実訳
市民の反抗 他五篇　H・D・ソロー 飯田実訳
白鯨 全三冊　メルヴィル 八木敏雄訳
草の葉 全三冊　ホイットマン 酒本雅之訳
対訳 ホイットマン詩集 —アメリカ詩人選(2)　木島始編
対訳 ディキンソン詩集 —アメリカ詩人選(3)　亀井俊介編
不思議な少年　マーク・トウェイン 中野好夫訳
王子と乞食　マーク・トウェーン 村岡花子訳
人間とは何か　マーク・トウェイン 中野好夫訳
ハックルベリー・フィンの冒険 全二冊　マーク・トウェイン 西田実訳
新編 悪魔の辞典　ビアス 西川正身編訳
ねじの回転 デイジー・ミラー　ヘンリー・ジェイムズ 行方昭夫訳
大使たち 全二冊　ヘンリー・ジェイムズ 青木次生訳
ワシントン・スクエア　ヘンリー・ジェイムズ 河島弘美訳
荒野の呼び声　ジャック・ロンドン 海保眞夫訳
どん底の人びと —ロンドン一九〇二　ジャック・ロンドン 行方昭夫訳
シカゴ詩集　サンドバーグ 安藤一郎訳
大地 全四冊　パール・バック 小野寺健訳
シスター・キャリー 全二冊　ドライサー 村山淳彦訳
響きと怒り 全二冊　フォークナー 平石貴樹 新納卓也訳
アブサロム、アブサロム! 全二冊　フォークナー 藤平育子訳
楡の木陰の欲望　オニール 井上宗次訳
日はまた昇る　ヘミングウェイ 谷口陸男訳
怒りのぶどう 全三冊　スタインベック 大橋健三郎訳
ブラック・ボーイ —ある幼少期の記録 全二冊　リチャード・ライト 野崎孝訳
オー・ヘンリー傑作選　大津栄一郎訳
フィッツジェラルド短篇集　佐伯泰樹編訳
アメリカ名詩選　亀井俊介 川本皓嗣編
20世紀アメリカ短篇選 全二冊　大津栄一郎編訳
開拓者たち 全二冊　クーパー 村山淳彦訳
孤独な娘　ナサニエル・ウェスト 丸谷才一訳
魔法の樽 他十二篇　マラマッド 阿部公彦訳
青白い炎　ナボコフ 富士川義之訳

《ドイツ文学》〔赤〕

- ニーベルンゲンの歌 全二冊 相良守峯訳
- ラオコオン —絵画と文学との限界について レッシング 斎藤栄治訳
- 若きウェルテルの悩み ゲーテ 竹山道雄訳
- ヴィルヘルム・マイスターの修業時代 全三冊 ゲーテ 山崎章甫訳
- イタリア紀行 全三冊 ゲーテ 相良守峯訳
- ファウスト 全二冊 ゲーテ 相良守峯訳
- ゲーテとの対話 全三冊 エッカーマン 山下肇訳
- 三十年戦史 全二冊 シルレル 渡辺格司訳
- ヴァレンシュタイン シラー 濱川祥枝訳
- ヘルダーリン詩集 川村二郎訳
- 青い花 ノヴァーリス 青山隆夫訳
- 完訳 グリム童話集 全五冊 金田鬼一訳
- 牡猫ムルの人生観 全二冊 ホフマン 秋山六郎兵衛訳
- 水妖記 (ウンディーネ) フーケー 柴田治三郎訳
- 影をなくした男 シャミッソー 池内紀訳
- ハイネ 歌の本 全二冊 井上正蔵訳

- 流刑の神々・精霊物語 ハイネ 小沢俊夫訳
- 冬物語 —ドイツ ハイネ 井汲越次訳
- ユーディット 他一篇 ヘッベル 吹田順助訳
- 水晶 —石さまざま 他三篇 シュティフター 手塚富雄・藤村宏訳
- ブリギッタ・森の泉 他一篇 シュティフター 宇多五郎・高安国世訳
- ウィーンの辻音楽師 他一篇 グリルパルツァー 福田宏年訳
- みずうみ 他四篇 シュトルム 関泰祐訳
- 美しき誘い 他一篇 シュトルム 国松孝二訳
- 聖ユルゲンにて・後見人カルステン 他一篇 シュトルム 国松孝二訳
- 村のロメオとユリア ケラー 草間平作訳
- 花・死人に口なし 他七篇 シュニッツラー 番匠谷英一・山本有三訳
- ゲオルゲ詩集 手塚富雄訳
- リルケ詩集 高安国世訳
- ドゥイノの悲歌 リルケ 手塚富雄訳
- ブッデンブローク家の人びと 全三冊 トーマス・マン 望月市恵訳
- トオマス・マン短篇集 実吉捷郎訳
- 魔の山 全二冊 トーマス・マン 関泰祐・望月市恵訳

- トニオ・クレエゲル トオマス・マン 実吉捷郎訳
- ヴェニスに死す トオマス・マン 実吉捷郎訳
- 車輪の下 ヘルマン・ヘッセ 実吉捷郎訳
- デミアン ヘルマン・ヘッセ 実吉捷郎訳
- シッダルタ ヘッセ 手塚富雄訳
- 美しき惑いの年 カロッサ 手塚富雄訳
- 若き日の変転 カロッサ 斎藤栄治訳
- 幼年時代 カロッサ 斎藤栄治訳
- 指導と信従 カロッサ 国松孝二訳
- マリー・アントワネット 全二冊 シュテファン・ツワイク 高橋禎二・秋山英夫訳
- ジョゼフ・フーシェ —ある政治的人間の肖像 シュテファン・ツワイク 高橋禎二・秋山英夫訳
- 変身・断食芸人 カフカ 山下肇・山下萬里訳
- 審判 カフカ 辻瑆訳
- カフカ短篇集 池内紀編訳
- カフカ寓話集 池内紀編訳
- ガリレイの生涯 ベルトルト・ブレヒト 岩淵達治訳
- 天と地との間 オットー・ルートヴィヒ 黒川武敏訳

ほらふき男爵の冒険　ビュルガー編　新井皓士訳
憂愁夫人　ズーデルマン　相良守峯訳
短篇集 死神とのインタヴュー　ノサック　神品芳夫訳
悪童物語　ルウドキヒ・トオマ　実吉捷郎訳
愛の完成・静かなヴェロニカの誘惑　ムージル　古井由吉訳
芸術を愛する一修道僧の真情の披瀝　ヴァッケンローダー　江川英一訳
ハインリヒ・ベル短篇集　青木順三編訳
ウィーン世紀末文学選　池内紀編訳
大理石像・デュランデ城悲歌　アイヒェンドルフ　関泰祐訳
改訳 愉しき放浪児　アイヒェンドルフ　関泰祐訳
ホフマンスタール詩集　川村二郎訳
陽気なヴッツ先生 他一篇　ジャン・パウル　岩田行一訳
蜜蜂マアヤ　ボンゼルス　実吉捷郎訳
インド紀行 全二冊　ボンゼルス　実吉捷郎訳
ドイツ名詩選　生野幸吉　檜山哲彦編
蝶の生活　シュナック　岡田朝雄訳
聖なる酔っぱらいの伝説 他四篇　ヨーゼフ・ロート　池内紀訳

ラデツキー行進曲 全二冊　ヨーゼフ・ロート　平田達治訳
暴力批判論 他十篇 ―ベンヤミンの仕事1　ヴァルター・ベンヤミン　野村修編訳
ボードレール 他五篇 ―ベンヤミンの仕事2　ヴァルター・ベンヤミン　野村修編訳
人生処方詩集　エーリヒ・ケストナー　小松太郎訳

《フランス文学》〔赤〕

ラブレー第一之書 ガルガンチュワ物語　渡辺一夫訳
ラブレー第二之書 パンタグリュエル物語　渡辺一夫訳
ラブレー第三之書 パンタグリュエル物語　渡辺一夫訳
ラブレー第四之書 パンタグリュエル物語　渡辺一夫訳
ラブレー第五之書 パンタグリュエル物語　渡辺一夫訳
トリスタン・イズー物語　ベディエ編　佐藤輝夫訳
ヴィヨン全詩集　鈴木信太郎訳
日月両世界旅行記　シラノ・ド・ベルジュラック　赤木昭三訳
ロンサール詩集　ロンサール　井上究一郎訳
ラ・ロシュフコー箴言集　二宮フサ訳
タルチュフ　モリエール　鈴木力衛訳
ドン・ジュアン ―石像の宴　モリエール　鈴木力衛訳

町人貴族　モリエール　鈴木力衛訳
病は気から　モリエール　鈴木力衛訳
完訳 ペロー童話集　新倉朗子訳
ラ・フォンテーヌ 寓話 全二冊　今野一雄訳
クレーヴの奥方 他二篇　ラファイエット夫人　生島遼一訳
カラクテール ―当世風俗誌 全三冊　ラ・ブリュイエール　関根秀雄訳
偽りの告白　マリヴォー　鈴木力衛訳
贋の侍女・愛の勝利　マリヴォー　佐藤実枝　井村順一訳
カンディード 他五篇　ヴォルテール　植田祐次訳
マノン・レスコー　アベ・プレヴォ　河盛好蔵訳
ジル・ブラース物語 全四冊　ル・サージュ　杉捷夫訳
美味礼讃 全二冊　ブリア-サヴァラン　関根秀雄　戸部松実訳
アドルフ　コンスタン　大塚幸男訳
赤と黒 全二冊　スタンダール　桑原武夫　生島遼一訳
パルムの僧院 全二冊　スタンダール　生島遼一訳
ヴァニナ・ヴァニニ 他四篇　スタンダール　生島遼一訳
知られざる傑作 他五篇　バルザック　水野亮訳

従兄ポンス 全二冊　バルザック　水野亮訳
谷間のゆり　バルザック　宮崎嶺雄訳
「絶対」の探求　バルザック　水野亮訳
ゴリオ爺さん 全二冊　バルザック　高山鉄男訳
ゴプセック・毬打つ猫の店　バルザック　芳川泰久訳
サラジーヌ 他三篇　バルザック　芳川泰久訳
艶笑滑稽譚 全三冊　バルザック　石井晴一訳
レ・ミゼラブル 全四冊　ユーゴー　豊島与志雄訳
死刑囚最後の日　ユーゴー　豊島与志雄訳
エルナニ　ユーゴー　稲垣直樹訳
モンテ・クリスト伯 全七冊　アレクサンドル・デュマ　山内義雄訳
三銃士 全二冊　デュマ　生島遼一訳
カルメン　メリメ　杉捷夫訳
メリメ怪奇小説選　杉捷夫編訳
愛の妖精（プチット・ファデット）　ジョルジュ・サンド　宮崎嶺雄訳
ボオドレール 悪の華　鈴木信太郎訳
ボヴァリー夫人 全二冊　フローベール　伊吹武彦訳

感情教育 全二冊　フローベール　生島遼一訳
聖アントワヌの誘惑　フローベール　渡辺一夫訳
椿姫　デュマ・フィス　吉村正一郎訳
プチ・ショーズ —ある少年の物語　ドーデ　原千代海訳
シルヴェストル・ボナールの罪　アナトール・フランス　伊吹武彦訳
氷島の漁夫　ピエール・ロチ　吉氷清訳
マラルメ詩集　渡辺守章訳
脂肪のかたまり　モーパッサン　高山鉄男訳
ベラミ 全二冊　モーパッサン　杉捷夫訳
モーパッサン短篇選　高山鉄男編訳
地獄の季節　ランボオ　小林秀雄訳
にんじん　ルナアル　岸田国士訳
ぶどう畑のぶどう作り　ルナアル　岸田国士訳
博物誌　ルナール　辻昶訳
ジャン・クリストフ 全四冊　ロマン・ローラン　豊島与志雄訳
散文詩 夜の歌　フランシス・ジャム　三好達治訳
フランシス・ジャム詩集　手塚伸一訳

三人の乙女たち　フランシス・ジャム　手塚伸一訳
狭き門　アンドレ・ジイド　川口篤訳
贋金つくり 全二冊　アンドレ・ジイド　川口篤訳
続コンゴ紀行 —チャド湖より還る　アンドレ・ジイド　杉捷夫訳
パリュウド　アンドレ・ジイド　小林秀雄訳
ムッシュー・テスト　ポール・ヴァレリー　清水徹訳
精神の危機 他十五篇　ポール・ヴァレリー　恒川邦夫訳
朝のコント　フィリップ　淀野隆三訳
シラノ・ド・ベルジュラック　ロスタン　辰野隆・鈴木信太郎訳
恐るべき子供たち　コクトー　鈴木力衛訳
人はすべて死す 全二冊　ボーヴォワール　川口篤・田中敬一訳
セヴィニェ夫人手紙抄　井上究一郎訳
地底旅行　ジュール・ヴェルヌ　朝比奈弘治訳
八十日間世界一周　ジュール・ヴェルヌ　鈴木啓二訳
海底二万里 全二冊　ジュール・ヴェルヌ　朝比奈美知子訳
結婚十五の歓び　新倉俊一訳
死霊の恋・ポンペイ夜話 他三篇　ゴーチエ　田辺貞之助訳

岩波文庫の最新刊

十川信介編
漱石追想
「マント着て黙りて歩く先生と肩をならべて江戸川端を」(寺田寅彦)。同級生に留学仲間、同僚、教え子、そして家族……四十九人が語る、記憶のなかの素顔の漱石。
〔緑二〇一―一〕 本体九〇〇円

巴 金／立間祥介訳
寒い夜
現代中国を代表する作家・巴金(一九〇四―二〇〇五)の到達点を示す長編小説。感情のせめぎ合いが抑制された円熟の筆致で描かれ、苛烈な人生のドラマが胸を打つ。
〔赤二八―三〕 本体一〇八〇円

マーガレット・ミッチェル／荒このみ訳
風と共に去りぬ(六)
スカーレットとレットにボニーが生まれる。娘を溺愛するレット。だがスカーレットはアシュリーへの想いを断てず、二人の関係は次第に冷えていく…。(全六冊完結)
〔赤三四二―六〕 本体九二〇円

尾佐竹猛／吉良芳恵校注
幕末遣外使節物語
―夷狄の国へ―

幕末の遣欧米使節一行の現地での言行、事蹟を日記類、新聞記事などの資料を駆使して描いた物語。幕末史を知る上での貴重な読物でもある。

〔青一八二―一〕 本体九二〇円

早稲田大学編
大隈重信演説談話集
演説の名手大隈重信は、青年に何を期待し、新しい時代を生きる女性にいかなるメッセージを送ったのか? かれの政治論・国際路線の構想・教育に対するビジョンは?
〔青N一一八―一〕 本体一〇二〇円

……今月の重版再開……

林屋永吉訳
コロンブス航海誌
本体八〇〇円
〔青四二八―一〕

倉田百三
愛と認識との出発
本体八〇〇円
〔緑六七―三〕

伊藤 整
近代日本人の発想の諸形式 他四篇
本体五〇〇円
〔緑九六―一〕

ユゴー／榊原晃三編訳
ライン河幻想紀行
本体七四〇円
〔赤五三一―九〕

岩波文庫の最新刊

兵藤裕己校注
太平記(五)

高師直・足利尊氏の死と義詮の将軍就任、大火・疫病・大地震、南朝軍の京都進攻――佐々木道誉の挿話とともにバサラの時代が語られる。(全六冊)
〔黄一四三-五〕 本体一三二〇円

自選 大岡信詩集

同時代と伝統、日本の古典とシュルレアリスムを架橋して、日本語の新しいイメージを織りなす詩人大岡信(一九三一-)のエッセンスを自選により集成。(解説＝三浦雅士)
〔緑二〇二-一〕 本体七四〇円

千葉俊二・長谷川郁夫・宗像和重編
日本近代随筆選 1出会いの時

見える世界をふと変える、たった数ページの小宇宙たち。作家・詩人から科学者まで、随筆の魅力に出会うとっておきの四十二篇を精選。(解説＝千葉俊二)(全三冊)
〔緑二〇三-一〕 本体八一〇円

紅野謙介編
尾崎士郎短篇集

尾崎士郎の短篇小説は、作家の特質が最も良く表現されている。従軍文学、抒情小説、自伝的作品等から十六作を精選した。(解説＝尾崎俵士)
〔緑二〇四-一〕 本体一〇〇〇円

ホッブズ/田中浩、重森臣広、新井明訳
法の原理 ―人間の本性と政治体《コモンウェルス》―

ホッブズ最初の政治学書。国を二分するほど激化した国王と議会との対立を前に、すべての人間が安全に生きるために政治はどうあるべきかを原理的に説いた。
〔白四-七〕 本体一〇一〇円

……今月の重版再開……

尾崎雅嘉/古川久校訂
百人一首一夕話(上)(下)
本体一〇二〇・九二〇円
〔黄二三五-一・二〕

柴田宵曲
評伝 正岡子規
本体七〇〇円
〔緑一〇六-三〕

H・G・ウエルズ/橋本槙矩訳
透明人間
本体六二〇円
〔赤二七六-二〕